KB199685

태국
들여다보기

본 저서는 2019학년도 한국외국어대학교 원로교수 학술전문저서 지원비로 제작되었음.

태국 들여다보기

정환승 지음

이 책을 내면서

한국과 태국이 공식 수교한 것은 1958년 10월입니다. 그러나 그보다 앞서 1948년 대한민국 정부가 수립되자 이듬해 태국은 대한민국을 공식 인정하고 1950년 한국전쟁이 일어나자 태국은 즉각 육해공군을 파병하여 한국을 도왔습니다. 한국전쟁이 끝나고 채 반세기가 지나지 않아 상황이 많이 바뀌었습니다. 한국은 군부 독재하에서도 경제 발전을 이루고 민주화를 일구어 내서 두 마리의 토끼를 잡았습니다. 태국은 군부 독재와 잦은 쿠데타를 겪으면서 나름대로 발전을 추구했지만 한국만큼 역동적인 성과를 내지는 못했습니다. 그래서인지 요즘 태국인들은 과거에 자신들이 도움을 준 한국이 이룩한 여러 가지 성과에 대해 호기심 많은 눈으로 바라보고 있는 것 같습니다.

2000년대 들어 한류가 태국에 상륙했습니다. 한국 대중문화의 확산은 놀라우리만큼 빠르고 거세게 태국 사회를 휩쓸었습니다. 다양한 형태의 한국 문화가 태국인에게 다가가 이제는 더 이상 낯선 남의 나라 문화가 아닙니다. 그리고 그만큼은 아닐지라도 한국 사회에도 태국 문화가 상당부분 유입되어 있습니다. 최근 들어 연간 180만 명 안팎의 한국인이 태국에 다녀오고 50만 명 안팎의 태국인이 한국에 다녀갑니다. 두 나라는 과거 정치 군사적 동지 관계에서 경제 협력 관계로, 그리고 이제는 서로 정감을 나누고 문화를 교류하는 이웃사촌의 관계로 발전했습니다.

태국은 우리에게 잘 알려진 나라라고 생각하면서도 또, 한편으로 보면 태국에 대해서 제대로 알고 있는 한국 사람은 그리 많지 않은 것 같습니다. 아마도 많은 사람들이 피상적으로 알고 있는 것에서 그치고 한걸음 더 나아가 그 안을 들여다보는 데에는 좀 인색한 것 아닌가 하는 생각이 듭니다. 태국어를 처음 접한 것이 벌써 37년 전의 일입니다. 그동안 태국에 대해서 많은 호기심을 가지고 연구하고 가르쳐왔습니다. 그러다 보니 태국에 대한 애정도 많이 생겼습니다. 그런데 언제부터인가 태국어를 전공하는 학생들 외에도 태국에 대해 관심을 갖고 있는 많은 사람들에게 태국에 대해 알리고 싶었습니다. 그래서 이번에 『태국 들여다보기』라는 책을 내게 되었습니다.

이 책이 나오기까지 수고를 아끼지 않으신 한국외국어대학교 지식출판콘텐츠원 관계자 분들께 감사드립니다. 투박한 원고를 꼼꼼하게 깁고 다듬어 책의 완성도를 높여 주셨습니다. 아내 권은경에게도 고마운 뜻을 전하고 싶습니다. 초고를 여러 번 읽어보고 교정해주면서 처음부터 끝까지 옆에서 응원을 아끼지 않았습니다. 많은 사람들이 태국의 땅 모습이 코끼리와 닮았다고 합니다. 흔히 전체를 보지 못하고 단편적인 것만을 보는 것을 보고 '코끼리 다리 만지기'라고 합니다. 이 책을 통해 태국을 좀더 폭넓고 깊이 있게 이해하는 데 도움이 되기를 바랍니다.

2021년 2월
저자 씀

차례 ·························

제1장

태국,
태국 사람,
태국 문화

자유의 땅 타이랜드

태국이라는 나라와 처음 인연을 맺은 것은 대학에 들어와 전공을 태국어로 선택하면서부터였다. 입학하고 처음 태국어를 배우기 시작할 때 외국인 교수가 "타이"라는 말은 태국이라는 나라와 타이족을 가리키는 말 외에 '자유로움'이라는 의미가 있다고 말씀해주셨다. 학부 공부를 마치고 유학 길에 올라 태국에 갔을 때 나는 남부의 쏭클라대학교로 가기 전에 방콕에 사나흘 머물렀다. 방콕에서 일을 마치고 남부로 내려가는 기차표 예매를 위해 후어람퐁역으로 갈 때 당시 먼저 유학하고 있던 선배 한 분이 오토바이를 태워준 적이 있었다. 그때도 방콕은 이미 교통체증이 아주 심하던 때였다. 꽉 막힌 도로에서 자동차들이 신호등에 걸려 줄지어 서 있었다. 그런데 자동차 사이로 오토바이들이 뚫고 들어가 정지선 맨 앞쪽으로 이동하는 것이었다. 그런데 아무도 짜증을 내거나 경적을 울리는 사람이 없었다. 그때 나는 태국이라는 나라가 "타이랜드" 즉, '자유의 땅'임을 실감할 수 있었다. 유학하면서 태국의 사회를 좀 더 깊이 들여다볼 수 있었는데 과연 태국은 가난한 사람이나 부유한 사람이나 다 같이 자유롭게 살 수 있는 나라라는 것을 더욱 실감하게 되었다.

태국의 국기는 적색과 청색 그리고 백색으로 이루어져 있다. 그래서 "뜨라이롱ไตรรงค์"이라고 부르는데 이는 '세 가지 색'이란 뜻이다. 적색은 국가, 청색은 국왕, 그리고 백색은 종교를 뜻한다. 이 세 가지 색이 상징하는 것들이 바로 오늘날 태국이라고 하는 나라를 구성하고 있는 요소들이다. 태국은 인도차이나반도의 중앙부에 위치하고 있다. 공식 명칭은 타이 왕국이며 영어로는 'Kingdom of Thailand'로 표기한다. 보통 짧게 타이랜드라고 부르거나 타이

태국의 삼색 국기 뜨라이롱

를 음역하여 태국이라고 부른다. 정확한 위치는 북위 5도 37분에서 20도 27분에 걸쳐 있고 동쪽으로는 90도 27분, 서쪽으로는 105도 37분에 걸쳐 있다. 우리와 경도가 30도 차이가 난다. 그래서 우리와 두 시간 시차가 발생하는데 태국이 두 시간 늦다. 태국 지도를 보면 남북으로 길게

뻗어 있는데 위아래로 길이가 1,645km, 동서로 폭이 1,278km에 이른다. 태국의 땅 모양을 어떤 사람은 코끼리와 흡사하다고 하고 또 어떤 사람은 도끼처럼 생겼다고 하기도 한다. 동쪽으로 라오스와 캄보디아, 서쪽으로 안다만해와 미얀마, 북쪽으로 라오스, 남쪽으로 타이만과 말레이시아와 접해 있다. 면적은 513,000 km²로 한반도의 두 배가 넘는다.

호수 문화

태국의 인구는 약 6,650만이며 방콕에만 560만 이상이 살고 있다. 인종별로 보면 타이족이 80% 이상을 차지하고 나머지는 중국계 13.5%, 말레이계 2.9%, 그리고 기타 소수종족으로 이루어져 있다. 말레이계는 주로 남부의 말레이시아와 인접한 5개 주에 모여 살고 있으며 소수종족들은 주로 태국 북부를 중심으로 한 고산 지대에 분포되어 있다. 태국인의 90% 이상이 불교도이며 남부 말

레이계들을 비롯한 이슬람교도가 6% 정도 된다. 기독교는 2% 정도이고 기타 다른 종교가 2% 정도를 차지하고 있다. 기후는 고온 다습한 아열대성 기후로 연평균 기온이 28도이고 습도는 70%이다. 태국은 이처럼 각기 다른 여러 종족들이 모여들어 한 국가를 이루고 살면서 타이 문화라고 하는 독특한 문화를 만들어냈다. 그래서 일부 인류학자들은 타이 문화를 호수 문화라고 부르기도 한다. 여러 갈래로 흘러 들어온 개울이 물의 속성을 잃지 않고 다시 커다란 호숫물이 되듯 서로 다른 문화를 가진 종족들이 모여 동질성을 가진 타이 문화를 만들어낸 것을 비유적으로 표현한 것이다.

밥과 생선으로 배불리 먹는 나라

태국은 산악과 산림이 많은 북부 지역과 광활한 쌀 농경지인 중부 평야 지역, 준準농경지가 많은 북동부 고원 지역, 그리고 열대 섬과 긴 해안의 남부 반도 지역으로 이루어져 있다. 전통적인 농경 국가로 짜오프라야강 유역은 완만한 평지인데 비옥한 대지와 풍부한 강수량으로 아시아의 곡창 지대로 불리고 있다. 그래서 최근 얼마 전까지만 해도 태국은 세계 최대 쌀 수출국이었다. 태국의 지형은 해안 쪽 경사가 완만하여 잦은 침수의 원인이 되기도 한다. 바다에서 80km 떨어진 곳까지 조수의 영향을 받는다.

태국은 농경 국가이다 보니 쌀을 주식으로 하는 음식 문화가 발달하여 오래 전부터 "농부는 국가의 중추ชาวนาคือกระดูกสันหลังของชาติ"라는 말이 생겨났다. 또한 더운 나라라서 강을 끼고 마을과 도시가 발달하고 생선을 즐겨 먹는 음식 문화도

태국인의 수식인 밥과 생선

발달하였다. 태국인들은 옛날부터 오늘날까지도 쌀과 생선을 주식으로 한다. 13세기 람캄행 대왕 비문에 "물에는 물고기가 있고 논에는 벼가 있다"라는 문구가 있는데 이는 당시 쑤코타이 백성들의 삶이 무척 풍요로웠다는 뜻이다. 오늘날 태국인들의 여유와 미소는 불교에 기반한 인과응보 사상 외에 의식衣食이 족했던 것도 한몫하고 있는 것 같다.

타이족의 남하

태국을 최북단에서 최남단까지 기차로 여행하면 2박 3일이 걸린다. 국토의 대부분이 평지라서 엄청나게 넓은 평야 지대가 끝없이 이어진다. 좁은 땅에 밀집해 사는 한국에 비해 무척이나 축복받은 나라라는 생각이 든다. 그렇게 넓은 땅이 옛날부터 농사짓기에도 좋았던 모양이다. 유럽인들이 태국을 처음 보고는 땅이 비옥하고 강수량이 풍부하여 곡식이 저절로 자랐다고 기록한 바 있다. 그런데 오늘날 태국인의 주류를 이루고 있는 타이족들은 언제부터 이곳에서 살았을까? 그 물음에 간단하게 답하기는 쉬운 일이 아니다. 타이족의 기원과 이동에 대해서는 다음과 같이 여러 학설이 있다.

첫 번째 학설에 의하면 타이족은 본래 몽고의 알타이산맥 부근에서 살다가 점차로 남하하여 쓰촨성四川省과 구이저우성貴州省 그리고 윈난성雲南省 인근에 자리를 잡았다. 나중에 중국이 침략해 오자 오늘날 인도차이나반도로 이주해 들어왔다고 한다. 그러나 이에 대한 근거가 그리 많지 않아 학자들로부터 많은 신뢰를 받지 못하고 있다. 두 번째 학설에 의하면 광둥성廣東省과 광시성廣西省에 살던 타이족이 서쪽으로 이동하여 윈난성에 살다가 일부는 북쪽의 쓰촨성으로 이주해 갔다고 한다. 이후 중국의 침략으로 여러 갈래로 흩어져 오늘날 라오스, 베트남, 태국 미얀마 북부, 그리고 인도의 앗쌈 지역으로 들어왔다는 것인데 가장 폭넓게 지지를 받고 있는 설이다. 세 번째 학설에 따르면 타이족이 본래 현재 태국이 위치하고 있는 지역에서 살고 있었다고 한다. 태국 지역에서 출토되고 있는 도자기나 청동으로 제작된 유물들, 팔찌나 구슬 같은 장식품, 돌도끼와 기원전의 사람 유골 등과 유적지 등을 근거로 제시하고 있다. 주로 신진 학자들이 새로운 관심을 가지고 연구하고 있는 설이다. 네 번째 학설에 따르면 타이족은 인도네시아 군도와 말레이반도에서 살다가 점차로 짜오프라야강 유역까지 이동해 왔다고 한다. 이들은 다시 중국의 윈난성까지 올라가 살다가 중국 세력이 남하하자 일부가 본래의 짜오프라야강 유역으로 다시 내려와 살았다는 것이다. 이는 태국인과 인도네시아인의 혈액형이 유사하다는 것을 근거로 들고 있는데 그다지 신빙성이 있어 보이지 않는다.

여러 가지 학설을 종합해볼 때 타이족은 본래 중국 남쪽의 황허강과 양쯔강 유역에 살고 있었던 것으로 보인다. 당시의 사료에 의하면 북부 지방의 만리장성 부근 황허강 상류 지역에 살던 타이족을 "룽ᄒ"이라고 불렀으며 남쪽의 사천성 부근에 살던 타이족을 "빠ᄂ"라고 불렀다. 5,000년 전 중국인들이 동쪽으로 세력을 넓힘에 따라 타이족을 침략하게 되고 타이족은 다시 남쪽으로 내려오

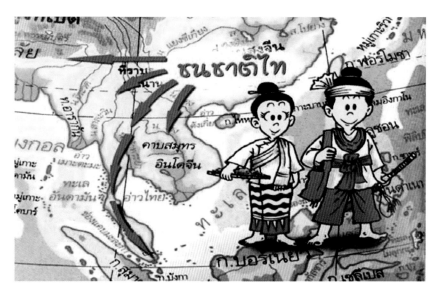

타이족의 이동경로: Narater 2009

게 되었다. 그들은 위난성, 구이저우성, 광시성, 광둥성 등에 흩어져 여러 독립
국가를 건설하였는데 이들을 "아이라우ชายลาว"라고 불렀다. 타이족은 오랜 시간
을 두고 서서히 오늘날 인도차이나반도까지 내려오게 되었다. 남서쪽으로 이
동한 타이족이 오늘날 미얀마에 위치해 있는 쌀라윈강แม่น้ำสาละวิน 유역으로 들어
왔는데 이들이 타이야이족ไทยใหญ่이다. 또 북서쪽으로 이동하여 현재의 앗쌈 지
역으로 들어간 타이족이 있었는데 이들이 타이아홈족ไทยอาหม이다. 또 다른 일부
는 남쪽으로 이동하여 현재 베트남과 라오스 북부 지방의 메콩강 유역으로 들
어왔는데 이들이 타이너이족ไทยน้อย이다. 이들 타이너이족이 바로 오늘날 태국
인의 조상이다.

    타이족은 서기 960년경 중국 송나라 시대에 이르러서 태국 땅에서 상당한
규모의 정착 집단을 이루어 당시 몬족과 크메르족을 밀어내고 자신들의 국가

를 세우기 시작했다. 그리하여 11~12세기경에 이르러 오늘날의 태국과 라오스 지역에 "므앙🔥"이라고 부르는 작은 공동체를 형성하였는데 조직이 매우 느슨하고 세력을 강하게 결집하지는 못했던 것으로 보인다. 이들은 인도의 힌두 문화와 크메르 문화의 영향을 받았는데 그 흔적은 오늘날까지 다방면에 걸쳐 남아 있다. 불교가 이 지역에 유입된 것은 6세기부터 9세기 사이로 미얀마를 거쳐서 인도차이나반도의 가장 중요한 종교로 자리 잡게 되었다. 오늘날 태국인들이 신봉하는 상좌부 불교는 수백 년이 지난 13세기에 스리랑카의 승려단에 의해 전파되고 람감행 대왕(1279~1299)의 통치 아래 정착되어 나갔다.

타이 문화의 출현

　동남아를 돌아보면 서로 비슷하면서도 태국에는 그들만이 가지고 있는 독특한 문화가 있다. 오늘날 우리가 이야기하는 타이 문화가 그 모습을 갖추게 된 것은 13세기 후반이다. 캄푸차국의 소멸로 이 지역의 타이족들은 부족 국가 형태에서 고대 국가 형태로 성장하게 되었다. 이들이 짜오프라야강 유역의 새로운 권력 중심을 형성하게 되는데 그것이 바로 쑤코타이 왕국이었다. 쑤코타이는 람감행 대왕 시대에 이르러 최고의 번영을 누렸다. 타이족들이 새로운 권력을 형성하면서 이들이 가지고 있던 문화적 독창성이 그 모습을 나타내게 되었다. 쑤코타이 왕국은 여러 면에서 타이 문화를 창출해냈는데 이 시대에 생겨난 중요한 타이 문화로는 태국식 불교 문화와 타이 문자 그리고 타이 예술 등을 들 수 있다.

태국의 불교 문화는 오늘날 소승불교를 바탕으로 한 것인데 인도의 랑까 사상과 연관이 깊다. 동남아에 랑까 사상이 전파된 것은 이 지역의 승려들이 인도의 남부로 유학하고 돌아와 포교 활동을 펴기 시작하면서부터이다. 랑까 사상이 들어오기 전의 불교는 대승불교로 주로 왕실에 기반을 두고 있었는데 일반 대중에까지는 확산되지 못했다. 람캄행 대왕은 소승불교를 받아들임으로써 불교를 발전시키는 한편 불교 사상을 기초로 국가 통치의 기반을 마련하고 자연스럽게 사회 질서를 확립해 나갔다. 이러한 과정에서 생겨난 불교 문화들, 이를테면 사원과 불상, 그리고 불교의 계율과 덕목, 사회 규범과 풍습 등은 상류층 문화와 하류층의 문화 격차를 줄이는 데 큰 공헌을 하였다. 이러한 상하 문화의 복합성은 태국 사회와 문화의 중요한 특징이 되었다.

쑤코타이 시대에 생겨난 또 다른 타이 문화 중의 하나는 "라이쓰타이"라고 부르는 타이 문자다. 타이 문자는 1283년에 람캄행 대왕에 의해 만들어졌다. 람캄행 대왕은 컴 문자의 흘림체를 모방하여 태국어 표기에 적합한 문자로 만들었다. 여기에 성조 부호를 첨가하여, 글자로 표기한 문장을 읽으면 실제 말할 때의 성조가 그대로 살아나는 우수성을 지니게 되

었다. 이 밖에도 자음과 모음을 한 줄에 병기하도록 하여 필기에 편리를 도모하였다. 이러한 우수성으로 인하여 타이 문자는 인근 지역에까지 널리 사용되게 되었다. 타이 문자는 타이 문화의 창조와 전승에도 이바지하였는데 특히 상류층과 승려 계층에서 문학 작품은 물론 법률과 역사를 기록하는 데 사용되었다.

예술에 있어서도 쑤코타이 시대에 독창적인 모습을 드러냈다. 타이 예술의

겹층의 지붕으로 된 타이 건축 양식

독창성은 불교 사원과 불상 그리고 불탑에서 잘 나타나 있으며 특히 지붕이 겹층으로 이루어진 법당이나 연꽃봉오리 모양의 불탑과 같은 건축물은 타이 문화의 진수로 평가된다. 쑤코타이 시대 예술의 새로운 양상은 부드러움과 섬세함인데 이러한 특징들은 란나와 아유타야까지 전래되었다. 그리하여 종래의 거칠고 날카로운 컴 예술은 새로운 타이 예술로 대체되기에 이르렀다. 이처럼 13세기에 모습을 드러낸 타이 문화는 아유타야가 이를 계승하여 발전시켜 나감으로써 짜오프라야강 유역과 인근 지역에 전파되어 나갔다.

태국 문화의 특징

태국은 본래의 타이 문화를 형성하고 다시 주변국의 다양한 문화를 받아들여 이를 수용한 다음에 복합 문화로 발전시켜 나갔다. 이러한 호수 문화의 특성은 오늘날 태국의 국민성을 형성하는 데 중요한 영향을 끼쳤다. 이른바 우리의 All or Nothing 또는 Black or White로 표현되는 문화 수용 자세와는 대조적이다. 태국의 호수 문화의 특성은 다음과 같은 문화 현상에서 엿볼 수 있다.

첫째는 식탁 문화이다. 옛날 태국 사람들은 손으로 밥을 먹었다. 나중에 서양 문화가 들어와 포크와 스푼 그리고 나이프가 소개되었다. 태국인들은 그중에서 스푼과 포크만을 받아들이고 나이프는 사용하지 않는다. 태국 음식은 모두 가공되어 식탁에 오르기 때문에 나이프를 쓸 일이 없기 때문이다. 그래서 대부분의 태국인들은 식탁에서 포크와 스푼만을 사용한다.

둘째는 중국인의 동화 현상이다. 중국인은 세계 곳곳에 퍼져 살면서 언제 어디서나 그들의 언어와 문화를 존속시켜 나가는 민족으로 명성이 자자하다. 그런데 오직 태국에서만은 예외이다. 중국계 태국인들은 거의 중국어를 구사하지 못한다. 할아버지나 아버지 대에 태국에 건너온 중국계 태국인의 자녀들이 중국어를 전혀 모르는 것이 다반사다. 이들은 언어뿐만 아니라 태국의 문화와 풍습에도 아주 자연스럽게 동화되었다. 그래서 오늘날 타이족 태국인과 중국계 태국인은 서로를 구분하거나 차별하지 않는다.

셋째는 태국의 외교사에 잘 나타나 있다. 서구 열강의 식민지 사냥과 이권 다툼, 그리고 세계대전을 두 번씩이나 겪는 와중에서도 동남아에서 유일하게 독립을 유지해온 나라가 태국이다. "팔다리는 잘려 나가도 몸뚱어리만 보존하면 살 수 있다"라는 원칙 아래 강대국들의 식민지 쟁탈전에서 필요하면 영토의 일부를 할애하면서 식민지로 전락되지 않았다. 또, 두 차례의 세계대전에서는 처음에는 전범국 편에 섰다가도 전세가 연합국 쪽으로 기울면 전승국 쪽으로 합류하여 패전국의 지위로 전락한 적이 없다. 흔히 "대나무 외교" 혹은 "양다리 걸치기 외교"라고 불리는 태국의 외교는 약소국 외교의 모범사례로 꼽히는데, 이는 태국의 외래 문화 수용 자세와 무관하지 않다.

오늘날 태국은 인접한 미얀마와 라오스 그리고 캄보디아와 유사한 환경 속에서 발전해온 나라이다. 불교 국가이면서 역사적 배경이나 기후적 조건도 크게 다르지 않다. 그럼에도 태국이 근대화 과정을 거치면서 독립을 유지하고 점진적으로 발전할 수 있었던 것은 태국만이 가지고 있는 문화적 속성에 기인한 바 크다. 태국 속담에 "연꽃도 상하지 않게 하고 물도 흐리지 않게 한다"는 속담이 있다. 예불을 드리기 위해 절에 갈 때 연꽃은 초와 향과 더불어 꼭 필요한 물건이다. 그런데 연꽃은 연못에서 많이 자란다. 그래서 연못에 피어 있는 연꽃을 따려면 물이 흐려지고, 물이 흐려지지 않게 빨리 따다 보면 연꽃이 상하기 십상이다. 태국의 역사를 보면 태국인은 물도 흐리지 않고 연꽃도 상하지 않게 살아온 슬기로운 민족이라는 생각을 하지 않을 수 없다.

연못에 피어난 연꽃

제2장

쑤코타이
시대
이전의 태국

태국의 기록 문화

오늘날 동남아시아라고 부르는 지역은 사실 동남아시아가 아니다. 한국을 기준으로 동남쪽으로 가면 대마도가 나온다. 인도차이나반도로 가려면 서남쪽으로 가야한다. 그래서 사실 서남아시아라고 해야 맞는 말이다. 그러면 왜 서남아시아를 동남아시아라고 했을까? 그것은 서양 사람들이 볼 때 동남쪽에 위치해 있기 때문이다. 서양인들의 시각에서 보면 한국이 위치한 지역은 동쪽 끝에 있으므로 극동이라고 했고 사우디아라비아가 위치한 지역을 중동이라고 했다. 역사를 주도한 서양인들이 자신들을 기준으로 붙인 이름을 우리도 그냥 따라 부른 것이다. 오늘날 인도차이나반도에서 태국과 국경을 맞대고 있는 나라에는 태국과 라오스 그리고 미얀마와 캄보디아가 있다. 이 지역을 대륙부 동남아라고 부른다.

람캄행대왕 비문의 탁본

태국은 대륙부 동남아의 대표적인 중심 국가 중 하나이다. 그런데 태국의 역사를 보면 고대사에 관한 기술이 매우 빈약하다는 인상을 받는다. 기원전은 차치하고서라도 기원후 천 년 동안 누가 어떻게 살았는지에 대한 궁금증을 해소해 줄 만한 역사적 기록이 그리 많지 않다. 쑤코타이 200년의 역사도 람캄행 대왕 비문과 왓씨춤 비문, 그리고 왓빠무앙 비문 등에 의존하여 기술한 것이 대부분이다. 쑤코타이 왕조의 건국 연대마저도 역사학자 마다 견해가 조금씩 다르다. 이른바 쑤코타이 역사를 "비문碑文속의 세계"라고 부르는 것도 바로 그 때문이다. 태국의 역사는 그래서 베트남이나 캄보디아의 역사보다 유난히 짧다. 하물며 기록 문화가 발달한 우리나라나 중국의 역사와 견주어 보면 태국의 역사 책은 우리 것보다 좀 얇을 수밖에 없을 것이라는 생각이 든다.

전설에서 역사로

태국의 역사서 중에 "땀난คำนาน"이라고 하는 것이 있다. 땀난은 '전해져 내려오는 이야기'라는 뜻으로 우리말의 '전설'에 대응되는 말이다. 역사서로서의 땀난의 주요 내용은 싯다르타가 출가하는 이야기부터 시작하여 불교가 인도와 스리랑카에서 전파되어 나간 과정을 기술하고 있다. 그리고 후반에 불교가 태국으로 유입되고 나서 어떻게 발전하여 왔는지를 서술한다. 그래서 땀난은 사실 승려들이 불교의 발전 과정을 기술한 역사서라고 볼 수 있다. 지극히 불교적 시각에서 쓰여진 땀난은 17세기경까지 이어지다가 점차 사라지게 되었다.

땀난보다는 좀더 발전된 "퐁싸와단พงศาวดาร"이라고 부르는 역사서가 있다. 퐁싸와단은 '가문' 또는 '혈통'의 의미를 지닌 퐁싸พงศ์와 '아바타' 또는 '현신하다'의 의미를 지닌 아와딴อวตาร의 합성어이다. 퐁싸와단은 그래서 '나라이 신의 현신'으로 해석한다. 퐁싸와단의 내용을 보면 국왕의 통치 행위를 중심으로 기술하는 왕조사의 성격을 가지고 있다. 태국은 아유타야 시대에 이르러 크메르의 영

향을 받아 신권주의가 들어왔는데 이에 따라 왕
은 곧 '나라이 신의 현신'이라는 의미가 부여되었
다. 오늘날 왕이 죽는 것을 "싸완콧^{สวรรคต}"이라고
하는데 이는 '하늘로 되돌아 가다'라는 의미이다.
즉 왕은 본래 사람이 아니라 하늘에 있는 신이 인
간의 모습으로 내려와 일정 기간 나라를 다스리다
가 죽으면 다시 하늘로 되돌아 간다는 것이다. 그
래서 태국의 왕 이름에 힌두교 신의 이름이 사용
되는 경우가 많았다. 아유타야 시대의 나라이 왕
이 그렇고 현 짝그리 왕조의 왕들을 라마라고 칭
하는 것도 바로 그 때문이다. 풍싸와단에 의한 역

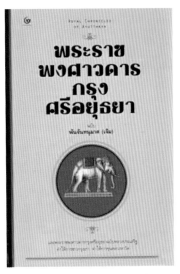

아유타야 역사를 기록한 풍싸와단

사 서술은 17세기 말에 이르러 사실에 가까운 역사를 기록하는 역사서로 발전
했다. 이는 나라이왕(1565~1688) 시대에 활발한 대외 접촉을 통해 시야가 넓어
지고 역사 서술에 대한 새로운 인식이 생겨났기 때문이다. 과거 땀난이 종교적
역사 서술이었다면 풍싸와단은 정치적 역사 서술이라고 할 수 있다. 풍싸와단
에 의한 역사 서술은 라마 1세(1782~1809) 때 본격적으로 이루어졌다. 여기에는
1767년에 멸망한 아유타야의 정치적 전통을 이어가고자 하는 의도가 담겨 있었
다. 그 이후에도 풍싸와단에 의한 역사 기술은 라마 3세(1824~1851)와 라마 4세
(1851~1868)를 거쳐 20세기 초까지 이어져 아유타야 연대기 등이 편찬되었다.

현대 태국어로 역사는 "쁘라왓띠쌋^{ประวัติศาสตร์}"이라고 한다. '전기' 또는 '내력'
의 의미를 가지는 쁘라왓띠^{ประวัติ}와 '학문'의 뜻을 지닌 싸쌋뜨라^{ศาสตร์}의 합성어
로 오늘날 이야기하는 근대적 의미의 역사를 말한다. 풍싸와단 방식의 역사 서

술은 왕의 연대기 방식에 의거하여 역사적 사실들을 단순히 나열하는 것에 그쳤다. 이에 비해 쁘라왓띠쌋 방식의 역사 서술은 태국의 자료뿐만 아니라 외국의 문헌 자료들을 바탕으로 역사적 사건의 동기와 영향을 분석하고 비판하였다. 이러한 태국의 쁘라왓띠쌋 방식에 의거한 역사 서술은 태국의 근대화와 함께 시작되었다.

쑤코타이 시대 이전의 초기 왕국들

오늘날 태국이 위치한 인도차이나반도는 지정학적으로 인도와 중국이라는 거대한 문화권 사이에 위치해 있으면서 이미 오래전부터 힌두 문화와 불교 문화의 영향을 받아왔다. 이 지역의 대부분 나라들이 그러하듯 태국도 열대 지방에 속하면서 풍부한 강우량과 비옥한 토지 그리고 몬순 기후의 특성으로 인한 벼농사가 기본적인 생계 수단으로 발전하였다.

선사 시대로 거슬러 올라 가자면 역사학보다는 고고학적으로 접근해야 한다. 우턴타니주州의 반치앙에서 발견된 공예품들을 보면 최소한 기원전 3,600년 전에 정주민定住民들이 청동기를 사용하여 벼를 재배하며 살았을 것으로 추정된다. 그 이후 오늘날 태국인의 대부분을 차지하고 있는 타이족의 조상인 따이족이 이 지역으로 유입되기 전까지 주로 말레이족과 몬족, 그리고 크메르족들이 그들의 문명을 발전시켜 나갔다. 당시 인도차이나반도 남쪽까지 세력을 뻗어 나갔던 씨위차이 왕조와 태국의 중부까지 지배했던 타와라와디, 그리고 앙코르 지역의 크메르 제국들이 바로 그들이다. 이 밖에도 여러 크고 작은 국가

들이 생겨났는데 쑤코타이 시대 이전에 번성했던 초기 왕국에는 다음과 같은
나라들이 있었다.

푸난 왕국อาณาจักรฟูนาน (68~550)

푸난 또는 부남 왕국은 1세기에 건국되어
6세기까지 번성했던 나라로 전설에 따르면
카웅딩야가 인도에서 배를 타고 건너와 세웠
다고 한다. 짜오프라야강변 우텅 지방에서
시작하여 나중에는 크메르 지역까지 영토를
확장시켜 나간 것으로 추정된다. 와얏뿌라에
도읍을 정하고 인도의 영향을 받았다. 로마
와 중국을 잇는 해상 무역을 활발하게 펼쳤는

데 전성기에는 영토가 오늘날의 크메르 지역은 물론 태국의 동부와 동북부, 베
트남의 남부 그리고 말레이반도 일부에까지 미쳤다. 크메르족이 세운 쩬라의
공격을 받아 멸망했다.

타와라와디 왕국อาณาจักรทวารวดี (6~13세기)

타와라와디 또는 드와라와띠 왕국은 당시 인도차이나반도에 세워진 므앙
เมือง으로 부족 국가의 연합체를 일컫는 말이다. 타와라와디는 몬족이 세운 나라
로 6세기 말에 독립 왕국으로 등장하였다. 짜오프라야강 유역에 위치해 있으
면서 11세기 말까지 독립을 유지했으나 주변국과의 교류가 제대로 이루어지지
못해서 크게 발전하지 못했다. 타와라와디는 10세기에는 버마의 지배를 받았

고 11~13세기까지는 크메르 제국의 지배하에 있었다. 그리고 13세기 말에 타이족이 세운 나라에 합병되었다. 합병되고 나서도 자신들의 왕의 지배를 받으며 민족적 정체성과 풍습 등을 유지해 나갔다. 이런 과정 속에서 타와라와디는 인도 문화를 받아들여 이 지역의 다른 나라들에게 다시 전파해 주는 문화적 교량 역할을 했다. 크메르와 버마 그리고 타이족이 세운 나라들은 모두 자신들이 정복한 타와라와디를 통해 통치 형태는 물론 문자와 예술, 종교와 학문 등의 여러 방면에서 인도의 광범위한 영향을 받았다.

씨위차이 왕국อาณาจักรศรีวิชัย (659~1377)

오늘날의 인도네시아 지역에는 일찍부터 힌두교가 들어오고 그 영향으로 2세기경부터 소왕국들이 세워졌다. 7세기 말에 이들 나라들이 연합하여 세운 나라가 씨위차이 왕국으로 스리비자야라고도 한다. 씨위차이 왕국은 수마트라섬의 팔렘방에 도읍을 정하고 번영해 나갔다. 지정학적으로 말라카 해협과 순다 해협의 중앙에 위치해 있었기 때문에 인도와 중국을 잇는 해상 교역을 통해 중계 무역 국

가로 성장했다. 8세기 중엽에는 말레이반도까지 진출하여 동남아 최대의 대국이 되었다. 나중에는 이 지역에 불교가 융성하게 되었으며 10세기에 전성기를 이루다가 14세기경에 몰락했다.

쩬라 왕국อาณาจักรเจนละ (550~802)

크메르족이 건설한 나라로 진랍이라고도 하며 5세기 중엽부터 7세기 중엽까지 번영을 누렸다. 짬빠싹을 중심으로 번성하여 전성기에는 오늘날 크메르와 라오스 그리고 태국의 중부까지 영토를 넓혀 나갔다. 그러나 자이바르만 1세가 죽은 후에 여러 토후들의 세력 다툼이 심해져 끝내 몰락하고 말았다.

캄푸차 왕국อาณาจักรกัมพูชา (802~1431)

쩬라 왕국이 멸망하고 나서 자이바르만 2세가 쩬라족을 규합하여 802년에 캄푸차 왕국을 건설하였다. 인트라뿌라에 도읍을 정하고 10세기 중반부터 12세기 중반에 최고의 전성기를 누렸다. 당시 캄푸차 왕국은 오늘날 태국의 일부 지역까지 통치하게 되었는데 북부의 일부와 동북부, 동부, 짜오프라야 유역, 그리고 말레이반도 북부까지 세력이 닿았다.

푸깜 왕국ᴩꠀᴋᴀᴍ (1044~1287)

푸깜 왕국 또는 바간 왕국은 11세기에 세워졌으나 이에 대한 사료는 12세기 중엽부터 나타나기 시작한다. 아니룻왕 시대에는 세력이 확장되면서 오늘날의 미얀마 전 지역에 세력이 미쳤다. 서쪽으로는 아라칸까지 지배하고 동쪽으로는 짜오프라야강 유역까지 세력이 뻗쳤으며 남쪽으로는 타와이, 마릿, 따나와씨까지 영향력이 미쳤는데 아니룻왕이 죽고 나서 세력이 쇠퇴하다가 1287년에 몽골의 침략을 받아 멸망하였다.

요녹치앙쌘 왕국ᴏᴀᴎᴀᴊᴋᴩ ᴛᴏᴇᴎ ᴛᴇᴇᴇᴇᴎ (749~1349)

씽하나왓왕이 태국 북부 지역 치앙쌘에 세웠던 나라로 팡크랏왕 시대에 크메르에게 정복당하기 전까지 번영을 누렸다. 전쟁에서 패한 팡크랏왕은 20년간 위앙씨텅으로 유배를 갔는데 프롬 왕자가 나라를 되찾는 데 성공하였다. 프롬왕 시대에 이르러 도읍을 차이야쁘라깐으로 옮기고 크메르 제국의 침략을 막아내면서 요녹 왕국은 다시 번영하였다. 그러나 프롱왕이 죽고 나서 국력이 점차로 쇠퇴하여 멸망하게 되었다.

하리푼차이 왕국อาณาจักรหริภุญไชย (661~1292)

타이족이 유입되기 이전에 태국의 북부 지역에 번성했던 나라가 하리푼차이 왕국이었다. 하리푼차이 역시 몬족이 세운 나라였는데 타와라와디 왕국의 일원으로 서기 661년에 개국하였다. 그러나 실제로는 750년경에 세워진 것으로 추정된다. 이후 수 세기 동안 존속하면서 현재의 람푼을 도읍으로 하고 발전해 나갔다. 11세기 크메르 제국의 침략을 받았으나 다른 여러 몬족 국가들과는 달리 크메르 제국에 복속되지 않고 있다가 1292년에 타이족이 세운 란나국 왕국의 침략을 받아 병합되었다.

히란 왕국อาณาจักรหริรัญ (638~1292)

타이유안족이 세운 히란 왕국 또는 은양 왕국อาณาจักรเงินยาง이 모습을 드러낸 것은 638년으로 치앙라이주州의 매싸이에 있는 히란에 도읍을 정했다. 그러나 9대 왕인 라오끼앙왕이 850년경에 은양 왕국으로 이름을 바꾸고 도읍을 치앙쌘의 은양으로 옮겼다. 그 당시 영토는 라오스 북부의 루앙프라방에서 베트남의 일부까지 뻗어 나갔다. 그 후 은양 왕조

의 17대 왕인 망라이왕이 1262년에 치앙라이로 천도하고 남쪽으로 세력을 확
장해 1292년에 몬족이 세운 국가 하리푼차이를 복속시켰다. 그리고 나서 나라
이름을 란나 왕국으로 바꾸었다.

라워 왕국อาณาจักรละโว้ (7세기~1388)

타와라와디 시대 말기인 7세기경에 건국하
여 1388년까지 존속되었던 나라로 현재 롭부
리 지역에 위치해 있었다. 7세기경에 쩬라국
의 영향력이 확대되자 크메르 세력하에 있던
나라들이 라워 왕국으로 결집하고 크메르 영
향권 밖에 있던 짜오프라야강 서쪽 지역 나라
들이 쑤완나품 왕국으로 결집하게 되었다. 그
리하여 크메르가 타와라와디를 장악하는 과
정에서 라워 왕국이 중심지가 되었다. 라워
왕국은 초기에 크메르를 통해 힌두교와 대승불교의 영향을 받았으나 나중에는
소승불교가 발전하였다. 라워 왕국이 발전하면서 버마와 크메르 제국을 견제
하다가 11세기경에 남하하여 짜오프라야강 서안에 있던 쑤완나품 왕국을 서서
히 합병해 나갔다. 라워 왕국은 나중에 도읍을 아유타야로 옮기고 아유타야 왕
국으로 발전하였다.

란나 왕국อาณาจักรล้านนา(1292~1774)

13세기에 이르러 캄푸차 왕국이 급격히 쇠퇴하자 그 영향 아래 있던 인도차

이나반도 지역의 도시 국가들이 고대 왕국으로 성장하게 되는데 그중에서 오늘날 태국 땅에서 번성한 왕국이 바로 란나 왕국과 쑤코타이 왕국이었다. 당시 란나 왕국의 수도는 치앙마이였다. 란나의 문화는 그 이전에 존재하였던 타이유안족들로부터 이어져 온 것이었다. 란나 왕국은 망라이조 출신의 인물들이 통치하면서 남방의 쑤코타이 왕조나 아유타야 왕조 등과는 완전히 다른 패권을

구축했다. 란나 왕국은 1558년 이후 버마의 지배를 받게 되었다. 점차 버마로 합병되어 가던 란나는 1774년 톤부리 왕조를 세운 딱신왕에게 정벌되었다. 그 후 짝그리 왕조의 중앙집권화가 이루어질 때까지 반독립을 유지하였다.

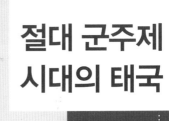

제3장

절대 군주제 시대의 태국

행복의 아침-쑤코타이 시대

"쑤코타이"는 '행복의 아침'이라는 뜻이다. 쑤코타이 왕조가 들어서던 13세기에 한국은 고려 시대였다. 당시 고려는 몽골의 3차 침략으로 전 국토가 유린되고 불력의 힘으로 나라를 지키겠다는 일념에서 팔만대장경을 만들었다. 고려의 무신 정권은 도성을 강화도에 옮기고 강렬하게 저항했다. 몽골은 고려 정복을 포기했지만 간섭은 이어졌다. 고려가 몽골의 침략에 시달리고 있던 시기에 인도차이나반도에 있던 소왕국들은 크메르 제국의 지배하에 있었다. 크메르 제국의 세력이 쇠퇴하자 인트라팃왕은 주변의 왕국들과 연합하여 크메르 세력을 몰아내고 1238년에 쑤코타이 왕국을 건설하였다. 이로써 태국의 역사가 시작되는 '행복의 아침'이 밝아오고 154년 후인 1392년에 한반도에서는 '고요한 아침의 나라' 조선^{朝鮮}이 등장했다.

쑤코타이 역사는 대략 200년으로 보지만 실제로 쑤코타이가 주도하던 시대는 그리 길지 않았다. 람캄행 대왕 사후 러타이왕^{เลอไทย}(1298~1323)이 즉위하고 쑤코타이의 속국들이 독립해 나갔다. 북쪽으로는 우따라딧이 독립하고, 얼마 안 있어 현재 라오스에 위치한 루앙 프라방과 비엔티안이 분리 독립했다. 서쪽으로는 1319년에 몬족 왕국이 독립해 나갔고, 1321년에는 가장 오랫동안 쑤코타이 지배하에 있던 소왕국인 딱을 아유타야 왕국이 점령했다. 남쪽으로는 강성했던 도시 쑤판부리가 러타이왕 치세 초기에 분리되어 나갔다.

쑤코타이가 급속도로 쇠락의 길을 걷게 되자 그 사이에 아유타야 왕국이 부상했다. 아유타야는 1378년 탐마라차 2세 때에 이르러 쑤코타이를 침략하여 속국으로 만들었다. 국운이 쇠락하자 러타이왕은 결국 피사눌록으로 수도를

쑤코타이 유적지 모습

옮겼다. 그 후에 싸이르타이 왕이 죽고 나서 왕자들 간에 싸움이 일어나고 그로 인해 국운은 더욱 기울어져 갔다. 아유타야의 뜨라이록까낫 시대에 이르러 쑤코타이는 아유타야에게 병합되었다. 이때가 1438년으로 쑤코타이는 역사 속으로 완전히 사라졌다.

쑤코타이 시대의 국왕

쑤코타이 시대 초기에는 인구가 그리 많지 않아서 가족적 특성을 기반으로 하는 거대한 가족에 가까웠다. 따라서 국가는 가족적인 특성을 바탕으로 한 온정주의적 국왕이 다스렸다. 그래서 초기 쑤코타이의 왕의 이름에는 "퍼쿤"이라는 칭호를 사용하였는데 "퍼"는 '아버지'를 뜻하고 "쿤"은 '관료'를 뜻한다. 이는 곧 국왕이 권력을 행사하고 백성을 다스림에 있어 마치 아버지가 자식을 보살피듯이 하는 것을 의미한다. 이에 따라 국왕은 나라를 통치함에 있어 백성과 밀접한 관계를 맺고 백성 간에 갈등과 분쟁이 발생하는 경우에는 이를 조정하고 잘잘못을 가려주는 판관의 역할도 했다.

온정주의주적 국왕의 모습

나컨춤 비문

그러나 국왕은 단지 절대적 권력만을 누리는 존재는 아니었다. 나컨춤의 3호 비문에 보면 "어느 군주든 통치자로서의 권력을 올바르게 행사하면 나라를 오래 다스릴 수 있지만 만약에 부당하게 행사하면 그렇지 못할 것이다"라는 내용이 나온다. 이를 통해 알 수 있는 것은 당시의 국왕은 최고 권력을 행사하여 백성들의 삶을 보살피는 통치자이지만 그 권력을 잘못 사용하고 부여된 임무를 소홀히 하면 언제라도 그 왕위에서 쫓겨날 수 있었다는 사실이다.

쑤코타이 시대 초기에 국왕과 백성의 관계가 아버지와 자식 관계와 같았다. 그것이 어떻게 가능했을까? 우선 쑤코타이 시대 촌락들은 규모가 그리 크지 않았고 왕국 전체의 인구 역시 그렇게 많지 않았다. 그러므로 그 당시 사회는 복잡하지 않고 아주 단순했다. 따라서 국왕과 백성 사이에 밀접한 관계가 쉽게 형성될 수 있었다. 당시에 쑤코타이는 크메르 제국의 영향력에서 막 벗어난 상태였다. 그래서 국왕은 새로운 세력을 결집하여 좀 더 강한 나라를 이룩할 필요가 있었다. 쑤코타이 초기 "퍼쿤" 정치는 이른바 "태국식 왕민 정치"였다고 볼 수 있다.

외곽의 위성 도시와 속국

쑤코타이 시대에는 나라의 한 가운데 왕도王都를 두고 국왕이 이를 다스리는 한편 주변에 위성 도시를 두어 적의 공격으로부터 안전을 도모하였다. 성벽으로 둘러 싸여져 있는 왕도는 정치와 문화의 중심지이자 행정의 중심지였다. 왕

씨쌋차날라이 역사공원

도의 한가운데는 왕궁이 위치하고 성곽의 안팎으로 크고 작은 사원들이 세워졌다. 국왕은 군대의 최고 통수권자였고 여러 속국들이 국왕의 통치 아래 있었다. 위성 도시 중에는 "므엉룩루엉เมืองลูกหลวง"이라고 부르는 도시가 있었다. 이를 직역하면 '왕자 도시'라는 뜻으로 왕자나 왕족을 파견하여 다스리게 하던 도시였다. 이곳에 병력을 주둔시켜 본국과 왕실을 지키는 한편 유사시에는 국왕의 병력에 귀속되기도 하였다. 이런 도시는 대개 전략적으로 중요한 국경 지대에 위치하고 있어서 국경 도시라고 부르기도 하였다. 쑤코타이 시대에는 씨쌋차날라이, 썽캐우, 싸라루엉, 그리고 나컨춤 등 네 개의 왕자 도시가 있었다. 왕자 도시에서 좀 더 외곽으로 나가면 국왕이 귀족을 파견하여 다스리는 귀족 도시가 있었다. 귀족 도시는 더 작은 도시들이 합쳐져 규모가 커진 도시들이었다. 이런 귀족의 도시에는 콘티, 프라방, 치앙텅, 방찰랑 등이 있었다. 귀족 도시는 국왕이 임명하는 귀족이 통치하지만 국방과 외교에 대한 권한은 국왕에게 있었다.

쑤코타이 주변국 중에는 평소에는 독립되어 스스로를 통치하지만 일정 부분 쑤코타이에 종속되어 있는 속국들이 있었다. 이 속국들은 정기적으로 쑤코타이에 조공을 바치고, 쑤코타이 왕국은 그에 대한 대가로 이들의 독립과 안전을 지켜주었다. 그리고 쑤코타이가 다른 나라들과 전쟁을 벌이는 경우에 속국들은 반드시 군대를 파견하거나 군량을 지원하여 쑤코타이를 도와야 했다. 이런 속국에는 프래, 부어므엉, 난, 차와, 위양짠, 홍싸와디, 쑤판나품, 나컨씨탐마랏 등이 있었다.

법과 제도

쑤코타이 시대의 법과 제도는 매우 단순했을 것으로 추정된다. 람캄행 대왕 비문의 내용에 따르면 당시의 쑤코타이는 자유 무역으로 인한 세수가 풍부하여 따로 백성들에게 세금을 걷지 않은 것으로 보인다. 당시의 상거래는 주로 물물교환 형식이었다. "소를 끌고 가서 사고 팔았으며, 말을 타고 가서 사고 팔았으며, 혹자는 코끼리 장수가 되기를 원하고, 혹자는 말 장수가 되기를 원하고, 혹자는 은 장수, 금 장수가 되기를 원하고(…)"라는 기록을 보면 당시 상거래가 매우 자유롭게 이루어졌음을 쉽게 짐작할 수 있다.

재산에 대한 법률을 보면 누구든지 아직 임자가 없는 토지를 논이나 밭으로 개간하면 그 땅을 소유할 수 있었으며 소유한 재산은 그 자녀에게 상속되었다. 또한 백성 간에 갈등이 생겨 소송이 발생하면 왕이 이를 직접 해결해 주었다. 그래서 궁전 앞에 종을 걸어 두어 누구든 억울한 일을 있을 때 종을 쳐서 왕에게 직접 사정을 알릴 수 있었다. 쑤코타이 시대에는 전쟁에서 생겨난 포로들도 죽이거나 때리지 않았다고 기록되어 있다. 그리고 외국인이라 할지라도 국왕에게 충성을 맹세하면 쑤코타이 왕국에서 살 수 있도록 허가해주었다.

불멸의 제국-아유타야 시대

아유타야 1350년에 우텅พระเจ้าอู่ทอง왕이 세웠다. 이후 아유타야는 빠르게 주변 국가들을 복속시켜 동남아 지역의 강국으로 성장하였다. 쑤코타이를 합병하고 뜨라이록까낫왕สมเด็จพระบรมไตรโลกนาถ(1448~1488) 시대에 이르러서는 중앙집권 체제로 만들었다. 1511년에 포르투갈이 말라카를 정복하자 아유타야는 처음에는 중국, 안남(베트남), 인도, 일본, 페르시아 등의 상인들에게 집단 거주지를 조성해 주었다. 나중에는 포르투갈, 스페인, 네덜란드, 프랑스 등에 대해서도 집단 거주지를 허용하고 국제 무역에 개방적 태도를 견지하였다. 이런 과정을 통해 서양의 여러 나라와 교류하게 되었는데 16세기의 외국 상인들은 아유타야를 동양의 부유한 대국이라고 묘사하였다.

버마의 침략을 받기 전까지 아유타야는 인근의 샨족 국가들과 란나 왕국, 란상 왕국, 참파 왕국, 버마 남부 지역의 여러 나라들로부터 조공을 받는 강국이었다. 16세기 중반에 버마가 강성해지면서 아유타야를 침략해 왔다. 아유타야는 1548년부터 시작된 긴 전쟁을 치렀다. 당시 짝끄라팟왕의 왕비 쑤리요타이는 코끼리를 타고 적장과 싸우다 장렬히 전사하였다. 오랜 전쟁 끝에 버마의 속국으로 전락하였으나15년 후에 나레쑤안 대왕이 버마 세력을 물리치고 독립

우텅왕 동상

버마와 싸운 쑤리요타이 왕비

을 되찾았다. 이후 아유타야는 날로 번영하여 광대한 영토를 갖게 되었다. 북쪽으로는 란나 왕국을 병합하고 남쪽으로는 말레이반도에까지 세력을 뻗쳤다. 그러나 아유타야는 18세기경에 이르러 쇠퇴하기 시작하여 1767년에 버마와의 전쟁에 패하면서 완전히 멸망하고 말았다. 아유타야는 '불멸의 제국'이란 뜻이다. 그 이름에 걸맞게 417년간 존속하면서 33명의 왕이 통치하여 가장 긴 역사를 가진 왕조였다.

태국에서 쑤코타이가 서서히 몰락하고 아유타야에 잠식되어 가던 시기에 한국은 원나라의 통치 아래 있었다. 고려는 100년 동안 몽골의 지배를 받으면서 많은 영향을 받았다. 음식과 의복은 물론 여러 가지 몽골식 생활 풍습이 생겨났다. 그러다가 공민왕이 즉위하면서 개혁 바람이 불었다. 공민왕은 원의 간섭을 배제하고 권문세가를 제압하면서 본래의 고려식 통치 방식을 되찾고자 했다. 이때 신진사대부들이 주도하여 개혁을 성공적으로 이끌었으나 나중에는 고려를 무너뜨리고 새로운 왕조를 세웠다. 엇비슷한 시기에 태국에서는 쑤코타이가 몰락하고 아유타야 왕조가 들어섰다. 그리고 한국에서는 고려가 망하고 조선 왕조가 세워졌다. 쑤코타이는 200년간 지속된 데 비해 고려는 475년간 존속했다. 뒤이어 들어선 아유타야는 417년간 존속했고 조선은 519년간 존속하다가 일본의 식민지로 전락했다.

아유타야 초기

아유타야 시대 초기(1350~1448)에는 크메르 방식을 도입하여 내무, 궁무, 재무, 농무 등의 4개의 부처로 나누고 각각의 부처에는 행정 업무를 담당하는 대신이 있었다. 내무부는 왕도王道를 관리하고, 궁무부는 왕실의 일을 돌보거나 사건의 공판을 담당하였으며 재무부는 왕실의 재산을 관리하고 농무부는 세금을 걷고 군량미를 관리하는 업무를 담당하였다.

　지방의 대도시는 4등급으로 나누어 다스렸는데 왕도를 중심으로 하여 사방에 왕자 도시가 있었다. 롭부리, 나컨나욕, 프라쁘라댕, 쑤판부리가 바로 왕자 도시였는데 유사시에 적군으로부터 최후의 방어기지 역할을 하였다. 그 다음으로 국왕이 관료를 파견하여 다스리게 하는 내부 위성 도시들이 있었는데 폼부리, 씽부리, 쁘라찐부리, 차청테라, 촌부리, 따나우씨, 차이야, 나컨씨탐마랏 등이 바로 내부 위성 도시였다. 이 밖에도 왕도로부터 많이 떨어진 곳은 본래 그 지역을 다스리던 영주領主들이나 왕도에서 파견된 관리가 통치하였는데 이를 외부 위성 도시라고 불렀다. 아유타야 시대에도 속국이 있었는데 왕도로부터 멀리 떨어져 있기 때문에 스스로 통치할 수 있는 자치권을 부여 받았다. 그 대신 아유타야에 정해진 조공을 바쳐야 했고 전시에는 군대를 파견하여 아유타야를 도와야 했다. 아유타야 초기의 속국으로는 쑤코타이와 크메르가 있었다.

　아유타야 시대 초기에 한국에서는 고려가 망하고 조선이 들어섰다. 아유타야의 라메쑤안왕이 재위하고 있던 1391년에 위화도 회군으로 권력을 잡은 신진사대부들은 토지 개혁을 단행하고 경자유전의 원칙으로 하는 과전법을 시행하였다. 전국의 토지는 실제로 농사를 짓는 농민들에게 주고 국가가 수확물의 1/10을 세금으로 받았다. 이성계는 공양왕을 폐위하고 세자를 왕위에 올리지 않고 스스로 최고 권력자 위치에 있었다. 그러다가 1394년 한양으로 도읍을 옮기고 새로운 조선 세대를 열었다. 1401년에 신문고를 설치하여 억울한 일을 당한 백성들이 왕에게 직접 고하도록 하였다. 1418년 세종이 즉위하고 1429년에

『농사직설』이 편찬되었다. 1443년에 천문학 연구를 위한 혼천의가 만들어지고 1446년에 훈민정음이 반포되었다.

아유타야 중기

아유타야 시대 중기(1448~1688)에 이르러 영토가 넓어지면서 많은 변화가 뒤따랐다. 왕자 도시는 그 권력이 비대해지자 왕위 찬탈을 위한 세력 다툼의 온상지도 변해 갔다. 그러자 뜨라이록까낫왕은 군사와 민사를 분리하고 권력을 중앙으로 집중시키는 개편을 단행하였다. 군사는 국방 대신이 관장하게 하고 민사는 내무대신이 관장하게 하였다. 그리고 내무대신 아래 짜뚜싸돔이라고 부르는 민사 4각 체제를 두었다. 이 4각 체제는 정무부,

뜨라이록까낫왕의 모습

재무부, 궁무부 그리고 농무부로 구성되어 있었다. 이런 개편으로 인해 왕도는 더욱 강화된 권력을 갖게 되어 하위 도시들을 좀 더 엄격하게 관리하고 통제할 수 있었다.

뜨라이록까낫왕은 왕자 도시를 폐지하고 내부 도시를 새로 지정하였다. 내부 도시는 4급 도시로 "푸랑𓃰" 이라고 부르는 관료를 파견하여 다스리도록 하였다. 예전의 속국이었던 피싸눌록, 나컨씨 탐마랏 등은 외부 도시로 합병하였다. 이 도시들은 중요도에 따라 1급에서 3급까지 나누고 왕족이나 고위 관료들을 파견하여 밀접하게 통제하였다. 한편, 아유타야를 종주국으로 섬기는 속국

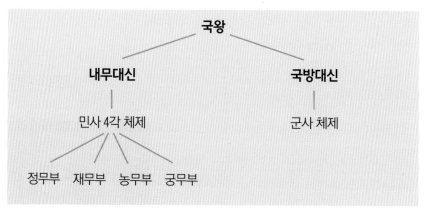

뜨라이록까낫왕의 통치제도 개편 내용

으로는 따나우씨, 타와이, 크메르 등이 있었는데 이들 속국은 영주領主들이 다스렸다.

아유타야의 중기 240년 동안 조선에서는 세종대왕 시대에 4군 6진을 설치하고 1451년에는 고려사가 완성되었다. 1466년 과전법이 폐지되고 현직 관리에게만 수조권을 주는 직전법을 실시하였다. 이에 따라 국가가 토지를 소유하고 있는 농민을 좀더 직접적으로 관리할 수 있게 되었다. 1484년에 동국통감이 편찬되고 1485년 오늘날의 헌법에 해당하는 『경국대전』을 공표하여 중국의 법체계와 구별되는 조선의 법체계를 완성하였다. 1592년에 임진왜란이 일어났다. 최초로 화약 무기를 주무기로 사용한 전면전이면서 국제전이었다. 1608년에 대동법을 실시하여 지방의 특산물로 내던 공납을 모두 쌀로 대체하였다. 이는 농업 사회가 상업 사회로 발달하는 계기가 됐다. 1636년에 병자호란이 일어나 조선은 명나라와의 관계가 단절되고 청나라에 조공을 바쳐야 했다.

아유타야 말기

아유타야 말기(1688~1767) 에 이르러 28대 왕인 프라펫라차왕과 31대 왕인 버럼꽃왕 시대에 권력의 균형을 유지하기 위해 군사 권력을 개편하였다. 내무부는 본래의 체제를 유지하고 재무대신이 군사들과 남부 지역의 백성들을 돌보도록 바꾸었다. 그리고 국방대신은 왕의 자문역할을 하도록 하였다 이러한 행정 제도 개선은 중앙에 최대한 권력을 집중시키고 왕족 간 세력 균형을 유지하여 왕실의 위험을 최소화하기 위한 것이었다.

프라펫라차왕의 모습

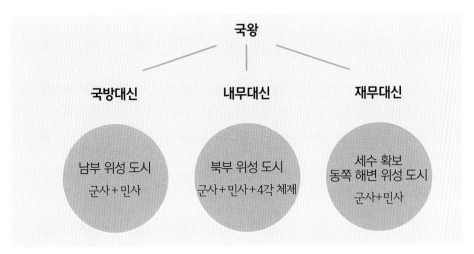

프라펫라차 시대 개혁 내용

왕실 규범

아유타야 말기에는 국왕이 왕실을 다스리기 위해 세 가지의 법을 만들고 이를 집행하기 위해 세개의 부처를 신설하였다. 우선 교범부를 두어 국왕이 정사를 돌보는 데 필요한 격식을 만들고 국왕의 생활 전반을 보살피도록 했다. 그리고 법무부를 두어 왕족과 관료들의 직위를 체계화하였다. 끝으로 칙령부를 두어 왕궁의 법령을 제정하고 왕실 규정을 법제화하였다. 당시 왕실 규범을 보면 왕궁 안에서 말다툼하는 자는 사흘 동안 구금하고 왕궁 안에서 욕설을 하는 자는 곤장 50대를 맞도록 하였다. 그리고 궐문을 발로 차는 자는 발을 자르고 왕궁에서 술을 마신 자는 뜨거운 술을 입에 쏟아 붓는 처벌을 받았다.

논에서 나오는 권력 싹디나

싹디나 제도는 계급과 지위에 따라 토지를 나누어 주는 제도이다. 본래 "싹디나"는 '논 위의 권력'이라는 뜻이다. 과거 농경 사회에서 논은 무엇보다 중요한 것이었다. 그래서 땅을 다스리는 권력은 부와 권력을 얻을 수 있는 중요한 방법이기도 했다. 태국어에서 왕을 뜻하는 "까쌋กษัตริย์"은 '논을 돌보는 자'라는 의미를 가지고 있다. 이는 권력이 삶의 터전인 농지보다 우위에 있음을 의미한다. 그래서 싹디나 제도는 뒤로 갈수록 실질적으로 소유하고 있는 토지의 면적을 나타내기보다는 사회적 지위나 역할에 따라 사회 계층을 나누는 척도와 같은 기능을 하였다. 아유타야 시대의 싹디나 제도는 귀족들의 경제적 권력이나 정치적 권력은 물론 문화적 권력까지 드러내주는 권력의 상징이라고 할 수 있다.

싹띠나는 지위에 따라 제각기 토지 점유권이 달랐다. 태국에서는 보통 '라이'를 사용하여 토지의 면적을 나타내는데, 1라이는 400평방미터쯤 된다. 나폰라르언^{나팔르언}의 토지 점유권은 500라이~100,000라이였으며 폰라르언^{나팔르언}과 궁내부 관리의 토지 점유권은 100라이~1,000라이였다. 문관이나 무관 관료의 토지 점유권은 10,000라이였다. 그리고 관직 혹은 관료 작위에 따른 토지 점유권은 30~30,000라이로 매우 높은 반면에 비구승과 같은 출가자의 토지 점유권은 100~2,400라이로 상대적으로 낮은 편이었다. 프라이 혹은 일반 백성 토지 점유권은 5~25라이로 아주 낮았고, 노예의 경우에도 5라이의 점유권이 주어졌다.

문나이와 프라이의 지배-피지배 관계

아유타야 시대의 싹디나 제도는 문나이^{문랏나이}와 프라이^{프라}라는 두 계층 간의 지배-피지배 관계로 이루어져 있었다. 문나이는 프라이를 지배하고 다스릴 수 있는 권력을 가지고 있었다. 프라이를 소유할 수 있는 문나이는 왕족 문나이와 평민 문나이가 있었다. 왕족 문나이는 출생했을 때부터 문나이의 지위에 속한 왕족을 말한다. 왕족의 신분을 바탕으로 이들은 왕으로부터 하사 받은 프라이를 지배할 수 있었다. 이와 같은 문나이는 짜오나이^{짜오나이}와 같은 왕족이었다. 이에 비해 평민 문나이는 태생은 평민으로 태어나 프라이였던 사람이 신분이 상승하여 관료가 된 사람을 말한다.

프라이 또는 **랏싸던**^{랏싸던}은 쑤코타이 때부터 성별에 상관 없이 백성을 일컫는 말이다. 프라이는 사회 구성원의 대다수를 차지하고 있는 주요 노동력이었으며 문나이와 정치적, 경제적, 사회적인 관계를 맺고 있었다. 프라이들은 각자의 생활을 영위하면서 스스로 생계를 꾸려나갈 수 있었지만 국왕의 지배를 받으면서 노역을 감수해야 했다. 아유타야 시대 프라이는 몇 가지 부류가 있었다.

아유타야 시대 프라이의 모습

프라이루엉ไพร่หลวง은 국왕이 소유한 프라이로 신분을 표시하는 별도의 문신을 했다. 당시에는 프라이루엉뿐만 아니라 아유타야 백성들은 모두 소속과 신분을 나타내는 문신을 하고 있었다. 국왕은 때때로 왕실 사업에 동원할 수 있도록 프라이루엉을 군부대에 하사했는데 이들 프라이루엉은 문나이가 관할하는 부처에 소속되었다. 일부는 위성 도시에 파견 근무도 하였는데 이들은 왕실의 안전을 위한 경비를 서거나 공공 토건과 건축 사업에 동원되기도 하였다.

프라이쏨ไพร่สม은 왕족과 관료인 문나이에게 소속된 프라이를 말한다. 이 프라이들은 국왕으로부터 신분을 하사 받을 때 어느 문나이에게 소속되는지를 나타내는 문신을 새겼다. 프라이쏨은 주로 문나이의 업무를 돕는 일을 했다. 국왕이 요청하는 경우에 문나이는 자신의 프라이쏨을 동원하여 왕실의 토목 사업이나 전쟁에 참여하도록 했다. 문나이에게는 자신에게 소속된 프라이쏨이의 숫자가 곧 권력과 부의 상징이었다. 프라이가 많을수록 노동력과 경제적 이권은 물론 공물과 수수료 등을 더 많이 얻을 수 있었기 때문이다.

프라이쑤아이ไพร่ส่วย는 수도로부터 멀리 떨어진 오지에 살고 있는 프라이를 말한다. 거리상의 문제로 왕이나 문나이들에게 부역하는 대신에 공물이나 특산품을 바쳤다. 이들이 바치는 공물은 주로 왕실에서 특정한 것으로 상품성이 있는 소방목蘇方木이나 주석, 자황, 코끼리 상아 등이었다.

이 밖에도 렉왓เลกวัด 이라고 부르는 사람들이 있었는데 국왕이 사원에 하사한 사람들로 승려를 모시고 사원을 돌보는 일을 했다. 이 렉왓에는 카프라ข้าพระ와 욤쏭โยมสงฆ์ 두 가지 부류가 있었다. 카프라는 평생 가족과 함께 지내면서 사원을 돌보는 일을 할 수 있도록 왕실의 부역에서 면제되었으며 신분이 자식에게 세습되었다. 이에 비해 욤쏭은 승려의 친인척 중에서 승단의 팔리어 시험에 합격한 사람으로 부역이나 징병에서 면제되고 승려의 시중을 드는 일을 했다.

문나이와 프라이의 호혜적 관계

절대 군주제하에서 모든 영토는 국왕이 소유하고 있었으며 모든 백성은 국왕이 하사한 토지에서 농사를 짓고 살아갔다. 그래서 국왕의 토지에 살아가는 모든 백성들은 그 보답으로 정해진 부역에 종사해야만 했다. 국왕은 문나이라고 부르는 관료들을 지배하고 있었으며 문나이는 다시 프라이라고 부르는 백성들을 지배하고 있었다.

문나이-프라이제도는 사회적으로 서로 대등하지 않은 계층의 구성원 사이에서 발생하는 수익 교환적 성격을 띠고 있었다. 즉, 문나이는 프라이를 보호해주는 임무를 지니는 동시에 주어진 임무를 수행하기 위해 프라이를 징발할 수 있는 권한을 가지고 있었다. 그리고 프라이는 문나이를 위해 노력 봉사하는 대신에 문나이의 보호를 통해 자신의 안위를 보장 받을 수 있었다. 문나이—프라이 제도에서 프라이는 문나이의 수익을 창출시켜주는 역할을 하였다. 프라이는 절대적으로 문나이의 명령에 따라야 했다. 또한, 프라이는 자신의 문나이를 바꿀 권리가 없었다. 이 때문에 문나이 소유의 프라이는 왕과의 관계보다 자신의 문나이와의 관계가 더 밀접할 수밖에 없었다. 그래서 프라이쏨은 문나이의 가장 중요한 정치적 권력의 기반이자 경제적 기반이었다. 정치적 권력 쟁탈에서 가장 중요한 것은 자신이 보유한 프라이의 수가 얼마나 많은가 하는 것이었다.

신분 노예 제도

노예는 "탓ㅊㅅㅊㅅ"이라고 부르는 계층의 사람들이었다. 전쟁에서 패한 나라의 병사들이 포로로 잡히면서 노예가 되기도 하고 문나이 혹은 프라이가 어쩔 수 없는 사정으로 노예로 전락되는 경우도 있었다. 노예는 생산활동에 있어서 가장 중요한 노동력이었다. 이들은 남자와 여자로 구분되었으며 주인의 개인 재산으로 치부되었다. 따라서 타인에게 양도되거나 사고팔 수 있었다. 노예는 주인이 마음대로 부릴 수 있는 일꾼이었으며 매우 제한된 재산권을 행사할 수 있었다. 노예 제도는 후에 싹디나 제도로 발전하였다. 노예는 세 가지 종류가 있었다. 첫째, 세습 노예로 노예인 부모에게서 태어난 자녀들이다. 세습 노예는 친모가 자유를 얻는 경우를 제외하면 신분이 그대로 세습 되었다. 둘째, 포로 노예로 이웃 국가와의 전쟁에서 포로로 잡혀 노예가 된 사람들이다. 버마, 라오스, 크메르, 베트남 출신 포로들이 노예로 팔려 나갔다. 셋째, 매매 노예로 돈을 받고 사거나 파는 노예들이다. 경제적 문제로 빚을 지거나 곤경에 처한 사람이 스스로를 노예로 팔거나 자식과 부인을 노예로 파는 경우에 매매 노예가 되었다.

불멸의 제국 아유타야가 쇠락의 길로 접어들던 18세기는 조선에서 영조가 왕도 정치를 추진하던 시기였다. 1703년 병역 문제를 관리하는 양역이정청을 설치하여 양인 장정들이 군대에 가지 않는 대신에 국가에 내는 베의 부담을 줄여 주었다. 이시기에 논에서 벼를 베고 나서 보리나 밀을 재배하는 이모작이 시작되었다. 1750년에 균역법이 실시되어 군대에 가지 많는 양인 장정들이 1인당 1포씩 균일하게 내게 되었다. 1763년 일본에 갔던 조선통신사 조엄이 고구마를 들여왔다.

재화의 도시-톤부리 시대 (1767~1782)

아유타야는 버마와의 전쟁을 겪으면서 약탈과 파괴로 완전 폐허가 되었다. 아유타야 멸망 이후 기존의 아유타야의 영토는 일부는 버마가 차지하고 일부는 지방 군웅들이 할거하여 혼란에 빠져들었다. 이때 화교 출신의 딱신이 톤부리를 근거지로 버마와 싸웠다. 딱신은 1768년 마침내 아유타야 영토를 되찾

딱씬왕의 동상

아 톤부리 왕조를 세우고 팽창 정책으로 영토를 넓혀 나갔다. 그러나 말년에 이르러 광신도 행태를 보이면서 왕권이 약화되었다. 딱씬은 끝내 반란으로 왕위를 박탈당한 채 일정 기간 승려의 신분으로 있다가 나중에 처형되었다. 톤부리 왕조는 불과 15년간 지속된 태국 역사상 가장 역사가 짧은 왕조로 기록되었다.

제석천의 보석-랏따나꼬신 시대

라마1세의 모습

랏따나꼬신은 현재 방콕의 왕궁과 에메랄드 사원이 있는 곳의 지명이다. 이곳에 새로운 왕조를 세우면서 지명을 따서 랏따나꼬신 왕조라고 이름을 붙인 것인데 문자적 의미는 '제석천의 보석'이란 뜻이다. 랏따나꼬신 왕조는 딱씬의 휘하에서 장수로 있던 짝끄리가 개국했다. 그래서 짝끄리 왕조라고도 한다. 조선 왕조를 이씨 조선이라고 부르는 것과 유사하다. 짝끄리는 라마 1세로 등극하고 수도를 톤부리에서 방콕으로 옮겼다. 초기에는 아유타야를 모방하여 국가 재건에 힘쓰는 한편 정치와 경제, 그리고 사회와 문화적 발전을 꾀하였다. 이 시기에 관제 및 지방조직을 정비하고 캄보디아의 바탐방 지역을 병합하였다. 나아가 1790년에 이르러서는 버마군을 완전히 격퇴시켰다. 캄보디아와 일부 말레이계 왕국들을 조공국으로 거느리고 있었으나 다른 한편으로는 버마, 라오스, 베트남과 같은 이웃나라들의 침략에 직면해야 했다.

라마 4세~라마 7세 치세 기간에는 정치와 경제는 물론 사회와 문화 그리고 행정 제도에서 커다란 변화가 있었다. 버마가 영국의 식민지가 되자 랏따나꼬신 왕조는 유럽 강대국의 식민지 위협을 느끼게 되고 이들 나라와의 관계 개선에 나섰다. 서구 열강들과 교섭하면서도 내부적으로는 현대적인 중앙집권적 민족 국가로 발전을 꾀했다. 유럽의 여러 나라들과 우호 통상 조약을 체결하고 근대화를 이룩해 나갔다. 외국과의 통상 교역을 확대하고 노예 제도 철폐, 교육 제도의 확대, 조세 제도 확립, 행정 기구 개혁 등을 추진해 나갔다. 태국은 영국과 프랑스의 완충 지대 역할을 하게 되면서 필요에 따라 영토의 일부를 양도하기도 했다. 그래서 여러 차례 국경이 바뀌기는 했지만 동남아시아 여러 나라 중에 유일하게 식민지로 전락되지 않고 독립을 유지하게 되었다.

입헌혁명 이후 현재까지는 민주주의 시대라고 불린다. 1932년 입헌혁명이 일어나고 태국의 통치 제도는 절대 군주제에서 입헌 군주제로 바뀌었다. 이로써 절대적 권력을 누렸던 국왕의 역할은 축소되고 헌법이 제정되어 민주주의 시대로 들어섰다. 그러나 입헌혁명 이후 초기에는 절대 군주제하에서의 지도층과 새로운 제도하의 지도층 간 대립과 갈등이 생겨났다. 라마 7세는 입헌 군주제를 수용했지만 정부와 갈등을 겪다가 영국에서 왕위를 내려 놓았다. 그 뒤를 이어 라마 7세의 조카인 아난타 마히돈이 라마8세로 등극했으나 1946년 머리에 의문의 총상을 입고 죽었다. 그래서 결국 그의 동생인 푸미폰 아둔야뎃이 왕위를 잇게 되었다. 태국의 민주주의는 더디게 발전하였다. 입헌혁명 이래 민주주의 실현에 실패하여 잦은 쿠데타를 겪게 되면서 민주세력과 군부 세력 간의 갈등이 끊이지 않았다. 이런 갈등이 오래 지속되는 동안에 라마 9세는 태국 국민들의 절대적 존경과 사랑을 받는 존재로 부상했다.

랏따나꼬씬 시대 초기

랏따나꼬신 초기(1782~1851) 행정 제도의 전체적인 틀은 아유타야 말기의 형식과 유사했다. 국왕 아래 국방대신과 내무대신, 그리고 재무대신을 두었다. 국방대신에게는 남쪽 위성 도시의 민간과 군인들을 모두 통제할 수 있는 권한이 주어졌고 내무대신에게는 북쪽 위성 도시의 민간과 군인을 통제할 수 있는 권한이 주어졌다. 그리고 재무대신에게는 동쪽 해안의 민간과 군인을 통제할 수 있는 권한이 주어졌다.

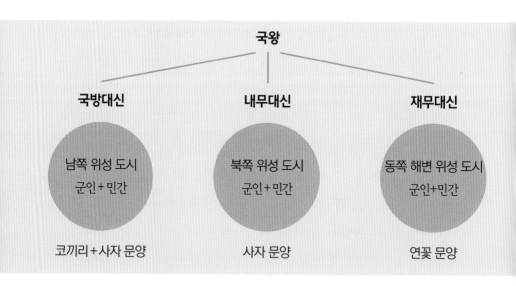

민사 사각 체제인 짜뚜싸돔까싸까따^{짜뚜싸돔까싸까따}은 정무부와 궁무부, 재무부 그리고 농무부가 있었다. 정무부는 수도의 전반적인 업무를 관장하고 궁무부는 왕궁을 관리하였다. 재무부는 외교와 재정 업무를 담당하고 농무부는 세금으로 쌀을 징수하고, 공공 농지를 관리하는 업무를 담당하였다

위성 도시

북쪽 위성 도시는 내무대신이 관리하였는데 중요한 정도에 따라 등급을 나누었다. 수도로부터 멀리 떨어져 있지 않은 내부 위성 도시는 4급 도시로 국방대신이 관리하고, 남쪽 위성 도시는 임시 대리인이나 영주가 통치하였다. 이러한 위성 도시는 펫차부리, 나컨랏차씨탐마랏, 차이야, 팡응아, 탈랑, 쏭클라 등이 있었다. 외부 위성 도시는 1~3급 도시로 왕족이나 고급 관료가 통치하였다. 피싸눌록, 나컨싸완, 피찟 등이 이에 해당하였다. 한편, 타이만의 동쪽 해변가 도시는 외부 위성 도시였다. 논타부리, 싸뭇쁘라깐, 싸컨부리, 촌부리, 라영, 짠타부리와 같은 위성 도시는 재무부의 관할하에 있었다.

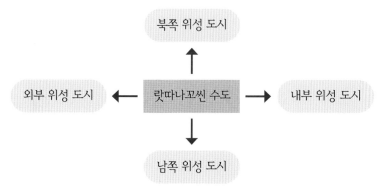

지방 통치 설계도

속국

랏따나꼬신 시대 초기의 속국은 언어와 종족이 다른 나라로 각국의 왕들이 제각기 독립하여 다스리고 있었다. 속국은 종주국에 전쟁이 일어날 시에는 군대를 파견할 의무가 있었으며, 정해진 기한에 맞추어 조공을 바쳐야 했다. 랏따나꼬신 초기에 태국의 영토는 란나, 라오스, 캄보디아, 말라유 등에 걸쳐 있었는데 이들 지역의 속국에는 치앙마이, 치앙쌘, 루엉프라방, 위앙짠, 짬빠싹, 컴, 빳따니, 타이라부리, 끌란딴 등이 있었다.

라마 1세가 톤부리에서 방콕으로 수도를 옮기고 새 왕조를 건설하면서 국가의 기틀을 다지고 있던 시기에 조선은 정조가 즉위하고 1796년 수원에 화성을 쌓았다. 정조가 죽고 나서 세도 정치가 시작되어 나라가 어지러워졌다. 곳곳에서 난리가 나고 나라밖에서는 서양 세력이 통상을 요구하며 변경을 위협해왔다. 1801년에 가톨릭 교도를 대대적으로 탄압한 신유박해가 일어나고 1811년에는 홍경래의 난이 일어났다. 1818년에는 정약용이 『목민심서』를 썼다. 1823년에는 수천 명의 유생들이 서얼을 차별하지 말라는 만인소를 올렸다. 이로 인해 서얼들도 종2품까지 품계가 주어지고 사헌부와 승정원에도 등용될 수 있게 되었다.

랏따나꼬씬 중기

랏따나꼬신 시대 중기(1851~1910)인 라마 4세부터 라마 5세까지의 태국은 근대화 시기였다. 처음에 태국은 영국과 우호 관계를 맺으면서 영국에게 무역과 관련하여 여러 가지 편의를 제공했다. 또한 태국에 기독교를 전파하러 들어온 선교사들로부터 서양의 진보된 지식을 전수받고 서양인들과 지속적인 교류를 갖기 시작했다. 그러나 라마 3세 말기부터 서구 열강들의 식민지 사냥이 노골화되면서 서양과의 관계에 경계심을 품게 되었다. 라마 4세가 재위하고 있던 시기에 영국의 빅토리아 여왕은 홍콩 총독 바우링John Bowring을 방콕에 보내 불평등 조약을 강요하였다. 일찍이 국제정세에 눈을 뜨고 있던 라마 4세는 버마와 청나라가 영국에게 굴복하는 것을 보고 힘으로는 영국을 도저히 감당할 수 없다는 사실을 깨닫게 되었다. 그래서 독립을 유지하기 위해 어느 정도 손실은 감수해야 한다는 인식을 하고 있었다.

태국이 서구 여러 나라들과의 조약을 체결한 것은 서양 세력으로부터 문명국가로 인정받고 그것을 통해 국제사회에서 안전을 도모하기 위해서였다. 그래서 태국은 자발적으로 서양 세력을 받아들이기로 하고 1855년 4월 18알 영국과 바우링 조약을 체결하였다. 바우링 조약 초안에는 치외법권, 협정관세, 최혜국 대우는 물론 영국의 아편 무역까지 허용하는 내용을 담고 있었다. 이는 태국이 외국과 체결한 최초의 불평등 조약이었다. 이로써 태국은 관세 자주권을 상실하게 되었고 영사관 설치로 치외법권까지 인정하게 되었다. 영국과의 바우링 조약을 시작으로 이후 태국은 미국, 프랑스, 덴마크, 네덜란드, 프로이센, 벨기에 등 총 13개국과 불평등 조약을 체결하게 되었다. 불평등 조약으로 태국은 사실상 반주권국의 처지가 되었지만 정치적 독립만은 유지할 수 있었다.

라마 4세의 개혁

라마 4세는 왕위에 오르기 전 선교사들을 통해 영어를 배우고 서양인들과 교류하면서 서양의 문화와 관습에 익숙했다. 영화 〈왕과 나〉에 나오는 왕이 바

라마 4세의 모습

로 몽꿋왕으로 불리는 라마 4세다. 그는 일찍부터 태국 근대화와 국가 발전의 필요성을 깨달았다. 몽꿋왕은 외국과 조약을 체결해 나가면서 근대화 개혁에 착수하기 시작했다. 왕과 왕족에게 엎드려 절하는 부복제를 완화시키고 교통 통신 시설을 개선했다. 또한 모든 종교에 관용을 베풀고 백성들의 노역을 축소하였다. 그리고 최초의 영어 교육을 실시하였다. 나아가 군대 조직을 개편하고 경제 안정을 위해 화폐 개혁 및 천문학을 비롯한 과학 진흥에 노력하였다. 이로써 태국은 근대 국가로 발전할 수 있는 초석을 마련하게 되었다. 라마 4세는 서구식 근대화를 지향했지만 한편으로는 아유타야 시대로부터 내려온 절대 군주제를 고수하였다. 그렇다고 해서 절대적인 권력만을 사용한 것은 아니었다. 법왕주의적 요소를 병행하면서 서양의 통치 제도 일부를 도입하였다. 이와 같은 라마 4세의 업적은 그의 뒤를 이은 라마 5세가 근대화 개혁 정책을 지속적으로 펼칠 수 있는 기반이 되었다.

라마 4세(1851~1868)는 백성과의 관계를 밀접하게 하고 국제적 보편성을 염두에 두면서 그 당시 국왕이 할 수 있는 모든 제도를 개선하였다. 라마 4세는 백성과 귀족 그리고 관리들이 사회 구성원으로서 지켜야 할 규범을 마련하여 갖가지 포고문으로 발표하였는데 이를 "랏차낏짜누벡씨ราชกิจจานุเบกษา"라고 불렀다. 이것이 오늘날 정부가 국민들에게 널리 알리고자 하는 내용을 책자로 간행하는 관보의 시초가 되었다.

태국에는 백성이 억울한 일로 고통을 받는 경우 이를 왕에게 직접 호소할 수 있는 탄원 제도가 있었다. 그런데 랏따나꼬신 시대 초기에는 탄원하고자 하는 사람은 그 내용이 허위가 아님을 증명하기 위해 상소를 올리기 전에 반드시 30대의 채찍을 맞아야 했다. 이는 백성들이 귀족이나 관료들과 관련된 고초를 함부로 호소하지 못하도록 만든 것이었다. 라마 4세는 매달 4번씩 직접 궁 밖으로 나가 백성들의 탄원을 들어 주면서 이와 관련된 규정을 새롭게 개편하도록 하였다. 이를 통해 백성이 탄원서를 올리기 전에 채찍질을 당해야 하는 규정을 철폐하고, 재판관이 신속하게 사건을 처리하도록 조치하였다. 이로 인해 백성들의 고충은 많이 줄어들었다.

라마 4세는 왕위에 오르기 전에 오랜 기간을 승려의 신분으로 있었다. 그는 의식주에 대한 탐욕과 세상살이의 번뇌를 버리고 청정한 마음으로 불도를 닦는 두타행을 하면서 여러 곳을 다녔다. 라마 4세는 이를 통해 백성들의 삶과 애환을 알게 되었다. 그가 왕위에 올랐을 때 그는 두타행 수행 과정에서 알게 된 백성들의 어려운 사정을 바탕으로 위민 정책을 폈다.

라마 4세는 공석이었던 판사의 직위를 종전에 왕의 권리로 임명하던 것을 왕족 관료와 관리들이 직접 선거를 통해 선출하도록 바꾸었다. 당시에 이렇게 관료를 선거를 통해 선출하는 방식은 매우 획기적이고 진보적인 것이었다. 또한 모든 관료들이 국왕에게 일방적으로 충성을 서약하고 물을 마시던 충성 맹세 의식을 바꾸어 국왕이 관료들과 함께 충성을 맹세하며 물을 마시도록 했다.

라마 4세 몽꿋왕이 근대화에 힘쓰던 시기에 조선도 근대화 바람이 불었다. 라마 4세가 즉위한 1851년 조선에서는 중인들을 주요 관직에 임명해 달라는 건의서가 올라왔다. 중인들의 건의는 받아들여지지 않았으나 중인들의 세력이 신분제의 족쇄를 풀고 성장해가는 모습을 보여준 사건이었다. 1860년에는 최제우가 동학을 창시하고 1861년에는 김정호가 〈대동여지도〉를 만들었다. 1866년에는 병인양요가 일어났다.

라마5세의 근대화

라마5세의 모습

라마 5세(1868~1910)는 태국의 근대화에 가장 크게 이바지한 왕으로 쭐라롱껀 대왕이라고 불린다. 흔히 "짝끄리 개혁"이라고 부르는 서구지향적 개혁을 통해 태국의 근대화를 단행하였다. 도로와 운하 건설, 현대식 경제 체제 도입, 군대 조직 개편, 노예제를 비롯한 신분 제도의 폐지, 교육 기관의 설립, 서구식 의술과 의복의 도입과 같은 개혁을 이루어냈다. 그는 이러한 개혁을 통해 전통적인 태국 국민의 삶을 획기적으로 바꾸어 놓았다. 또한 국가를 통치하는 근본 목적은 국왕을 위한 것이 아니라 백성을 위한 것이라는 민주주의적 사상을 가지고 있었다. 그의 이러한 사상은 태국이 정치적 근대화를 이룩하는 토대가 되었다. 또한, 외교적으로는 유럽의 국가들과의 우호 관계를 돈독하게 수립하기 위하여 여러 나라를 순방하였다. 이를 통해 서구 열강들이 태국을 함부로 침략하지 못하게 하는 한편 세력의 균형을 유지하고자 노력했다.

라마 5세는 사회와 경제 분야의 개혁을 추진하면서 많은 변화를 가져왔다. 이러한 변화는 조세 제도를 확립하고 행정 기구를 개혁하는 한편, 교통과 대중 매체를 발전시키는 등 매우 폭넓게 이루어졌다. 나아가 국민의 기본권과 자유 그리고 평등을 보장하기 위해 낙후된 관습을 철폐하고 프라이 제도와 노예 제도를 철폐했다. 또한, 국민들이 신분과 각자의 수준에 따라 교육을 받을 수 있는 기회를 제공하였다. 이러한 개혁은 이후 태국 사회가 민주적인 사회로 나아가고 발전하는 데에 중요한 토대가 되었다.

라마 5세의 재위 기간에는 자본주의적 경제 체제와 서구식 제도가 빠르게 도입되면서 소도시가 대도시로 변하고 그에 따른 대폭적인 인구 증가를 가져왔다. 안으로는 사회와 경제가 빠르게 변하면서 동시에 밖에서는 서구 열강이 제국주의를 확장해 오자 태국의 안정이 위협받게 되었다. 그래서 더 이상 전통적인 방식으로 국가를 통치하기 어렵게 되자 분권을 통해 권력과 책임을 분산시킬 필요성이 대두되었다. 근대적 통치 제도와 행정 제도가 점차 태국 사회에서 자리를 잡기 시작하자 관료 사회도 민주적인 방식으로 바꿔야 한다는 진보적 그룹과 본래의 전통적 통치 제도가 더 적합하다는 보수적 그룹으로 나뉘게 되었다.

라마 5세는 초기 통치 제도 개혁에서 능력과 지식을 가지고 있는 인물을 발탁하고 그들이 맡은 임무를 수행할 수 있도록 뒷받침하기 위해 국가최고위원회와 추밀원을 설립하였다. 국가최고위원회는 '프라야' 관등을 하사받은 관료로 구성되었다. 인원은 총 12명이었으며 왕이 위원장의 역할을 맡았다. 국가최고위원회의 임무는 여러 가지 긴급 칙령과 법제 심의를 포함한 여러 가지 의견을 국왕에게 상소上疏하는 것이었다. 추밀원은 총 49명으로 구성되었는데 여기에는 왕족 13명이 포함되어 있었다. 왕족이 아닌 귀족 관료 위원에게는 국왕의 자문 역할과 국왕의 명령을 수행하는 임무가 부여되었다.

지방 행정 제도 개혁

과거의 지방 통치는 주로 영주領主에게 권한을 위임하고 있었다. 그러자 지방 영주들이 백성을 억압하는 경우도 생겨나고 일부 속국들은 종주국에 대한 충성도가 낮아지면서 다른 나라를 종주국으로 섬기는 일이 빈번히 일어나게 되었다. 라마 5세는 이런 문제를 해결하기 위하여 기존의 지방 행정 제도를 철폐하였다. 그래서 속국의 지위를 폐지하고 이를 행정 구역의 최대 단위인 몬톤 테싸피반으로 내무부에 예속시켰다. 또한 본래의 행정 구조를 정비하여 여러 가지 규정을 체계화하였다. 이런 과정을 통해 지방 통치에 있어서 갈등과 문제를 최소화시켜 나갔다.

중앙 정부는 지역의 주민들에게 자신이 속한 구역의 이장里長을 선거를 통해 선출하도록 하였다. 또, 10개의 마을이 모여 면장กำนัน을 선거로 선출할 수 있는 권리를 부여했다. 여러 개의 면ตำบล이 합쳐져 인구가 만 명이 되면 군อำเภอ이 되었다. 군은 군수郡守가 다스렸다. 여러 군이 합쳐져 주จังหวัด가 되고 주지사가 이를 다스렸다. 다시 여러 주가 모이면 몬톤มณฑล이 되었다. 몬톤테싸피반은 2개 이상의 도시로 구성된 최대 지방 행정 단위로 국왕이 임명한 성주나 최고행정관이 다스렸다. 당시 태국에는 모두 18개의 성이 있었다. 1987년 라마 5세는 조례를 발표하여 이와 같은 행정 제도를 확정했다. 이에 따르면 므앙市이나 짱왓州은 책임자로서 주지사가 있었는데 이는 성장城將과 같은 지위였다. 암퍼群는 주지사가 책임자로 임명한 군수가 다스렸다. 땀본面의 행정 책임자인 면장들 중에는 주민들이 선출한 사람이 있었는데, 이들은 모두 임명권자인 주지사의 관리하에 있었다. 그리고 각 마을에는 백성들이 직접 선출하여 마을을 다스리도록 한 이장이 있었다.

이러한 행정 제도의 개혁을 통해 과거 영주들이 다스리던 지방의 백성들을 국왕이 직접 다스리게 됨으로써 국왕과 국민들 간의 관계가 밀접해졌다. 아울러 이를 통해 국민 통합을 이루어 하나의 국가로 발전하는 중요한 계기가 되었다. 나아가 정치적 단일성을 통해 타이 왕국을 더욱 효율적으로 다스릴 수 있게 되었으며, 이는 당시 서구 열강의 위협을 저지하는 데 적지 않게 기여했다. 라마 5세가 행정 개혁과 함께 진행한 사회와 경제 개혁은 국가의 번영을 가져 왔다. 라마 5세는 방콕에 처음으로 쑤카피반สุขาภิบาล을 설치함으로써 국민들이 정치에 직접 참여할 수 있도록 하였다. 오늘날의 읍른에 해당하는 쑤카피반은 백성들로부터 선출된 이장과 면장으로 구성된 위원회가 운영하였으며 이들은 국민의 안녕과 관련된 공중 위생 업무와 기초 교육, 그리고 도로의 보수 유지 등의 일을 관장하였다. 쑤카피반 형식의 지방 행정 개혁은 국민의 참여를 가능하게 함으로써 태국 민주주의의 기반을 세웠다.

랏따나꼬신 시대 중기인 1868년에 태국에서는 라마 5세인 쭐라롱껀왕이 등극하고 조선에서는 고종이 경복궁을 다시 지었다. 1879년 지석영이 우두법을 시행하였다. 1882년에 임오군란이 발발하고 1884년에 갑신정변이 일어났다. 1886년에 노비 세습과 매매가 금지되고 이듬해 경복궁에 최초로 전깃불이 들어왔다. 1894년에 동학농민운동이 일어나고 1897년 고종은 대한 제국을 선포했다. 라마 5세가 승하하던 1910년에 조선은 일제에 병탄되고 말았다.

랏따나꼬신 시대 후기

랏따나꼬신 시대 후기(1910~1935)에 태국은 서양의 신지식과 신문명을 받아들여 서구 열강과 대등한 근대 국가로 발전시켜 나가고자 하였다. 그렇게 하는 것이 서구 열강의 위협으로부터 태국을 지킬 수 있는 방법이라고 생각했다. 특히 라마 5세는 왕족, 관료, 학생, 지식인을 유럽으로 유학시켜 서구 여러 나라의 문명을 직접 접하고 발전된 문물과 학문을 익히도록 하였다. 유학을 경험한 지식인들은 헌법을 최고의 상위법으로 하는 민주주의 제도를 열망하였다. 이는 세계적으로 널리 퍼졌던 민주주의 열풍으로부터 영향을 받은 것이었다. 국왕은 민주주의에 대한 필요성은 인식하였지만, 반드시 국민들이 민주주의에 대한 이해가 선행되어야 한다고 생각하였다. 국왕이 민주주의 체제로의 전환을 보류하기로 결정하자 지식인들은 반발하여 국왕에게 통치 제도 개혁을 건의하는 상소문을 올렸다. 이를 러. 써. 103 사건이라고 하는데 1884년 랏따나꼬신 왕조 창건 103년 되던 해에 일어난 일이었다. 그러나 러. 써. 103반란을 일으킨 인민당은 곧바로 정부에게 진압당하였다.

라마 6세 시대

라마 6세(1910~1925)는 민주주의를 실험할 수 있는 가상 도시인 두씻타니를 건설하였다. 국왕은 신하와 관료 그리고 시종들을 두씻타니의 국민으로 가정하고, 지방 의회를 설치하여 통치하는 실험을 했다. 법률을 제정하고 세금 제도와 보건 의료 제도 및 여러 민주적 제도를 체계화하였다. 또한 국민들의 회의를 소집하여 선거를 치르고 두씻타니의 법전을 수정하고 보완해 나갔다. 많은 사람들이 민주주의 과정을 접하고 이해할 수 있도록 하기 위하여 두씻타니

의 지방 의회에서는 반대파와 토론이 벌어지
곤 했다. 국왕은 이를 통해서 국민들에게 민
주주의에 대한 교육을 시키려고 하였다. 그
러나 전반적으로 국민들은 두씻타니를 하나
의 연극으로 받아들여 당초에 기대했던 민주
주의 함양의 효과는 크지 않았다.

제1차 세계대전

서기 1914년 유럽에서는 독일, 이탈리아,
오스트리아-헝가리의 동맹군과 영국, 프랑스, 러시아의 연합군 사이의 제1차
세계대전이 발발하였다. 전쟁 초기 태국은 어느 쪽으로도 참전하지 않았다. 그
후 미국이 연합군에 가세하여 참전하자 전세는 독일에게 불리하게 돌아갔다.
라마 6세는 이를 보고 영국 측이 반드시 승전국이 될 것이라고 확신하였다. 그
래서 국왕은 태국이 참전하여 승전국의 대열에 합류한다면 다른 나라들과의
협력 관계를 추구하는 데에 도움이 될 뿐만 아니라 여러 가지 공정하지 못했던
불평등 조약을 수정할 수도 있을 것으로 판단하였다. 그리하여 태국은 독일 제
국과 오스트리아-헝가리 동맹군에 선전 포고를 하고 연합군에 지원군을 파견
하여 전쟁에 참가하였다. 태국군이 유럽에 도착하여 임무를 수행한 지 약 4개
월이 지난 후에 독일 제국이 패배를 인정하면서 전쟁은 막을 내렸다.

전쟁이 끝난 이후에 태국은 승전국의 지위를 누리고 국제 정치 무대에서 위
상을 높이게 되었다. 뿐만 아니라 파리의 국제 연맹 회의에도 초대되어 국제 연
맹에 가입할 수 있게 되었다. 이로써 태국이 서구 열강들에게 불평등한 조약에

제1차 세계대전에 참전 중인 태국군

대한 수정을 요구할 수 있는 회담을 가질 수 있는 좋은 기회를 맞이하게 되었다. 실제로 태국은 승전국의 지위를 바탕으로 패전국 측 국가들에게 인정되었던 치외법권을 취소하게 되었고 연합국 측 국가들과 체결하였던 조약을 수정할 수 있는 기회를 얻었다. 뿐만 아니라 승전국으로서 패전국에게 전쟁 배상금과 손해배상액을 요구하여 당시의 화폐로 2백만 바트를 보상받았다.

라마 7세 시대

라마 7세(1925~1935)는 국왕의 행정을 보좌하고 여러 가지 다양한 임무를 수행할 수 있는 능력과 지식을 갖춘 인재들을 모아 인민당을 설립하였다. 인민당은 국가최고위원회와 추밀원 그리고 장관위원회로 구성되었다. 국가최고위원회의 위원은 왕이 임명한 5명의 귀족으로 구성되었다. 이들은 시市 행정부의

중요한 업무와 관련된 의견을 개진하는
임무를 맡았다. 추밀원은 귀족, 관료, 학
자 등 40명으로 구성되었는데 이를 옹카
몬뜨리ﾟﾟﾟﾟﾟﾟﾟﾟﾟ 위원회라고 불렀다. 이들은
기본적인 행정업무와 새로운 법률과 관련
한 상소문을 심사하는 임무를 띠고 있었
다. 그리고 장관위원회는 각 부처의 장관
들이 위원으로 구성되있으며 국왕으로부
터 부여받은 임무를 수행하거나 국왕에게
의견을 상소하는 임무를 담당하였다.

라마 7세의 모습

　라마 5세가 서거하고 라마 6세가 등극하던 1910년에 한국은 일본의 식민지
로 전락하였다. 이후 세계는 전쟁과 혁명으로 소용돌이치고 있을 때 한국에서
는 3·1운동이 일어났다. 이어 세워진 임시 정부는 민주공화제를 표방했다. 한
국인의 독립 의지는 꺾이지 않고 6·10만세운동과 광주학생운동이 일어났다.
독립운동 세력 안에 사회주의 이념이 확산되어 나갔다. 1931년에 일본은 만주
사변을 일으키고 중국을 침략했다. 일본은 침략 전쟁을 준비하기 위해 한국을
병참 기지로 만들고자 한반도 공업화를 시작하였다. 이렇게 해서 한국의 독립
은 점점 요원해지고 한국인들은 극심한 고통의 세월을 보내야 했다.

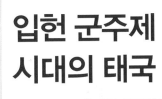

제4장

입헌 군주제
시대의 태국

입헌혁명과 영구 헌법 공포

제1차 세계대전 이후 세계 경제가 급격하게 불경기를 맞게 되면서 농산물 수출로 인한 수입이 줄어들었다. 이로 인해 태국 경제도 타격을 받았다. 라마 7세는 이런 문제를 해결하기 위하여 여러 기관을 하나의 기관으로 합치거나 관공서를 폐지하는 등의 구조 조정과 긴축 정책을 폈다. 여러 몬톤省을 하나의 몬톤으로 합치고 일부 짱왓州을 축소시키는 등 지방 행정 제도 정비에 힘썼다. 이와 같은 정책의 결과로 많은 공무원들은 강제 퇴직되거나 일부는 스스로 자리에서 물러나게 되었다. 긴축 정책은 1932년에 시행된 것으로 입헌혁명에도 영향

입헌혁명을 주도한 군인들

을 미쳤다. 라마 7세는 인민당이 헌법을 기초하여 국가최고위원회에게 심사하게 한 다음 이를 국민에게 하사하려고 했지만 국가최고위원회가 이를 반대하였다. 당시 인민당이 추구하던 내용은 정부가 주권을 행사하고 국가의 치안을 유지하면서 국민의 경제적인 풍요를 보장하는 것과 모든 국민들에게 평등권을 부여하는 것이었다. 또한 이에 배치되지 않는 가운데 국민이 자유를 향유하면서 최대한으로 교육받을 기회를 보장하는 내용이 포함되었다. 인민당은 쁘리디 파놈용이 기초한 임시 싸얌 통치 헌법을 라마 7세에게 올렸다. 왕은 이것을 처리하기 위해 1932년 6월 28일에 태국의 첫 번째 국민회의를 열었다. 국민의회는 영구적인 헌법의 초안을 작성하기 위한 소위원회의 위원들을 임명하였다. 일련의 과정을 거쳐 마침내 라마 7세는 같은 해 12월 10일 헌법안에 서명하고 마노빠껀니띠타다를 수상으로 하는 정부를 승인하였다.

진보 세력과 보수 세력 간의 갈등

라마 7세가 영구헌법에 서명한 이후 마노빠껀니띠타다가 태국의 첫 번째 수상으로 임명되었다. 그러나 인민당은 당면한 경제 문제를 원만하게 해결하지 못했다. 경제 문제 해결 방안을 모색하던 인민당은 쁘리디 파놈용의 국가경제개요안을 정부에 제출하였다. 그러나 이는 공산주의 방식과 유사하다거나 사회주의적 색채를 띠고 있다는 등의 비판을 받았다. 민주적 헌법을 공포한 지 얼마 되지 않은 정치 현실에 부적합할 뿐만 아니라 오히려 국가의 혼란을 야기할 위험한 대책으로 여겨졌다. 쁘리디 파놈용의 국가경제개요를 두고 정부는 정치적 성향이 다른 두 개의 그룹 간에 갈등이 빚어졌다. 쁘리디파놈용의 국가경제개요안에 찬성하는 진보적 관료 그룹과 이에 반대하는 보수 관료 그룹 간의 갈등은 점차 심해졌다. 이 사태를 방치하면 인민당의 목적인 여러 가지 제도 개혁에 악영향을 미칠 것이라고 판단한 파혼폰파유하쎄나는 자신의 세력을 동원하여 쿠데타를 일으키고 권력을 장악하였다. 쿠데타의 결과로 1933년 6월 20일에 파혼폰파유하쎄나를 수상으로 하는 새로운 내각이 구성되었다.

버워라뎃 반란과 라마 7세의 왕권 포기

쿠데타로 집권한 파혼폰파유하쎄나는 내각을 성공적으로 이끌지 못했고, 이는 결국 보수적인 군부 세력과 관료 세력 그리고 왕족들의 불만을 사게 되었다. 이들은 파혼폰파유하쎄나에게 사회주의 사상을 도입하여 왕실에 위험을 가져오려 했다는 혐의를 씌웠다. 그러나 파혼폰파유하쎄나 정부는 혐의를 부인하였다. 그러자 1933년 10월 10일 바워라뎃 왕자는 정부의 권력을 장악하기 위하여 병력을 이끌고 방콕으로 진군했다. 그러나 곧바로 제압당해 권력 장악은 실패로 끝났는데 이것이 바로 버워라뎃 반란 사건이었다. 라마 7세는 내각이 국민들에게 실질적인 자유를 부여하고 헌법에 따라 법률을 집행할 것을 요청하였다. 그리고 순수한 마음으로 반란에 가담한 자들을 처벌하지 말 것을 내각에 부탁하였다. 그러나 내각은 이러한 왕의 부탁을 들어주지 않았다. 그러자 왕은 헌법에 보장된 국민들의 자유를 더 이상 보호해줄 수 없다는 사유를 들어 왕권 포기를 선언하였다.

피분쏭크람 정부의 등장 (1938~1944, 1948~1957)

피분쏭크람의 모습

파혼폰파유하쎄나 내각은 국정을 원만하게 운영하기에는 여러 가지 한계를 보였다. 결국 1938년 9월 11일에 국민의회를 해산하고 새로운 선거를 치르게 되었다. 그 결과로 피분쏭크람을 새로운 수상으로 하는 새 내각이 들어섰다. 인민당의 주요 인사들로 구성된 피분쏭크람의 새 내각은 급변하는 국제 정세에 발맞추어 태국인들에게 애국심을 고취하고 민족주의 의식을 심어 주기 위해 랏타니욤이라고 부르는 새로운 정치적 이데올로기를 만들고 여러 가지 개혁 정책을 강력하게 추진하였다.

피분쏭크람 정권은 태국인이 국제적 감각에 맞는 복장을 갖추도록 의복 문화를 개선했다. 이때부터 모든 사람들은 외출할 때 되도록 모자를 쓰도록 권장하였다. 그리고 매년 1월 1일을 새해 첫날로 지정하였다. 이전까지는 태국력으로 4월 13일인 쏭끄란인 새해를 맞이하는 첫날이었다. 국호는 싸얌이라는 국명에서 타이로 바꾸었다. 어문정책에서도 1942년에 불필요한 자음과 모음을 없애 태국어 표기 체계를 간편하게 개선하였다. 본래 태국의 자음에는 같은 음

문화개혁 홍보 전단지

가를 지닌 자음이 여럿 있다. 예컨대 우리말의 [ㅆ] 음가를 지닌 자음은 네 개나 되고 [ㅌ] 음가를 지닌 자음은 여섯 개에 달한다. 이런 자음들을 대표 자음 하나만 사용하도록 하고, 모음에서도 하나의 음을 표기하는 모음은 하나만 사용하도록 하였다. 사실 라오스어는 언어와 문자가 태국어와 많이 유사한데 같은 음가를 지닌 자음을 대표 자음 하나만 사용하도록 하여 표기 체계를 단순화하였다. 그래서 라오스어 표기에 사용하는 라오 문자는 기본 자음이 27자밖에 되지 않는다. 태국어를 표기하는 타이 문자의 자음이 44자인 것에 비하면 많이 줄인 셈이다. 그러나 태국의 새로운 표기법은 그다지 호응을 얻지 못하자 1944년 다시 본래의 표기법으로 되돌아 갔다.

피분쏭크람 내각은 언어 사용에 있어서 화자話者 대신 사용하는 대명사를 정하고 대화를 나누는 경우에 찬(나)-탄(당신) 을 사용하도록 했다. 그리고 인사를 할 때에는 "싸왓디"라는 말을 사용하도록 권장하였다. 이전까지 태국인들이 사용하던 인사말은 "낀까우-래우-르양(식사하셨어요?)" "빠이-나이-마(어디 갔다 오세요?)" 등이었는데 저명한 국어학자인 프라야웁빠낏씬라빠싼의 제안을 피분 쏭크람이 받아들여 '안녕' 또는 '번영'을 뜻하는 싸왓디라는 인사말을 사용하도록 한 것이다. 또, 국민들로 하여금 이름을 지을 때 좋은 의미를 지닌 어휘를 사용하고 부를 때 듣기 좋은 이름을 짓도록 장려하였다. 당시에 중국계 태국인이 차지하는 비중이 이미 10%가 넘었는데 정부는 중국계 태국인이 중국 문화를 고수하는 것을 억제하였다. 그래서 중국인 학교에서 반드시 태국어와 태국 문화를 가르치도록 강제하였다.

군부정권의 신뢰를 호소하는 전단지

이 밖에도 애국심을 고취시키기 위해 지도자를 따르고 민족주의를 고무하는 업무를 담당할 국정홍보국을 설치하였다. 이를 통해 국민들에게 절약을 강조하면서 국산품 애용을 장려하였다. "태국이 만들고 태국이 사용하면 태국이 발전한다"라는 표어가 이때 등장하였다. 또, 태국의 문화와 예술의 발달을 진작하여 국민이 자국 문화에 자부심을 갖도록 하였다. 국기에 대해 경의를 표하는 의식을 제정하고 국가國歌와 국왕 찬가를 만들었다. 외국인으로부터 자국민을 보호하기 위해 일부 직업을 지정하여 내국인만이 그 업무에 종사할 수 있도록 하였다. 이발과 미용, 그리고 숯 굽는 업종 등이 이에 해당하였다. 그리고 프랑스에게 빼앗긴 라오스와 캄보디아의 영토를 점령하기 위한 프랑스와의 전쟁에 국민들이 호응할 것을 호소하였다.

국가 제정

오늘날의 태국 국가가 최종적으로 만들어진 것도 이때이다. 본래 태국은 국가가 만들어지기 이전에 국왕 찬가를 사용하다가 입헌 군주제로 바뀌면서 국가를 제정하게 되었다. 삐띠 위타야껀이 작곡한 곡에 가사는 공모를 통해 몇 차례 수정, 보완되었다. 오늘날 부르는 태국 국가의 노랫말은 다음과 같다.

ประเทศไทยรวมเลือดเนื้อชาติเชื้อไทย

เป็นประชารัฐไผทของไทยทุกส่วน

อยู่ดำรงคงไว้ได้ทั้งมวล

ด้วยไทยล้วนหมายรักสามัคคี

ไทยนี้รักสงบแต่ถึงรบไม่ขลาด

เอกราชจะไม่ให้ใครข่มขี่

สละเลือดทุกหยาดเป็นชาติพลี

เถลิงประเทศชาติไทยทวีมีชัย ชโย

태국은 여러 혈육이 모여 만든 국가로

우리 모두의 나라이며

모든 태국인이 서로 사랑하고 단결하여

다 함께 모여 살 수 있는 곳이다.

태국은 평화를 사랑하지만 싸움도 두려워하지 않는다.

우리의 독립은 그 누구도 짓밟지 못하며

모든 피를 국가를 위해 희생하리니

태국이여 번영하라. 그리고 승리할지어다. 만세!

　　노랫말을 보면 국민화합을 강조하고 국가에 대한 애국심을 고취하는 내용으로 되어 있다. 피분쏭크람 집권기에 매일 아침 여덟 시와 오후 여섯 시에 국가가 울려 퍼지는 가운데 국기 계양식과 국기 하강식을 거행하도록 했다. 이때 모든 국민들이 하던 일을 멈추고 국기에 대한 경례를 해야 했다. 이러한 국기 계양식과 하강식은 오늘날까지 이어져 오고 있다. 그러나 일반적인 중요한 행사나 운동 경기 등이 시작될 때에는 국왕 찬가가 연주되고 왕에 대한 경의를 표하는 의식을 거행한다.

제2차 세계대전과 양다리 외교

제2차 세계대전은 인류 역사상 가장 많은 인명 피해와 재산 피해를 남긴 가장 참혹한 전쟁이었다. 1939년 유럽에서 전쟁이 시작되자 세계 정세는 긴장 속으로 빠져들었다. 전쟁이 점차 확대되어 나중에는 태국에까지도 영향을 미치기 시작하였다. 태국은 초기에 중립을 선언하면서 아울러 외부의 침략에 대비하고 있었다. 이 때 일본은 영국의 식민지인 버마를 공격하기 위하여 태국에 군사 기지 설립과 태국 내 일본군의 통행을 요청하였다. 태국 정부는 일본과 맞설 경우 이를 감당하기 어려울 것으로 판단하여 일본의 요청을 수락하였다. 그때부터 일본은 점차 태국에게 많은 이권을 요구하였고 결국에는 태국이 영국과 미국에게 선전포고를 할 수밖에 없는 지경에 이르렀다.

이러한 상황 속에서 일부 국민들과 재외 태국인들을 중심으로 정부의 친일 정책을 반대하고 일본군을 몰아내고자 하는 항일 운동이 일어났다. 초기에는 가까운 친척과 지인을 끌어들여 작은 무리를 지어 움직였지만 시간이 지나면서 점차 그 무리가 늘어나게 되었다. 이들은 연합국 측에 대해 현 정부의 친일적 태도는 태국 국민 대다수의 입장을 반영하지 못하고 있다고 역설하였다. 이를 쎄리타이 운동이라고 하는데 "쎄리타이"는 '자유 타이'란 뜻이다. 이후 일본이 전쟁에서 수세에 몰리자 태국 정부는 일본이 패할 것으로 내다보고 일본군을 몰아낼 준비를 시작했다. 그래서 태국 정부는 유사시 전쟁을 수행할 수 있는 안정된 기반을 마련하기 위하여 수도를 펫차분으로 옮기고 연합국과의 효율적인 회담을 위해서 피분쏭크람 대신 쿠엉 아파이웡을 수상으로 하는 내각을 꾸렸다.

지방에 있던 쎄리타이 운동 기지

　연합군의 선전으로 마침내 일본은 전쟁에서 패하고 종전을 맞이했다. 이에 따라 태국의 지위도 패전국으로 규정되었다. 그러자 국내에서 쎄리타이 운동을 이끌었던 쁘리디 파놈용은 태국 국민들이 쎄리타이 운동을 전개하고 일본군에 대항한 점을 들어 연합국이 태국을 패전국으로 규정하는 것은 무효라고 역설하였다. 또한 2차 세계대전 당시 주미 대사를 지내며 해외에서 쎄리타이 운동을 이끌었던 쎄니 쁘라못이 연합국 측과 협상할 수 있도록 쿠엉 아파이웡이 수상직에서 물러났다. 쎄니 쁘라못이 돌아와 새 내각을 구성하고 태국 정부의 수반으로서 연합국과의 회담을 성공적으로 이끌어 태국은 패전국의 지위에서 벗어나게 되었다.

죽음의 다리

    방콕으로부터 130km 떨어져 있는 깐짜나부리주 의 쾌강에는 "죽음의 다리"라고 부르는 유명한 철교가 하나 있다. 이 철교를 죽음의 다리라고 부르는 이유는 제2차 세계대전 중에 미얀마로 가는 이 다리를 건설하는 데 연합군 포로 16,000명이 목숨을 잃었기 때문이다. 일본은 제2차 세계대전 중에 질병과 거센 물결로 가득 찬 깐짜나부리주의 밀림을 통과하는 철로를 건설하기 위해 연합군 포로를 동원했다. 철도 건설 공사는 1942년 9월 16일에 시작했으며 건설 자재는 인도네시아에서 수송하여 이곳에서 조립하였다고 한다. 태국과 버마를 철도로 연결하는 415 km의 철도 건설 공사는 대략 5년의 기간이 소요되는 것이었지만 일본군은 포로들을 강제하여 단 16개월 만에 완공하였다. 그리고 이 다리는 불과 20개월을 사용하고 1945년에 연합군 측에 의해 파괴되었다.

죽음의 다리

연합군 묘지

　철도 공사 기간 동안 끔찍한 죽음을 당한 연합군 포로 외에도 태국과 버마, 말레이시아, 그리고 인도네시아의 인부 10만 명이 죽음을 당한 것으로 알려졌다. 제2차 세계대전이 끝나고 연합군은 다리 가까운 지역에 묘지를 만들고 사망자의 시신을 안장했다. 그리고 박물관을 지어 당시의 참상을 보여주는 사진과 자료들을 모아 전시하고 있다. 매년 12월 첫 주에는 역사적인 철교의 건설과 연합군의 폭파 장면을 보여주는 빛과 소리의 공연을 관람할 수 있다.

　옛날에 설날이나 추석 명절에 텔레비전에서 방영했던 영화 중에 〈콰이강의 다리〉라는 영화가 있었다. 쾌강의 다리를 영어로 "The Bridge On The River Kwai"로 표기하면서 우리도 영어표기를 따라 읽다 보니까 발음이 콰이강의 다리로 바뀌게 된 것이다. 1957년에 제작된 이 영화는 바로 죽음의 철교를 건설하는 데 동원된 영국군 공병 대장 니콜슨 중령의 진실한 인간성과 일본군 수용소장 사이토 대령의 투철한 군인 정신 사이에 빚어지는 갈등과 마찰을 그린 영화다. 기회가 있어 두어 차례 깐짜나부리를 가면서 죽음의 다리 현장과 당시 희생자의 묘지를 둘러볼 기회가 있었다. 어릴 적 그냥 재미로 보았던 영화가 엄청나게 잔인한 실화를 배경으로 만들어졌다는 것을 뒤늦게 알고는 착잡한 심정을 금할 길 없었다.

쿠데타 시대의 정치

제2차 세계대전을 겪으면서 태국은 온갖 어려움에 처하게 되었다. 국가 경제는 계속하여 침체일로를 걸었다. 통화 팽창으로 물가는 상승하고 생활 필수품은 빠르게 고갈되어 갔다. 그러자 전국 도처에서 도적이 출몰하여 국민을 괴롭혔다. 그러나 무능한 정부는 이러한 문제를 해결하지 못하고 오히려 횡령을 일삼아 국민들로부터 부패한 정부라는 비난을 받았다. 정치적 혼란은 여러 번 반복되었고 이는 정부에 불만을 가진 일부 군부 세력에게 쿠데타를 일으키는 빌미를 제공했다. 당시의 정치 세력은 크게 두 부류였다. 하나는 쿠데타를 통해 태국을 통치하고자 했던 정치 군인들과 또 하나는 정치 개입에 반대하는 군인 및 정치인들이었다. 그러나 반복해서 일어나는 군부의 정치 개입은 태국의 민주주의를 위협하고 정치 제도의 발전을 가로막았다. 태국의 경제는 한 발자국도 앞으로 나아가지 못하는 가운데 정부는 국가의 발전보다는 자신들의 권력 유지를 위해 국력을 낭비하였다.

정부의 무능한 행태가 지속되자 싸릿 타나랏 원수는 타넘 낏띠카쩐 대장과 손을 잡고 권력을 장악하기 위한 쿠데타를 일으켰다. 이들은 기존의 타이 왕국의 헌법을 폐기하고 새로운 헌법을 만들어 선포하였다. 싸릿은 정권을 잡고 수상에게 최고의 권력을 부여하는 새 헌법에 따라 국가를 통치해 나갔다. 싸릿 정권은 국가의 안녕과 평온을 도모한다는 명목으로 모든 범죄 사건에 대해 강력한 형사 처벌 규정을 만들었다. 야당이 없는 데다가 강력한 법 집행으로 싸릿의 통치는 큰 저항 없이 어느 정도 원활하게 이루어졌다. 싸릿 수상이 사망하자 타넘이 승계하여 수상 지위에 올랐다. 타넘 정권은 군부 세력의 지원을 받아 정부 권력을 완전히 장악하고 혁명단을 조직하기도 하였다. 그러나 여러 해 동안 지속된 독재 정치는 대학생들의 저항에 부딪히게 되었다. 1973년 10월 14일에 민주주의를 열망하는 대학생들은 독재 정부에 대항하여 분연히 일어섰다. 그로부터 시작된 민주주의를 위한 투쟁은 정부의 무력 진압으로 인해 상당수의 사망자가 발생하고 결국 유혈 사태로까지 치달았다. 그러나 라마 7세의 역할에 힘입어 마침내 혼란 상황이 종결되고 국가는 일상을 되찾았다.

태국의 '잔인한 5월'

태국 국왕은 입헌혁명 이후에 직접 통치하지는 않지만 그래도 정치에 강력한 영향력을 행사했다. 1991년 당시 태국 정부는 찻차이 춘하완이 이끄는 연립 내각이었다. 그러나 찻차이 정권의 지나친 부정부패로 태국 사회가 그다지 평온하지 못했다. 국민들은 찻차이 정권을 "뷔페 캐비닛"이라고 비난했다. 부패

『씨얌랏』의 표지에 등장했던 쑤찐다(오른쪽)

한 정권이 자신들의 입맛에 맞게 온갖 부정과 비리를 저지른 것을 빗대어 한 말이었다. 국민들의 불만이 고조되자 쑤찐다 크라쁘라운 대장이 주축이 되어 군부가 쿠데타를 일으켰다. 쿠데타에 성공한 군부는 헌법을 개정하고 국가가 평온을 회복하면 병영으로 돌아가겠다고 약속했다. 그러나 이듬해 4월 6일 쑤찐다는 약속을 어기고 총리로 취임했다.

그러자 민주 세력이 거세게 반발했다. 짬렁 씨므앙จำลอง ศรีเมือง이 무기한 단식에 들어가면서 연일 랏차담넌 거리에서는 쑤찐다 퇴진을 외치는 시위가 잇따랐다. 나중에는 군과 경찰이 동원되고 시위대를 향해 발포 명령이 떨어졌다. 당시 태국은 전화 사정이 좋지 않았다. 유선 전화의 경우에 신청하면 짧으면 몇 달, 길게는 일 년 넘게 기다려야 했다. 그래서 중소 자영업자들이 휴대 전화를 많이 사용했는데 반정부 시위의 상황 전파는 주로 이 자영업자들의 휴대 전화로 이루어졌다. 그래서 당시 반정부 시위대를 "휴대폰 시위대"라고 불렀다.

시위가 장기화되고 군인의 발포로 사람이 죽고 다쳤다는 소문이 퍼져 나갔

สุดลบดาห
มติชน

นับประจำวันที่ 27 มิ.ย. – 3 ก.ค.2551 ปีที่ 28 ฉบับที่ 1454 ราคา 40 บาท

นพดล ปัทมะ
พระเอก'สายล่อฟ้า'
จุดชนวน'เขาพระวิหาร'

การเมืองใน
ประชาธิป

『마띠촌』 표지의 시위대의 모습

다. 반정부 시위는 방콕에서뿐만 아니라 전국의 도시로 확산되어 나갔다. 시위가 이어지던 중 짬렁이 계엄군에게 체포되었다. 출구가 보이지 않는데도 푸미폰 국왕은 모습을 나타내지 않았다. 항간에는 군부가 국왕을 고립시켜 놓았을 것이라는 불길한 소문이 돌았다. 그러나 며칠 후에 태국의 텔레비전 방송국 4개 채널이 동시에 정규 방송을 중단하고 특집 방송을 편성한다고 예고했다. 정해진 시간이 되자 국왕의 모습이 나오고 쑤찐다와 짬렁이 국왕을 알현하는 모습이 화면에 비쳐졌다. 30분 정도 국왕의 훈시가 있었고 잠시 후에 쑤찐다와 짬렁이 나란히 앉아 대국민 성명을 발표했다. 짬렁은 즉시 석방되고 쑤찐다는 총리직에서 물러난다는 내용이었다. 그로부터 나흘 뒤인 5월 24일 쑤찐다는 총리직에서 물러나고 사태는 일단락되었다.

얼마간 시간이 지나고 시위 현장에서 촬영한 동영상들이 복제되어 시중에 나돌았다. 많은 국민들은 뒤늦게 시위 현장의 참혹함을 목격하게 되었다. 여기 저기서 총소리가 들리고 시위대의 일부는 엎드리고 일부는 도망가는 모습이 보였다. 플래카드를 들고 쑤찐다 퇴진을 외치던 일부 군중은 국왕과 왕비의 사진을 들고 국왕 찬가를 합창했다. 그러자 총소리가 잠시 멎는가 싶더니 노래가 끝나자 다시 총성이 울려 퍼졌다. 군대의 발포로 40명이 죽고 600여 명이 다친 걸로 집계되었다. 태국인들은 5월 민주화 운동을 "프릇싸파타민"이라고 불렀다. 타미르족처럼 '잔인한 오월'이라는 뜻이다. 태국은 5월 민주화 운동으로 인해 군의 개혁 작업이 이루어지고 군부의 정치 개입 가능성을 많이 약화시키는 계기가 되었다. 우연치 않게 태국이나 한국 모두 5월에는 민주화를 위해 흘린 피를 기억하며 가슴 아픈 상처를 안고 살아가게 되었다.

탁신의 등장과 반복되는 쿠데타

1997년 태국의 외환 위기가 시작되면서 국민은 적지 않은 혼란과 어려움을 겪어야 했다. 경제적으로 곤경에 처하면서 많은 정치 집회가 있었고 이를 통해 국민의 권리 확대와 부정부패 척결, 그리고 군부의 정치 개입을 차단하는 등 다양한 사회적 요구가 분출되었다. 이러한 국민의 요구를 수용하여 새로운 헌법이 만들어짐으로써 태국의 민주화는 진일보하게 되었다. 2001년 6월 6일 선거에서 탁신의 타이락타이당이 최다 의석을 확보하여 탁신은 총리가 되었다. 탁신은 기업가로 성공한 정치인으로 집권 초기에 여러 가지 선심성 정책으로 민심을 사로잡고 신임을 받았으나 후반기에 의회 독재와 부정부패로 민심이 이반하고 급기야는 2006년 9월에 태국의 19번째 쿠데타를 불러왔다.

탁신이 해외로 도피 생활을 하는 동안 법원은 그에게 부정부패 혐의에 대해 유죄 판결을 내리게 되었다. 군부가 다시 헌법을 바꾸고 2011년에 총선을 치르자 탁신을 추종하는 세력들이 다시 집권하면서 탁신의 여동생 잉락 친나왓이 역사상 첫 여성 총리로 등극하게 되었다. 그러나 잉락은 총리직을 수행하면서 자신의 오빠인 탁신의 사면을 추진하다 강력한 저항에 직면하게 되었다. 여러 가지 퇴진 압력에 시달렸지만 잉락이 끝까지 사퇴하지 않자 군부는 다시 쿠데타를 통해 권력을 장악했다. 군사정권하에서 잉락은 헌법재판소에서 권력 남용과 부정부패 혐의가 유죄로 판결나자 끝내 실각하고 말았다. 잉락은 해외로 도피하고 태국의 대법원은 그녀에게 쌀 수매 및 매각 관련 비리 방치 혐의로 5년의 실형을 선고했다. 현재 태국은 2014년 20번째 쿠데타를 주도한 쁘라윳 짠오차가 총리로 국정을 운영하고 있다.

제5장

옐로우 셔츠와
레드 셔츠

노란색과 빨간색의 대립

태국인들에게는 요일별로 선호하는 색깔이 있다. 일요일은 빨간색, 월요일은 노란색, 화요일은 분홍색, 수요일은 초록색, 목요일은 주황색, 금요일은 하늘색, 그리고 토요일은 보라색을 좋아한다. 그 이유는 특정한 요일에 특정한 색이 복을 가져다 준다는 믿음 때문이다. 그래서 거리의 사람들 옷차림을 관찰하면 그날이 무슨 요일인지 대충 짐작이 갔다. 그런데 최근 들어 요일별 색상이 가지는 의미가 왜곡되고 퇴색되어 버렸다. 문제는 정치적 갈등에서 비롯되었다. 1998년 탁신 치나왓은 타이락타이당ᵖʳʳᶜᵏ ˡᵗᵉᵘ을 만들어 2001년에 총선을 치렀다. 총선에서 승리하여 총리에 취임한 탁신은 태국의 북부와 북동부의 가난한 농민과 서민들에게 획기적인 친서민 정책을 폄으로써 이들 소외 계층의 마음을 사로잡았다. 그러나 2006년부터 드러나기 시작한 탁신과 그의 일가들이 저지른 탈세와 부정 축재로 인해 반정부 시위가 격화되었다. 그 과정에서 방콕의 엘리트 중산층을 중심으로 반탁신 세력이 형성되었다. 이들은 정치 집회를 하면서 노란색 셔츠를 입었다. 푸미폰 국왕이 월요일에 태어났기 때문이다. 이들은 왕실을 등에 업고 탁신의 부패한 정권을 퇴진시키고자 했다. 탁신이 궁지에 몰리자 이번에는 그를 지지하는 친탁신 세력이 조직되어 거리로 나왔다. 이들은 정치집회 때 빨간색 셔츠를 입었다. 이때부터 레드 셔츠는 친탁신세력을 상징하는 색이 되었다.

탁신 시대의 개막

탁신은 고조부 시절에 중국 광둥성에서 이주하여 태국 북부의 치앙마이에 정착한 중국계 태국인이다. 경찰사관학교를 졸업하고 미국으로 유학하여 1975년에 이스턴 켄터키대학에서 형법 전공으로 석사 학위를 받았다. 그리고 1978년에 텍사스주의 샘휴스턴주립대학에서 같은 전공으로 박사 학위를 받았다. 1987년 경찰을 그만두고 사업을 시작한 그는 컴퓨터와 통신 사업으로 성공한 기업가가 되었다. 그 후 탁신은 1994년 팔랑탐당พรรคพลังธรรม을 이끌고 있었던 짬렁 씨므앙을 통해 정계에 입문하게 된다. 몇 번의 내각에 참여했던 탁신은 1998년 타이락타이당을 창당하고 2001년 총선에 돌입하면서 우리 돈으로 천 원 남짓한 30바트만 내면 모든 질병을 치료할 수 있는 의료 혜택과 농가 부채 3년 유예, 그리고 모든 농촌 마을에 100만 바트(3,800만 원)씩 발전 기금 지원 등의 파격적인 공약을 내걸었다. 이런 공약은 매우 획기적인 것이었다. 태국에서도 상대적으로 낙후된 북부와 북동부의 농민들을 중심으로 한 소외 계층들은 탁신의 친서민 정책에 환호했다. 타이락타이당은 248석을 확보하여 압승을 거두고 탁신은 총리로 취임했다.

태국은 부익부 빈익빈이 심한 사회임에도 불구하고 계층 간 갈등이 비교적 적은 편이었다. 대부분이 불교 신자인 태국인들은 자신의 운명은 전생의 업보에 의해 이미 결정된 것이라는 믿음을 바탕으로 삶에 있어서 낙천적이고 수동적이었다. 그러나 탁신의 등장으로 농민들과 가난한 도시근로자들의 의식이 변화되기 시작하였다. 가난하고 체념적인 삶을 살아왔던 소외된 사람들에게 탁신 내각이 시행한 친서민 정책들은 새로운 꿈과 희망을 안겨주었다. 저금리

『마띠촌』 표지에 등장했던 당시 탁신의 모습

농업 융자, 마을 발전 기금, 그리고 지역 특성에 따른 중소 사업 추진 등은 농민들에게 삶의 의욕을 고취시켰다. 실제로 2003~2004년 기간 동안 농촌의 소득은 연 20퍼센트씩이나 증가하였다. 의료 혜택으로 병원의 문턱이 낮아져 몸이 아파도 가기 힘들었던 사람들이 큰 부담 없이 가서 치료받을 수 있게 되었다. 또한 대학 학자금 융자의 확대로 자녀들에게 대학 교육을 시키기 수월해졌다. 그동안 소외되어 살아온 그들에게 새로운 소득 사업과 의료 서비스 확대, 그리고 교육을 통해 신분 상승의 희망을 가지게 된 것은 분명 새로운 삶의 체험이었다. 민주주의라는 정치 제도를 통해 자신들에게 필요한 지도자를 선택하게 되면 삶의 질을 변화시킬 수 있다는 새로운 정치 의식을 깨달을 수 있었다. 그리고 몇 번의 정치 참여를 통해 새로운 정치적 성향을 갖게 되었다.

탁신은 2005년 총선에서 더한층 치밀해진 친서민 정책을 공약으로 제시하였다. 탁신은 민주주의라는 정치 제도에 있어서 효과적으로 정권을 창출할 수 있는 방법을 알고 있었다. 권력은 국민들의 투표로 이루어지는 선거를 통해 특정인에게 위임된다. 태국의 유권자는 소수의 중산층과 다수의 서민층으로 구성되어 있다. 따라서 선거에 이기기 위해서는 서민들의 마음을 사로잡는 것이 중요하다. 탁신은 친서민 정책이야말로 선거에서 이길 수 있는 비결임을 일찍이 터득하고 있었다. 탁신의 전략은 그대로 맞아떨어졌다. 2005년 2월 총선에서 타이락타이당은 500석 중에 377석을 얻었고 탁신은 태국 역사상 최초로 연임하는 총리가 되었다.

탁신의 재선 성공은 국정 운영에 대한 지나친 자신감과 과욕을 가져다 주었다. 타이락타이당이 절대 다수의 의석을 확보하고 나서 탁신의 정권은 점차로 권위주의로 바뀌고 부정부패가 만연하기 시작하였다. 한편으로 친서민 정책을 통해 소외 계층에게 다가가면서 또 다른 한편으로 그와 그의 일가들이 소유한 회사들은 엄청난 부를 축적해 갔다. 이권 다툼과 인권 침해가 늘어나고 언론에 대한 억압이 가해졌다. 의회독재주의에 기초한 오만함이 더해져 탁신은 왕실과 대립각을 세우는 모습을 자주 보여주었다. 이때부터 상대적으로 위축되어 있던 전통 엘리트 계층과 도시 중산층들이 조직적으로 반발하기 시작했다. 탁신의 국왕에 대한 불경은 또 다른 한편으로는 군부에게 쿠데타를 일으킬 수 있는 좋은 빌미를 제공해 주었다.

옐로우 셔츠의 등장과 탁신의 몰락

탁신에게 반발하는 세력이 날로 늘어갈 즈음에 중요한 사건이 터졌다. 2006년 1월 탁신 일가는 자신들이 보유하고 있던 친코퍼레이션Shin Corporation 주식 49.6퍼센트를 싱가폴에 팔아 넘겼다. 거래 금액이 17억 달러에 이르렀는데, 여기서 발생한 차익에 대한 세금을 한 푼도 내지 않은 것으로 밝혀지자 거센 비판이 일었다. 급기야는 탁신 퇴진 운동을 주도하는 조직이 생겨났다. 이들은 왕실을 등에 업은 엘리트 중산층으로 스스로를 '국민민주주의 연대People's Alliance for Democracy, PAD'라고 칭하고 국왕이 태어난 월요일을 상징하는 노란색 셔츠를 입고 집회를 열었다. 이때부터 옐로우 셔츠는 왕실을 옹호하고 탁신을 반대하는 세력을 지칭하는 말로 사용되었다.

옐로우 셔츠들의 반정부 시위가 격화되고 총리 사임 요구가 거세지자 탁신은 2006년 2월에 의회를 해산하고 4월 2일에 조기 총선을 실시했다. 제1야당

옐로우 셔츠의 모습

인 민주당이 보이콧을 선언하고 불참한 가운데 치러진 선거에서 타이락타이당이 승리했다. 그러나 헌법재판소는 4·2 총선에 무효 판결을 내리고 타이락타이당에 대한 해산 명령을 내렸다. 정국이 혼란에 빠지고 10월 15일 재선거를 치르기로 결정되었다. 그러자 군부는 이 틈을 타서 손티 분야랏끌린สนธิ บุญยรัตกลิน 대장의 주도로 9월 19일에 쿠데타를 일으켰다. 태국의 민주주의는 또다시 혼돈 속으로 빠져 들어갔다. 임명된 사법부가 선거로 선출된 행정부를 몰아내고

쿠데타에 동원된 탱크

군부가 쿠데타를 통해 또다시 헌정을 유린하는 사태가 벌어졌다. 탁신의 독재와 부정부패에 항거하던 옐로우 셔츠는 군부의 쿠데타에는 침묵했다. 한편 군부는 쿠데타를 통해 집권한 후 2년 만에 국방부 예산을 50퍼센트나 증액했다.

탁신의 시련과 레드 셔츠의 등장

타이락타이당은 해산되고 탁신과 그의 일가들이 저지른 부정부패와 불법 이권 개입 등에 대한 조사가 이루어지면서 탁신의 시련이 시작되었다. 여러 가지 혐의가 드러나고 유죄 판결로 재산이 압류되었다. 탁신은 끝내 망명의 길을 떠나 영국을 거쳐 남미와 아프리카 몇 개국을 떠돌다가 최근에 두바이, 홍콩 등지에 머물고 있는 것으로 전해지고 있다.

그러나 탁신에 대한 농민과 빈곤층의 지지에는 변함이 없었다. 군사정권하에서 개정된 헌법에 따라 새로 치러진 2007년 12월 23일 총선에서 탁신 지지자들이 창당한 팔랑쁘라차촌당ฟรรคพลังประชาชน이 승리하여 2008년에 친탁신 내각이 들어섰다. 그러자 옐로우 셔츠들이 다시 거리로 나섰다. 이들은 나중에는 쑤완나품 공항까지 점거하면서 자신들의 주장을 관철시키고자 했다. 그러자 사법부는 2007년 총선에서 부정 선거가 있었다는 점을 들어 연립 내각을 구성하고 있던 3개 정당에 해산 명령을 내렸다. 그래서 총리직은 결국 민주당ฟรรคประชาธิปัตย์의 아피싯 웨차치와อภิสิทธิ์ เวชชาชีวะ에게 돌아갔다

탁신이 궁지에 몰리자 이번에는 친탁신 세력이 조직되어 움직이기 시작했다. 2006년 12월경에 빨간 셔츠를 입은 무리들이 방콕 거리에 반정부 집회를 하면서 조속한 군정 종식과 탁신의 사면을 요구하였다. 이들은 2006년 9월 군사 쿠데타에 반대하던 세력들에 의해 조직된 단체로 스스로를 반독재 국가민주연합전선United Front for Democracy against Dictatorship: UDD이라고 불렀다. 이들이 거리에 나서면서 빨간 셔츠를 입었기 때문에 레드 셔츠라고 불리게 되었다. 레드 셔츠 구성원과 지지자들은 북부와 북동부의 농민들과 가난한 도시 근로자들이

레드 셔츠의 모습

었다. 레드 셔츠는 옐로우 셔츠와는 극단적으로 대립되는 정치 세력일 수밖에 없었다. 이들은 2001년, 2004년, 2006년 그리고 2007년에 자신들이 선거를 통해 탄생시킨 정권이 군사 쿠데타와 사법부에 의해 번번이 좌초되자 적지 않은 좌절과 상실감을 느꼈다.

2010년 2월 26일 태국 대법원이 탁신 일가의 동결 자산 23억 달러 중에 14억 달러를 국고로 몰수한다고 판결하자 레드 셔츠들이 대규모 시위에 나섰다. 레드 셔츠는 3월 12일 전국적으로 집회를 개시하여 3월 14일 방콕에 운집하기 시작했다. 이들의 요구 사항은 아피싯 총리의 사임과 의회 해산을 통한 조기 총선이었다. 집회와 시위가 장기화되자 무력 충돌이 발생하기 시작했다. 방콕은 점점 혼란 속으로 빠져들었다. 그러나 레드 셔츠의 시위에 대해 국왕은 어떤 역할도 하지 못했다. 왕실은 이미 옐로우 셔츠로 대변되는 엘리트 중산층 쪽의 배후에 있었기 때문이다. 결국 5월 19일 무력 진압을 통해 사태는 종식되었다. 그러나 69일 동안 시위가 지속되면서 레드 셔츠의 면모가 많이 달라졌다. 처음에 레드셔츠 집회는 탁신을 지지하는 북동부의 가난한 농민들과 일부 도시 근로자들의 소요 사태로 규정되었다. 그러나 시간이 지나면서 소외되고 버려진 계층들이 의식화되면서 기존의 기득권 세력에 저항하는 정치 집회의 성격으로 변해갔다. 이는 태국의 권력 구조 개편을 암시하는 것이기도 하다.

끝나지 않은 싸움

태국의 권력 구조는 국왕과 군부 그리고 국민의 세 가지 개체가 갖는 균형에 의해 결정되어 왔다. 푸미폰 국왕은 1946년에 19세의 어린 나이에 등극하여 70년간 태국을 다스렸다. 그동안 푸미폰 국왕은 수없이 많은 지역 개발 사업을 벌였다. 불교에서 유래한 이상적인 국왕인 법왕주의적 국왕이면서 온정주의적 국왕으로서의 덕목을 실천한 것이다. 이런 과정을 통해 푸미폰 국왕은 국민들로부터 어버이와 같은 존재로 여겨졌고 살아 있는 부처라는 찬사를 얻었다. 오늘날까지 태국 국왕의 위상은 대내외적으로 매우 특별한 것으로 받아들여지고 있다.

태국에서 민주주의 발전을 저해해온 집단은 군부다. 군부는 1932년부터 현재까지 20번의 쿠데타를 통해 헌정을 유린해 왔다. 태국 민주주의 역사는 군부의 독재 정치에 항거해 온 민중의 투쟁사라고 할 수 있다. 권력을 추구하는 군부와 민주주의를 열망하는 국민 사이에서 푸미폰 국왕은 탁월한 정치적 감각과 처신으로 균형을 잡아왔다. 물론 국왕에게 가장 우선시되는 것은 자신에 대한 충성과 왕실의 보존이었다.

이러한 권력 구조에 위협적인 요소로 등장한 것이 탁신이었다. 가난한 농민과 도시 빈민층의 절대적인 지지 기반을 바탕으로 의회를 장악한 탁신은 왕실이나 군부는 물론 기득권을 누려왔던 엘리트 중산층 모두에게 위협적인 존재로 부각되었다. 이를 배경으로 촉발된 옐로우 셔츠와 레드 셔츠 간의 갈등은 태국 역사에서 유례가 없는 민民–민民 갈등이다. 두 집단의 시각차는 매우 크다. 옐로우 셔츠는 탁신을 절대로 용납할 수 없는 부패한 정치인으로 규정하고 선거 제도를 악용하여 돈으로 표를 사서 권력을 잡는 정치 재벌로 치부한다. 그리고 레드 셔츠를 부패한 탁신의 포퓰리즘 정책에 놀아나는 어리석은 집단으로 매도하고 세상 물정 모르는 순박하고 가난한 사람들이 돈 몇 푼에 양심을 판다고 비판한다. 레드 셔츠들은 부패한 것은 역대 다른 정권도 마찬가지라고 항변하며 그래도 그들의 고달픈 삶을 달래준 정치인은 탁신 밖에 없었다고 주장한다. 그리고 옐로우 셔츠를 왕정주의자와 군부의 보호를 받는 중산층 운동가들이라고 비난한다. 이 두 집단의 이해관계는 평행선을 달리고 있어 근본적인 해결의 실마리를 찾기는 매우 어려워 보인다.

새로운 정치 실험과 태국의 앞날

지난 2011년 7월 3일 총선 결과는 레드 셔츠로 대변되는 친탁신 세력의 존재 감을 확실하게 보여주었다. 그동안 몇 번의 선거를 통해 재차 확인된 소외되고 가난한 서민들의 민심은 이제 태국 사회의 피플파워로 성장했음을 보여주었 다. 새롭게 나타난 피플파워는 더 이상 거부하기 어려운 시대적 흐름인 것이 분 명해 보인다. 피플파워의 출현으로 태국 정치는 새로운 국면을 맞이하고 있다.

2013년 11월 시작된 옐로우 셔츠와 레드 셔츠의 갈등이 지속되는 기간 동안 군 내부에서 강경파로 알려져 있던 쁘라윳 짠오차 육군참모총장은 군은 중립 을 유지할 것이라고 선언했다. 그러나 반정부 시위대에 대한 폭력적인 공격이 있은 후, 2014년 5월 20일에 쁘라윳은 계엄령을 선포하고, 스스로를 국가평화 질서유지회의 의장으로 지명했다. 그리고 앞으로도 과 도 정부가 국정을 수행해 나갈 것임을 천명하였 다. 쁘라윳이 내각을 이끌고 있던 2016년 10 월 13일 푸미폰 국왕이 서거하였다. 2016년 12월 1일 왓치라롱껀 왕세자가 뒤를 이어 라 마 10세로 등극했다. 2019년 6월 5 일 쁘라윳은 750명으로 이루어 진 상하원 합동 총리 투표에서 승리하여 태국의 제30대 총

쁘라윳 짠오차 총리

리로 취임했다.

태국 정치는 국왕을 사이에 두고 국민과 군부가 상호 견제와 균형을 유지하면서 점진적 발전을 이룩해왔다. 국민은 선거를 통해 의회에 자신들의 권력을 위임해 주었다. 군부는 반헌법적 쿠데타로 정권을 잡고 국왕의 윤허를 통해 정당성을 확보해 왔다. 근래의 태국 정치에서 옐로우 셔츠 뒤에는 왕실이 있었고 레드 셔츠 뒤에는 탁신이 있었다. 그 결과 국민은 옐로우 셔츠와 레드 셔츠로 갈라져 전례가 없던 정치적 갈등을 겪어야 했다. 2016년에 라마 9세가 서거하고 라마 10세가 등극하면서 국왕의 지위와 역할은 현저히 감소되었다. 최근 정치 집회에서는 대학생들에 의해 왕실 개혁안이 대두되기도 했다. 이에 대한 옐로우 셔츠의 반발과 군부 쿠데타로 망명 생활을 하는 탁신은 태국 정치에 있어 또 하나의 변수다. 태국의 정치는 지금까지 경험해 보지 못한 새로운 실험을 앞두고 있다.

제6장

국왕의
성격과 위상

온정주의적 국왕

태국의 불교 사원에 가보면 사원 안에 국왕의 사진이 세워져 있는 것을 흔히 볼 수 있다. 입헌 군주제인 나라에서는 국왕에 대한 애정과 존경심이 워낙 두드러져, 관공서가 있는 곳 어디서나 볼 수 있는 것이 국왕 사진이기는 하다. 그렇다고 불교 사원에서도 국왕 사진을 모셔 둔다는 것이 처음엔 참으로 생소하게 느껴졌었다. 그 이유가 궁금했었는데 태국의 불교와 국왕 간에 매우 밀접한 관계가 있기 때문이라는 것을 뒤늦게 알게 되었다.

쑤코타이 왕조가 들어서기 이전 인도차이나반도에서는 초기 소왕국들이 성장하면서 기존의 샤머니즘Shamanism 문화는 불교 문화로 발전해 갔다. 불교의 영향으로 이 지역의 생활 양식과 정신 문화가 불교화되었다. 나아가 통치 이념을 확립하는 데도 불교는 적지 않은 영향을 끼쳤다. 왕은 단순히 불교를 보호하는 역할에 그치지 않고 불교의 가르침을 전파하는 "탐마라차ธรรมราชา" 즉, 법왕의 지위를 갖게 되었다. 본래의 태국 사회에서 국왕은 어버이와 같은 존재였다. 마치 어버이가 자녀를 다스리듯이 백성을 따뜻하게 돌보는 온정주의적 국왕이었다. 불교의 경전 중에 『악칸야쑷อัคคัญญสูตร』이라는 것이 있는데 우주와 인간 그리고 삼라만상의 기원에 관한 내용을 담고 있다. 보통 "악간냐 쑷따"라

아칸야쑷의 표지

고 하고 '세기경世紀經' 또는 '태초경太初經'이라고 번역한다. 고대 태국 사회에서는 이 세기경에 나오는 내용을 바탕으로 국왕에 대한 개념이 설정되었다.

이 경전에 따르면 인간은 어떤 구속이나 약탈 없이 풍요로운 자연으로부터 얻은 양식에 의존하며 스스로 의식주를 해결하고 살아가는 것을 바람직한 삶으로 규정한다. 따라서 공권력이나 법이 따로 존재할 필요가 없었다. 그러므로 태초의 인간 사회에서는 재산을 비축할 필요가 없었고 따라서 사유 재산 자체가 없었다. 또한 가족 형태의 인간관계가 형성되지 않은 채, 단지 공동체적 무리를 이루고 살았다. 그러나 나중에 인간의 본능적 욕망에 따라 가족이 생겨나고 가족 내에서의 사랑과 결속이 생겨나게 되었다.

인간은 누구나 선과 악을 가지고 태어난다. 인간이 남의 것을 탐하게 시작하면서 사회가 혼란스러워지고 그와 더불어 타인으로부터의 위협이 생겨나기 시작하였다. 처음에는 악행을 저지른 자에 대한 처벌은 당사자들 간의 개인적인 문제로 여겼다. 그러나 시간이 지나면서 타인의 위협에 스스로 대처하기 어려워졌다. 그래서 강한 힘을 지닌 존재가 갈등과 위협으로부터 보호해줄 것을 바라게 되었다. 결국 인간은 그 강한 자에게 권력을 주어 자신들의 통치자로 내세우게 된 것이다.

개개인이 통치자에게 부여하는 권력은 집단을 보호하고 다스리는 데 필요한 권력이다. 따라서 통치자는 어떤 갈등이나 분쟁이 발생하는 경우에 위임 받은 권력으로 옳고 그름을 판단해주는 판관의 역할을 한다. 백성은 그런 통치자로부터 보호받는 대가로 밀을 바쳤는데 이는 재산의 일부를 통치자에게 바치는 세금의 형태를 띠고 있었다.

법왕주의적 국왕

13세기 들어 쑤코타이 왕국이 번영하면서 영토와 인구도 점차 늘어났다. 온 정주의적 통치는 점차 그 한계를 드러내게 되었다. 제5대 왕인 리타이왕ลิไทย이 즉위할 즈음에는 쑤코타이의 영향력 아래 있던 속국들의 세력이 점차 강해지기 시작하였다. 그래서 리타이왕은 나라를 다스리는 원칙에 불교적 가르침을 접목하여 법왕주의라는 새로운 통치 이념을 만들어 냈다. 리타이 왕은 스스로 출가하여 수도 생활을 한 바 있으며 그 전통은 오늘날까지 이어져 내려오고 있다. 또한 『뜨라이품―프라루엉』이라고 하는 삼매경을 저술하였는데 이는 이승, 지옥, 극락의 삼계 내용을 담고 있는 책으로 태국 불교 문학의 효시라고 할 수 있다. 리타이왕의 법왕주의에 따르면 무릇 군주인 자는 상대적으로 우월한 덕목을 바탕으로 백성에 대한 통치권을 행사할 수 있다는 것이다. 아울러 불교의 가르침을 바탕으로 한 열 가지 덕목을 갖추어야 한다고 규정하고 있다.

법왕주의에서 규정하고 있는 국왕의 열 가지 덕목은 다음과 같다. 첫 번째 덕목은 보시ทาน로 국왕은 백성과 승려, 그리고 왕족이나 속국의 군주들에게 신분과 지위에 맞게 베풀어 주어야 한다. 두 번째 덕목은

『뜨라이품 프라루엉』삼매경

지계戒로 국왕은 불교의 가르침을 배우고 실천하며 계율을 지켜야 한다. 세 번째 덕목은 나눔บริจาค으로 국왕은 왕족이나 왕을 찾아오는 자들에게 신분과 지위에 맞게 필요한 물자를 나누어 주고 승려들에게 보시하여야 한다. 또한 가난한 백성들에게도 그들이 살아갈 수 있도록 베풀어 주어야 한다. 네 번째 덕목은 정직อาชวะ으로 국왕은 말과 행동이 정직해야 하고 동맹국의 왕과 왕족 그리고 속국의 군주에게 공명정대하게 대하여야 한다. 다섯 번째 덕목은 온화มัททวะ로 국왕은 말과 태도를 부드럽게 하게 하고 덕행을 갖추어 공손한 마음을 지니며 함부로 백성들을 경시해서도 안된다. 여섯 번째 덕목은 수고ตบะ로 국왕은 백성을 다스리는 일에 온 마음을 쓰고 백성의 안녕과 행복을 돌보아야 한다. 일곱 번째 덕목은 불노อักโกธะ로 국왕은 화를 내지 않는 것을 본성으로 삼고 설령 화를 낼 이유가 있다고 하더라도 이를 억제하고 자비를 베풀어야 한다. 여덟 번째 덕목은 불압อวิหิงสา으로 국왕은 남을 억눌러서는 안된다. 또한 왕족이나 왕을 찾아오는 자, 또는 자신이 다스리고 있는 백성들을 부당하게 억압해서는 안된다. 아홉 번째 덕목은 인내ขันติ로 국왕은 참고 견디는 마음을 가지고 정신적 괴로움과 육체적 고통을 극복하여야 한다. 그리고 열 번째 덕목은 불오อวิโรธนะ로 국왕은 착오가 없고 어느 한쪽으로 치우침이 없이 공정함을 유지하여야 한다는 것이다.

법왕주의적 국왕은 불교의 가르침을 준수하는 불법적佛法的 지도자로서 백성들이 윤회를 벗어나 궁극적인 해탈의 길로 나아갈 수 있도록 인도하는 불교의 전파자이며 아울러 보호자이기도 하다. 리타이왕은 법왕주의의 기틀을 마련하고 이를 공고히 하는데 노력하였다. 리타이왕의 공식적 칭호는 프라마하탐마라차 1세인데 이는 '위대한 법왕'이라는 의미를 지니고 있다. 법왕주의는 아유타야 시대 이르러 잠시 쇠퇴하였으나 랏따나꼬신 시대 이르러 다시 부활한다.

신권주의적 국왕

아유타야 왕조는 초기에 몬족과 크메르의 영향을 많이 받았다. 정치적 이념은 법왕주의인 탐마라차에서 신권주의인 테와라차로 변화되어 갔다. 힌두교 사상을 기반으로 한 크메르의 정치적 이념에 따르면 국왕은 더 이상 사람이 아니며 신의 대행자로 이 세상에 내려와 백성을 다스리는 존재다. 이런 변화는 언어에도 그대로 나타난다. 태국어에서 옹깐[องการ]은 문자적으로는 '신의 명령'이라는 뜻인데 실제로는 '국왕의 명령'을 의미한다. 아유타야 시대에 상대적으로 남쪽에 위치해 있는 지역은 쑤코타이보다는 몬족의 영향을 더 받았다. 이때문에 쑤코타이 시대 없던 관습 같은 것이 아유타야 시대에 생겨난 것이 있는데 물을 마시면서 국왕에게 충성을 맹세하는 옹깐챙남[องการแช่งน้ำ] 의식이나 프라짜오팬딘[พระเจ้าแผ่นดิน] 또는 프라짜오유후아[พระเจ้าอยู่หัว]와 같은 국왕에 대한 지칭어들이 바로 그것이다. 이런 과정을 거쳐 아유타야 시대의 통치는 신권주의를 바탕으로 한 절대 군주제로 변화되어 갔다.

신권주의에서 국왕은 지극히 존엄한 존재로 백성들의 생사여탈권을 쥐고 있었다. 그리고 모든 영토의 소유권이 국왕에게 귀속되어 있었다. 이와 같이 왕을 신격화하는 신권주의는 국왕을 나라이신의 현신이라고 여기는 인도 힌두교 사상의 영향을 받은 것이다. 오늘날 태국의 국왕이 타는 자동차를 보면 가루다

상像의 깃발을 꽂고 다니는데 이는 나라이신이 가루다를 타고 다니는 것을 상징한 것이다.

아유타야가 쑤코타이를 병합하고 나서 초기에는 탈 쑤코타이적 정책을 폈다. 따라서 쑤코타이 시대의 온정주의적 국왕이나 법왕주의적 국왕 요소를 배제하고 신권주의적 국왕상像을 확립해 나가게 되었다. 아유타야는 일부 크메르의 통치 방식을 직접 받아들였을 가능성도 적지 않다. 그리고 짜오프라야강 유역은 과거 크메르 제국의 지배를 받고 있었던 까닭에 이미 브라만교의 영향을 받아들인 상태였다. 이런 시대적 상황에서 아유타야는 자연스럽게 신권주의적 국왕이 통치하는 나라가 되었다. 아유타야는 신권주의를 받아들이기는 했지만 크메르와는 달리 국왕은 절대적으로 엄격한 존재만은 아니었다. 국왕을 사람이 아닌 비슈누나 나라이신의 현신으로 여겼지만 동시에 가족 중심의 사회에서 가장과 같은 가부장적 지도자의 성격이 남아 있었다. 국왕은 신과 같은 존재였지만 다른 한편으로는 일반 백성과 같이 불교의 삼보를 받들고 불교의 가르침을 신봉하는 불교도였다.

아유타야는 신권주의적 통치 방식을 통해 왕도王都를 안정시키고 여러 위성 도시를 효율적으로 통치하는 동시에 국왕은 왕족과 관료 세력을 균형 있게 통제하기 위한 정치 제도의 체계화에 힘썼다. 이와 같은 신권주의적 통치는 중앙 집권화에 기여한 바도 적지 않지만 다른 한편으로는 국왕과 왕족, 관료 사이에 왕위 찬탈과 권력 쟁탈을 위한 갈등과 분쟁이 빈번하게 발생하는 요인이 되기도 했다.

법왕주의로의 회귀

태국의 신권주의는 라마 4세부터 점차 쇠퇴하기 시작했다. 라마 4세는 왕위에 오르기 전에 오랜 출 가수행을 했다. 그는 전통 불교를 개혁하고 신문고를 설치하는 등 백성의 삶을 보살피고 서양 학문과 문물을 받아들여 태국의 근대화에 힘썼다. 뒤를 이은 라마 5세는 노예제를 폐지하고 도박장을 폐쇄하는 한편 징세 제도를 확립하였다. 나아가 교육 제도와 우편 제도를 개선하고 행정 기구를 개혁하는 등 태국 근대화에 절대적인 이바지를 하였다.

태국의 근대사에 있어서 가장 대표적 법왕주의적 국왕은 라마 9세 푸미폰 아둔야뎃이다. 그는 나이 19세가 되던 1946년 왕위에 올라 70년을 통치하다가 2016년에 89세의 나이에 서거했다. 그는 보시와 지계, 근면과 희생 등 법왕으로서 덕목을 갖춘 왕이었다. 전국의 오지와 낙후된 지역을 돌아보며 국민들과 접촉하면서 끊임없이 서민들의 삶을 보살폈다. 당시 국왕이 주도하는 경제사

푸미폰 국왕

회 개발 사업은 1,300개의 프로젝트에 달했다. 56개 주의 4,000개 부락에서 시행된 왕실 프로젝트는 매스컴을 통해 그대로 국민들에게 전달되었다. 태국은 1979년부터 채널 5번과 채널 7번의 두 지상파 텔레비전을 통해 왕실동정을 보도해 왔다. 1980년대 중반에 태국 도시의 90%, 그리고 1980년대 말에는 농촌의 70%가 텔레비전을 소유하고 있었다. 매스컴의 지속적인 보도를 통해 푸미폰 국왕은 온정으로 국민을 돌보는 어버이와 같은 군주로서의 이미지로 각인되었다. 오늘날 태국에서 8월 12일은 씨리낏 왕비의 생일이며 어머니의 날이다. 12월 5일은 푸미폰 국왕의 생일이며 아버지의 날이기도 하다

오늘날 입헌 군주제하의 국왕은 존재하지만 통치하는 않는 상징적 존재로 여겨지고 있다. 그러나 푸미폰 국왕은 탁월한 리더십을 발휘하여 매번 정치적 위기 때마다 중심추 역할을 해왔다. 입헌혁명 이후에 태국은 군부의 정치적 탐욕으로 스무 차례의 쿠데타를 겪었다. 군부가 쿠데타를 일으킨다는 것은 민주주의 정신에 반하는 것으로 국민들로부터 지지를 받기 어렵다. 그래서 쿠데타를 일으킨 군부의 입장에서 필요한 것이 정당성 확보였다. 쿠데타의 정당성을 인정받기 위해서는 국왕의 윤허가 필요했다. 국왕은 군부에게 쿠데타를 승인하면서 왕실의 존속과 유지를 약속 받을 수 있었다. 이러한 국왕의 처신은 쿠데타로 인한 국가적 혼란과 위기를 사전에 잠재우는 긍정적 효과가 컸다. 그래서 국민들은 정치적 위기가 있을 때마다 국왕의 역할을 기대하게 되었다. 이러한 태국식 민주 정치를 통해 태국은 비교적 안정된 정국을 유지하면서 정치와 경제 발전을 도모할 수 있었다.

국왕찬가

태국에서 공식 행사가 시작되거나 영화가 상영되기 직전에 국왕 찬가가 연주된다. 국왕 찬가는 국왕이 어전에 들 때 연주하던 곡이었다. 본래 아유타야 시대 때부터 있었던 것을 근대 들어와 라마 4세 때 영국의 여왕 찬가인 〈God Save the Queen〉을 국왕 찬가로 사용하였다. 그 후 라마 5세때 국왕 찬가를 새로 만들고 몇 차례 수정과 보완 작업이 이루어져 1888년 현재의 국왕 찬가로 지정되었다. 그 노랫말은 다음과 같은 내용을 담고 있다.

ข้าวรพุทธเจ้า	เอามโนและศิระกราน
นบพระภูมิบาล	บุญดิเรก
เอกบรมจักริน	พระสยามินทร์
พระยศยิ่งยง	เย็นศิระเพราะพระบริบาล
ผลพระคุณ ธ รักษา	ปวงประชาเป็นสุขศานต์
ขอบันดาล	ธ ประสงค์ใด
จงสฤษดิ์ดัง หวังวรหฤทัย	ดุจถวายชัย ชโย

우리 모두는 마음을 모아 머리 숙이고 엎드려 경배하오며
위대한 공덕을 지니신 이 땅의 통치자께 합장배례하나이다.
탁월하신 제왕의 왕조가 되소서. 싸얌의 위대하신 분이시여
전하의 영광은 위대하고 영속(永續)할지니
전하의 다스림으로 우리 모두가 평온하고

เพลงสรรเสริญพระบารมี

The Thai Royal Anthem

คำร้อง : สมเด็จพระเจ้าบรมวงศ์เธอ เจ้าฟ้า
กรมพระยานริศรานุวัติวงศ์
เรียบเรียงเสียงประสาน : พระเจนดุริยางค์(ปิติ วาทยะกร)

Andante maestoso ♩=72

ข้า ว ร พุท ธ เจ้า เอา ม โน และ ศิ ระ กราน

นบพระ ภู มิ บาล บุ ญ ดิ เรก เอก บร ม จั กริน พระ ส ยา

มินทร์ พระ ย ศ ยิ่ง ยง เย็น ศิ ระเพราะพระ บ ริ บาล ผล พระคุณ ธ รัก

ษา ปวง ประ ชา เป็น สุ ข ศานต์ ขอ บัน ดาล ธ ประ สงค์

ใด จง สฤษดิ์ ดัง หวัง ว ร ห ฤ ทัย ดุ จ ถ วาย ชัย ช โย

국왕 찬가 악보

전하의 성덕으로 만백성이 행복을 누리나이다.

전하께서 원하시는 모든 것이 이루어지소서

전하의 마음이 바라는 대로 이루어지소서

그렇게 소망하는 우리의 마음을 폐하께 바치나이다.

    푸미폰 국왕이 다스렸던 지난 70년간 태국인들은 그의 은덕에 감사하며 국왕 찬가를 불러왔다. 푸미폰 국왕은 선정을 베풀어 국민들로부터 칭송을 받기도 했지만 그러나 다른 한편으로는 그에 대한 비판적인 시각도 있었다. 왕실과 군부의 결탁, 그리고 절대적으로 왕실에 대한 비판을 허용하지 않는 왕실 보호법, 그로 인한 인권 문제 등이 제기되기도 하였다. 그러나 푸미폰 국왕은 오랜 기간 태국을 통치하면서 국민들에게 어버이와 같은 존재이면서 또한 정신적 지주였다. 나아가 살아 있는 부처로 칭송받았다. 오늘날에도 라마 9세 통치 시기에 살았음을 자랑스럽게 생각하는 태국인들이 적지 않다. 금세기 다른 나라의 역사 속에서 이런 국왕의 유례를 찾아보기가 그리 쉬운 일은 아닐 것이다.

제7장

태국인의
삶과 불교

불교의 전래 과정

태국에서 버스나 기차를 타고 여행하다 보면 창가에 앉아 있던 태국인 승객
이 창 밖을 보고 합장하는 것을 종종 볼 수 있다. 무엇을 보고 그런가 싶어 창 밖
을 내다보면 어김없이 불교 사원이 보였다. 그때부터 태국인에게 불교 사원이
란 어떤 의미가 있는 것일까 하는 궁금증이 생겼다. 나아가 사원을 중심으로 마
을을 이루고 살아가는 태국인들에게 불교는 무엇인가를 알고 싶었다. 이러한
궁금증을 풀기 위해 유학하고 처음 맞이하는 방학을 이용하여 열흘 남짓 출가
수행을 한 적이 있다. 출가 수행을 통해 많은 의문이 풀리기도 했지만 태국인의
불교적 삶은 언제 어떻게 시작되었을까 하는 의문이 더해 왔다. 그러나 모든 궁
금증을 완전히 해소하기까지는 적지 않은 시간이 걸렸다.

태국의 승려

10세기 이전에 인도차이나반도에 생겨났던 소왕국들은 주변의 다른 선진 문화를 받아들였다. 동쪽으로는 크메르 문화가 들어오고 서쪽으로는 힌두 문화가 들어왔다. 크메르 문화는 불교 사원과 불탑의 건축 양식에 많은 영향을 주었으며 힌두 문화는 왕실의 의례나 종교적 행사에 깊숙이 영향을 끼쳤다. 태국어를 사용하는 지역에 불교가 전래된 것은 6~9세기경으로 버마를 통해 들어왔다고 추정된다. 당시 이 지역에 살던 원주민들의 토속 신앙을 보면 죽은 자의 머리를 북쪽으로 향하도록 하고 생전에 사용하던 물건과 도구를 같이 매장한 것으로 보아 사후 세계에 대한 믿음을 가지고 있었던 것으로 보인다.

소승불교의 수용

프라쏘나와 프라웃따라의 모습이 새겨진 메달

태국의 불교는 브라만들에 의해 전래된 것으로 추정하고 있다. 인도의 아소카 대왕은 프라쏘나와 프라웃따라라고 하는 두 승려를 파견하여 인도차이나 지역에 불교를 전파하고자 했다. 아소카 왕은 마우리 왕조의 제3대 왕으로 수많은 군사 정복을 통해 오늘날의 인도 대부분을 지배하게 되었다. 그러나 말년에 이르러 그는 전쟁의 비참함을 깨닫고 불교를 진흥시켜 비폭력과 윤리에 의한 통치를 실현하고자 했다. 그리하여

아침에 시주하는 모습

곳곳에 사원을 세우고 불교의 가르침을 정리하는 한편 스리랑카와 태국 그리고 버마 지역까지 불교를 전파하기에 노력하였다. 아소카 왕의 불교 전파 이후에 쑤코타이에서는 일군의 승려들이 스리랑카로 유학을 다녀왔다. 이들은 절제된 생활과 높은 덕행으로 백성들로부터 존경을 받았다. 13세기에 쑤코타이는 소승불교를 수용하게 되는데 람캄행 대왕은 나컨씨탐마랏에서 고승을 모셔와 승왕으로 추대하였다. 이로써 왕실과 백성 모두 소승불교를 신봉하게 되었다.

쑤코타이 시대 불교의 발전은 리타이왕 시대에 이르러 정점에 달했다. 삼매경이 집필되고 불교 명절이 생겨났으며 아침에 탁발승에게 시주하고 법회에 참석하여 예불을 드리는 불교 문화가 형성되었다. 많은 사원과 불상 그리고 불탑이 건립되었고 불교 사상을 기초로 국가의 통치 이념과 사회 규범을 마련하게 되었다. 그리하여 초기 태국 사회에서 발전된 불교는 지역 내 불교 사회 및 불교 국가를 형성하기 위한 기반을 마련했고, 오늘날의 불교 국가로 발전하는 초석을 다졌다.

태국을 '불교의 나라'라고 한다. 불교를 국교로 지정하지는 않았지만 국민들 대다수가 불교를 믿고 수백 년에 걸쳐 형성된 불교 문화 속에서 살아가고 있기 때문이다. 태국 어디를 가도 눈에 보이는 것이 불교 사원과 불탑, 그리고 탁발 나온 승려와 시주하고 있는 불자佛子의 모습이다. 태국 전역에 35,000개 이상의 불교 사원이 있고 국민들의 90% 이상이 불교 신자다. 태국 남자들은 전통적으로 3개월의 출가 수행을 통해 옳고 그름을 판단할 수 있는 성인으로 인정받았다. 그리고 불교의 가르침을 통해 선하게 살면서 내생의 복을 구하고자 했다. 사원은 태국인들에게는 종교 기관이면서 교육 기관이었고 마을회관이면서 병원이기도 했다. 흔히 불교는 태국인에게 종교라기보다는 생활 그 자체라고 한다.

출가 수행

불교의 가르침을 태국어로는 "탐마ธรรม"라고 하고 계율을 "씬ศีล"이라고 한다. 도덕이나 윤리를 뜻하는 "씬라탐ศีลธรรม"은 이 두 단어의 합성이다. 태국인에게 있어서 도덕이나 윤리는 불교의 가르침에 기반을 두고 있다. 즉, 불교의 가르침을 행하는 것은 선이며 계율을 어기는 것은 악이라는 것이다. 태국 사회에서 불교의 가르침은 선악을 판단하는 기준이면서 삶의 근본 원리가 되었다. 그래서 선악을 구분하고 사리분별을 할 줄 아는 사람이 되기 위해 일정기간 출가하여 불교의 가르침을 배우고 수양을 하는 불교 풍습이 생겨났다. 이를 "부엇ㅂㅗㅅ"이라고 한다.

태국은 전통적으로 남자가 20세가 되면 3개월간 출가하여 부엇을 했다. 부엇을 하지 않은 사람을 "콘딥ㅋㄴㄷㅂ"이라고 불렀는데 이는 '미성숙한 사람'이란 뜻이다. 부엇을 해야 비로소 성인으로 인정받아 결혼할 수 있었으며 남자가 출가하여 부엇을 하게 되면 그 공덕으로 부모가 극락에 간다는 믿음이 생겨났다. 따라서 오늘날까지도 태국 사회에서 남자가 부엇을 한다는 것은 스스로가 공덕을 쌓는 일이기도 하면서 또한 부모에게 행하는 가장 큰 효도이기도 하다.

출가 의식

승려와 사원의 역할

태국의 전통 사회에서 승려는 아주 특별한 존재다. 승려는 주민들의 영적 생활을 돌봐 주는 사제이면서 마을 공동체의 정신적 지도자이기도 했다. 태국어에서는 승려에게 사용하는 용어가 따로 있다. 버스를 타도 승려를 위한 좌석이 별로도 마련되어 있다. 이렇게 승려가 존경받는 근본적인 이유는 무엇보다도 물질적 탐욕에서 벗어나 청빈하고 도덕적인 삶을 살기 때문이다. 승려는 227계를 지켜야 한다. 탁발을 통해 시주 받는 음식만을 먹어야 하며 그 음식도 아침과 점심 두 끼만을 먹고 정오 이후에는 음식을 먹지 못한다. 엄격한 종파에서는 돈을 직접 만지지도 못하고 여성이 건네주는 물건을 직접 받지도 못한다. 태국의 역사가 선을 지향하며 발전해 온 데에는 불교의 가르침에 기인한 바 크다. 그 중심에는 항상 절제된 삶을 살아가는 승려가 있었다.

전통적인 태국 사회에서 승려는 곧 지식인이었다. 승려들이 사원에서 팔리어를 통해 불교의 가르침을 공부하는 것은 과거 우리나라 사람들이 서당에서 한자를 통해 유교의 가르침을 공부하는 것과 마찬가지였다. 근대화 과정을 거치면서 태국에서도 신식 교육을 받게 되었는데 학교를 지칭하는 "롱리안"이란 말은 이때부터 생겨난 신조어이다.

글을 아는 승려들이 불법을 공부하다가 여가 시간에 의학 서적을 읽으면서 의학 지식을 쌓아 두었다가 마을 주민들 중에 아픈 사람이 생기면 대체의학적인 방법으로 치료를 해주곤 했다. 그래서 사원은 그 마을의 의료 기관이기도 했다. 오늘날 유명한 태국의 전통 태국 마사지도 왓포 사원에서 대체의학의 하나로 시작된 것이다.

공항의 승려 배려석

스님이 등장하는 음주 운전 예방 캠페인

왓포 사원의 마사지 교본

태국의 사원에서는 예부터 부모를 잃은 고아들이나 가정 형편이 어려운 집 아이들이 절에 기거하면서 승려의 심부름을 하거나 사원의 잔일을 하면서 공부도 할 수 있었다. 이들을 태국어로 "덱왓^{เด็กวัด}" 또는 "아람버이"라 부르는데 우리말에 사동寺童에 대응하는 말이다. 오늘날에도 적지 않은 아이들이 절에 기거하고 있다. 이들은 승려 밑에서 엄격한 교육을 받으면서 크기 때문에 나중에 훌륭하게 성장한 사람들도 많았다.

이 밖에도 태국이 불교 국가인 까닭에 불교 명절을 중심으로 한 마을의 큰 잔치나 행사가 대개는 사원에서 열렸다. 그래서 사원은 마을 사람들이 모여 화합하고 소통하는 장소였다. 또 승려를 중심으로 마을의 대소사를 의논하여 일을 처리하는 마을회관이기도 했다. 태국인들은 살아가면서 부딪치는 여러 가지 어려움도 승려를 찾아가 의논하고 조언을 들으며 축원을 받고 극복해 나갔다. 이처럼 승려는 주민들의 정신적 지도자이며 사원은 마음의 안식처였다.

태국의 불교 명절

태국은 불교 국가이기 때문에 불교 명절이 많다. 완마카부차, 위싸카부차, 완아싼하부차, 완카우판싸, 그리고 완억판싸 등의 불교 명절은 태국인들에게 중요한 날이다. 태국의 불교 명절은 태국력으로 따지기 때문에 우리나라와 날짜가 일치하지는 않는다.

완마카부차는 불교 명절 중에 제일 먼저 돌아오는 날이다. 우리나라에서는 만불절이라고 하는데 마카달 보름날을 맞이하여 특별히 시주하는 날이다. 본래 마카부차는 옛날에 붓다의 설법을 듣기 위하여 1,250명의 제자들이 사전 약속 없이 우연히 모인 것을 기념하는 날이다. 태국력으로 3월 보름이며 공휴일로 지정되어 있다. 윤달이 낀 해에는 4월 15일이 된다. 불교도들은 이 날 스님에게 시주하고 새나 물고기들을 방생한다. 그리고 법회에 참석하여 예불을 드린다. 저녁에는 탑돌이 행사가 있다. 해가 지고 나면 태국 전역의 사원에서 촛불을 든 사람들이 행렬을 지어 사원의 법당 주위를 세 번 돈다. 탑돌이에서 세 바퀴를 도는 것은 불교의 삼보三寶인 불佛·법法·승僧을 기리기 위한 것이다. 이 행사는 랏따나꼬신 왕조의 4대 왕인 몽꿋왕 때부터 시작된 것으로 알려져 있다.

　완위싸카부차는 우리나라의 초파일에 해당하는 태국의 불교 명절이다. 우리나라에서는 음력 4월 8일을 부처님 오신 날로 기념하지만 태국에서 부처님 오신 날은 태국력 6월 보름이다. 윤달이 있는 해에는 7월 15일로 미루어진다. 그러나 이 날은 단순히 부처님 오신 날이 아니라 싯다르타가 태어난 날이며 아울러 깨달음을 얻어 붓다가 된 날이기도 하다. 또한 이승에서의 생을 마감하고 열반에 든 날이기도 하다. 이 날은 불교 최고의 명절로 공휴일로 지정되어 있다. 싯다르타는 불기 기원전 80년에 태어나 35세에 깨달음을 얻어 붓다가 되었다. 그 후 45년 동안 가르침을 전하고 80세 되던 해 열반에 들었다. 태국력에 따르면 붓다가 룸비니에서 태어난 날은 금요일이었고 부다가야의 보리수 나무 아래서 깨달음을 얻은 날은 수요일이었으며 꾸시나가라에서 열반에 든 날은 화요일이었다. 완위싸카부차는 쑤코타이 시대 때부터 있던 것으로 추정되는데 스리랑카에서 전해진 것으로 보인다. 이 날 행사는 마카부차 때와 크게 다르지 않다. 마카부차와 다른 점이 있다면 절에 위싸카등을 달고 설법을 듣는다는 것이다.

완아싼하부차는 태국력으로 8월 보름날이다. 우리말로는 초전법륜일이라고 한다. 이 날은 붓다가 깨달음을 얻은 뒤에 녹야원에서 처음으로 설법한 것을 기리는 날이다. 첫 설법을 듣고 다섯 비구승이 출가함으로써 불교의 삼보三寶인 불佛·법法·승僧이 모두 갖추어진 날이다. 태국에서 이 날을 불교 명절로 삼은 것은 비교적 최근의 일로 1958년부터이다.

완카우판싸는 태국에서 우기 동안 승려들이 외출을 삼가고 자신이 속해 있는 절에서만 머무르며 수행하는 풍습이다. 우리말로는 "우안거雨安居"라고 한다. 우안거가 시작되는 날이 완카우판

싸이다. 우안거는 태국력 8월 16일부터 11월 15일까지 우기 석 달 동안 이루어진다. 카우판싸는 가장 중요한 불교 행사라고 할 수 있다. 이 행사가 시작되는 태국력 8월 16일은 공휴일로 지정되어 있으며 전국의 사찰에서 법회가 열리고 승왕의 설법을 비롯해 덕망 높은 스님들의 가르침이 베풀어진다. 이 날 국왕이 고승들에게 법의를 시주하는 등 국가 차원에서의 행사가 많이 열린다. 태국에

완위싸카부차 행사

서 일반 재가 신도들은 이 기간 동안 특별히 불법佛法을 공부하고 법문을 들으며 5계 또는 8계를 지키고 부처님의 가르침을 실천한다. 우안거 기간 동안 외출이 금지되어 있는 승려들을 위해 절에 가서 음식을 시주하기도 한다. 태국의 남자들이 단기 출가 수행을 하는 경우 카우판싸 기간에 출가하는 경우가 많다. 공무원들이 이 기간 출가하고자 하면 국가에서 유급휴가를 내 준다.

완억판싸는 우안거의 수행이 끝나고 절에서 나오게 되는 날로 우리말로는 출안거일이라고 한다. 태국력 11월 15일에 해당한다. 우기가 끝나고 승려들이 새로운 생활을 하므로 태국 전역의 사원에서는 승복과 승려들의 생활용품을 시주하게 된다. 이를 텃까틴ทอดกฐิน 축제라고 한다.

완프라는 불교의 명절은 아니지만 불교에 있어서 중요한 날이다. 한 달에 4번 있는데 음력으로 매달 8일, 15일, 23일 그리고 그믐날이다. 이 날이 되면 불교도들은 절에 가서 스님에게 시주하고 법회에 참석하여 설법을 듣는다. 태국 속담에 "완프라는 하루만 있는 것이 아니다"라는 말이 있는데 우리말로 옮기면 '오늘만 좋은 날이 아니다' 정도 되는 말이다. 재가 신도들은 절에 가서 부처님께 절하고 스님의 법문을 통해 마음을 정화하고 공덕을 쌓을 수 있어 좋고, 승려들은 시주나 공양이 많이 들어오니 이 또한 좋은 날이 될 수밖에 없는 것이다. 이 날이 되면 일반 신도들은 8계를 지키면서 죄를 짓지 않고 평소보다 거룩하게 지내기 위해 노력한다. 그러나 산업화된 사회에서 직장을 가진 사람들이 음력으로 정해진 날에 맞추어 절에 가기는 쉬운 일이 아니다. 그래서 절에서 예불을 드릴 때 보면 주로 노인과 어린아이가 많다. 불교 국가인 태국에서 앞으로 해결해야 할 문제 중의 하나이다.

태국인은 왜 불교를 믿는가?

오늘날 태국인이 신봉하고 있는 상좌부 불교를 "히나얀หินยาน"이라고 하는데 글자 그대로 하면 '작은 탈것'이라는 뜻이다. 우리말로는 소승불교라고 번역한

텃까틴 축제

다. 작은 수레는 많은 사람이 타지 못하는 반면에 좁은 골목 깊숙이 들어갈 수 있다는 장점이 있다. 흔히 개인의 해탈을 우선으로 추구하고 나중에 중생 구제에 힘쓴다고 하여 생겨난 비유적 표현이다. 이에 비해 대승불교는 "마하얀 มหายาน"이라고 하는데 '큰 탈것'이라는 뜻이다. 곧 큰 수레와 같아서 좁은 골목 깊숙이 들어가지는 못하지만 많은 사람이 탈 수 있는 장점이 있다. 나 자신이 미처 깨달음을 얻지 못하더라도 많은 사람과 함께 성불할 수 있다는 것을 비유적으로 표현한 것이다.

우리나라는 중국을 통해 대승불교를 받아들여 신봉해 온 반면에 태국은 13세기 이후 줄곧 소승불교를 신봉해 왔다. 소승불교나 대승불교는 큰 틀에서 보

뚝뚝을 타고 있는 태국의 승려들

면 모두 불교의 가르침을 기반으로 한 같은 불교다. 그러나 태국 소승불교는 육식을 하지만 한국의 대승불교는 육식을 금한다. 또한 태국 승려는 아침과 점심 두 차례의 식사를 하는 반면 한국 승려는 하루에 저녁 공양까지 하여 세 차례의 식사를 한다.

기본적인 불교의 가르침을 고통ทุกข์과 무상อนิจจา 그리고 무아อนัตตา라고 하는 세 가지 개념으로 압축하여 설명한다.

모든 것은 시시각각으로 변화하는 무상한 것인데 그것을 유상한 것으로 여기면서 고통이 생겨난다. 그래서 결국 무상하기 때문에 괴로워하고 괴롭기 때문에 '나'도 없고, '내 것'도 없다. 무상한 것에서 유상한 것을 좇으니 고통이 발생한다. '나'랄 것이 없으면 고통이 무상한 것이 된다. 무상하기 때문에 괴롭고, 괴롭기 때문에 '나'가 아니다. 따라서 무상한 것에 대해 있는 그대로 보고 거기에서 벗어나 열반적정에 들어야 한다는 것이다.

태국의 불교는 태국인의 삶에 지대한 영향을 끼쳤다. 그중에 가장 대표적인 것이 업보와 윤회 사상이다. 본래 업보와 윤회 사상은 힌두 사상에서 유래한 것인데 불교에 영향을 주어 중요한 불교 사상으로 자리 잡게 되었다. 그렇다 보니 불교의 가르침은 태국인들에게 삶의 원리가 되었다.

그렇다면 태국인은 왜 불교를 믿는 것일까? 태국인이 불교를 믿는 목적은 공덕을 쌓아 윤회에서 벗어나 궁극적으로는 열반에 이르는 것이다. 이를 위해 태국인들은 날마다 보시를 하고 공덕을 쌓는다. 선업善業을 쌓기 위해서는 불법佛法에 따라 살고 계율을 지킨다. 태국의 어느 스님이 불교의 가르침을 통해 따뜻한 가정을 만들 수 있다는 내용을 책을 낸 적이 있다. 몇 년 전에 저자의 요청으로 그 책을 한국어로 번역하여 출판한 적이 있다. 책의 내용 중에 태국인

스님의 가르침을 받는 불제자들

부자父子의 대화가 나온다. 이들 부자의 대화를 보면 태국인들이 불교를 믿는 궁극적인 이유가 잘 설명되어 있다.

　　하루는 아버지가 증조부의 장례식에 참석하여 설법을 듣고 돌아가는 손님들을 배웅하고 나자 아들이 아버지에게 묻는다.

　　"아버지! 사람은 태어나서 하나도 예외 없이 다 죽어야 하는데 그러면 우리는 왜 태어난 걸까요?"

　　아버지는 불교에 대해 상당히 공부를 한 사람이라서 아들 질문에 대견하게 생각하면서 다음과 같이 대답해 주었다.

"애야! 모든 사람들의 깊은 내면에는 가난하거나 부유하거나 평민이거나 왕이나 할 것 없이 각기 한가지 사실에 공통적인 의문점을 가지고 있단다. 그것은 바로 왜 태어났는가 하는 것인데 바로 삶의 진정한 목표에 대한 문제이기도 하다. 아버지도 이 문제에 대해 진지하게 생각해본 적이 있단다."

"바로 이 점이 아버지로 하여금 부처님의 가르침에 대해 본격적으로 공부하게 된 계기가 되었다. 그래서 답을 얻었고 세상과 삶에 대한 올바른 이해를 하게 되었다. 그 내용을 들려주마.

첫째, 사람은 죽으면 사라지는 것이 아니다.

사람은 죽고 나서 없어지는 것이 아니라 끝없이 계속 다음 생을 살아가는 것이다. 자신의 번뇌에서 벗어나지 못하는 한 계속해서 다시 태어나는 것이란다.

둘째, 선한 업보이든 악한 업보이든 간에 반드시 응보가 있다.

업보는 어디로 사라지는 것이 아니다. 현생과 내생에 계속 영향을 주는데 업보의 결과를 주변에서 어렵지 않게 관찰해볼 수 있다. 예컨대 어떤 사람은 명석하게 태어나고 어떤 사람은 아둔하게 태어난다. 어떤 사람은 외모와 인상이 좋은데 어떤 사람들은 그렇지 못하다. 이러한 것들이 모두 우리가 과거에 쌓은 업보의 결과들이다.

셋째, 지옥과 극락은 실제로 존재한다.

지옥은 죄를 많이 지은 사람을 벌하는 장소이다. 극락은 선행을 많이 한 사람들이 있는 곳이다.

우리는 이 세상에 태어나는 동물들을 보면 알 수 있다. 어떤 것들은 어미 뱃속에서 태어나고 어떤 것들은 알에서 태어난다. 그리고 또 다른 어떤 것들은 더러운 물에서 태어나기도 한다. 그리고 우리가 보지 못하는 것들이 있는데 바로 극

예불을 드리는 태국인들의 모습

락의 신들과 지옥의 동물들이다. 이들은 부모에게 의지하지 않고 스스로 태어나

서 성장한다. 공덕을 많이 쌓은 사람은 극락의 신으로 태어난다. 그리고 죄를 많

이 지은 사람은 지옥의 동물들로 태어난다. 그리고 지옥에서 염라대왕에 가혹한

벌을 받는다.

　　이 세 가지 내용을 아버지는 불교에서 배웠다. 그리고 이로 인해 아버지의 삶

이 발전할 수 있었다. 마음을 숭고하게 하고 더욱 더 공덕을 쌓아 갔다. 아버지는

어느 생에선가 공덕이 충만하게 되면 모든 번뇌를 끊으려고 한다. 영원히 고통에

서 벗어나 궁극적으로는 부처님처럼 성불하려고 한다. 이 점을 올바로 이해하게

되자 첫 번째로 떠오르는 것은 어떻게 하면 아버지가 지옥에 가지 않을까? 어떻게 하면 너의 조부모와 외조부모가 지옥에 가지 않을까? 어떻게 하면 아내와 아들이 지옥에 가지 않을까? 어떻게 하면 너의 증조부모가 선도로 갈 수 있을까? 하는 것들이었다.

이렇게 자신의 소망이 정해지자 스스로 자신을 돌아보게 되었다. 지금 아버지는 엄마와 너를 건사해야 하고, 너의 조부모와 외조부모를 돌봐 드려야 한다. 어떻게 하면 아버지가 일도 하면서 온 가족과 함께 공덕을 충만하게 쌓을 수 있을까? 그래서 아버지는 부처님의 가르침을 더 찾아보고 공부하게 되었다. 그래서 발견한 것이 불교에서는 속인들이 살아가는 데 필요한 네 가지 원칙을 마련해두고 있다는 사실이었다. 이를 속인의 도리라고 하는데 첫째로, 진솔해야 하고 둘째, 자신을 수양해야 하며 셋째, 인내하고 참아야 하며 그리고 끝으로 넷째, 타인을 못마땅해하거나 남들에게 인색해 하지 않아야 한다는 것이다.

아버지가 네 가지 원칙을 지킴으로써 삶에서 많은 발전을 도모할 수 있었다. 경제적 기반을 잡을 수 있었고 가족을 건사할 수 있었으며 너의 조부모님과 외조부모님을 돌보아 드릴 수 있었다. 그리고 너의 증조부모님께서 아직 살아 계실 때 아버지는 매일 보시하실 있도록 음식을 준비해드렸다. 그분들께서 지옥에 가시지 않게 하기 위해서다. 공덕을 쌓아서 극락에 가시도록 하기 위한 것이다. 그리고 지금은 그분들이 돌아가셨지만 아직 아버지 몸과 마음이 성한 한은 그분들을 위해 공덕을 쌓아 나갈 것이다.

만약 네가 아버지가 평생 해온 것처럼 열심히 덕망과 능력을 더 쌓게 되면 우리가 왜 태어났는 지에 대해 더 이상 의구심을 가지지 않게 될 것이다. 그때는 이미 우리가 사람으로 태어난 이유는 자신이 지옥에 가지 않게 하기 위해서라는 것을 알게 될 것이다. 그리고 선행을 쌓고 자신의 삶을 더욱 발전시켜 나가기 위해 서라는 것을 알 게 될 것이다. 그리하여 궁극적으로는 어느 생애선가는 번뇌를 끊고 성불하기 위해서 사는 것임을 깨닫게 될 것이다."

책 속의 부자가 나누는 대화는 태국인이 왜 불교를 신봉하는지, 그리고 불교를 통해서 무엇을 얻으려 하는지를 잘 나타내주고 있다. 불교에서 인생은 고해苦海와 같다고 한다. 사람이 사는 곳이면 어느 사회든 간에 크고 작은 문제가 생기기 마련이다. 태국 신문을 보면 맨 앞면에 거의 매일 사건 사고 기사가 올라오는 것을 볼 수 있다. 그중에는 가끔은 살인 사건과 같은 끔직한 내용도 있다. 그럼에도 불구하고 태국 사회가 오늘날 건재한 것은 전국에 수만 개의 사찰이 있고 그 안에 수십만 명의 승려가 있어 불교가 전승되고 불교의 가르침이 태국인의 삶의 원리로 작용하고 있기 때문이 아닌가 하는 생각이 든다.

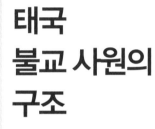

제8장

태국
불교 사원의
구조

위 ：연꽃 봉오리 모양으로 된 쑤코타이 양식의 불탑
아래：종 모양을 한 스리랑카 양식의 불탑

태국 사원의 구조

태국 전역에 있는 사원은 건축한 시기가 수십 년에서 수백 년의 차이가 난다. 그러나 사원을 구성하는 여러 가지 건축물의 기본 구조와 배열을 보면 일정한 공통점을 가지고 있다. 기본적으로 주탑이 있고 법당이 있다. 이 밖에도 서고와 종탑 그리고 승려들의 숙소인 꾸띠가 있다. 이곳에서 승려들이 거처하고 불자佛子들이 와서 예불을 드리며 여러 가지 불교 의식을 거행한다.

불탑

태국의 불탑은 쩨디เจดีย์와 싸툽สถูป이 있다. 싸툽은 영어나 로마자로 표기하면 스투파라고 발음된다. 쩨디는 본래 붓다나 아라한 또는 황제를 경배하고 기리기 위해 세운 건축물을 말한다. 이에 비해 싸툽은 무덤 위에 세우거나 고인의 유골을 보관하기 위해 세운 탑을 말한다. 태국에서 이따금 불탑 앞에 꽃이나 향 또는 초를 놓고 제를 지내는 모습을 볼 수 있는데 이런 불탑들이 바로 싸툽이다. 그러나 태국에서는 일반적으로 쩨디와 사툽을 묶어서 싸툽쩨디 또는 쩨디라고 부른다. 왕실전용사원의 경우에는 사원의 가장 중심이 되는 곳에 주탑을 세웠다. 이는 이 세상 한가운데 있다고 믿는 수미산을 상징하는 것이다. 주탑 말고도 여러 개의 보조탑을 세우기도 한다. 불탑은 중요한 불교 문화의 하나로 여러 가지 양식이 있다.

쑤코타이 양식의 불탑은 탑의 윗부분이 연꽃 봉오리 모양을 하고 있다. 불탑의 사방에 아치형의 입불상이 있는데 쑤코타이 역사공원에 있는 뜨라팡응언 사원의 불탑이 대표적인 탑이다. 아래쪽 기단부에는 정사각형의 단이 3-4층으로 받치고 있다. 그 위에 다시 왠꽈라고 불리우는 비교적 높은 단이 사리탑을 받치고 있다. 쑤코타이의 왓마하탓 사원의 주탑과 씨쌋차날라이의 왓쩨디쩻태우 사원의 주탑은 쑤코타이 장인들의 독창성이 돋보이는 불탑 예술의 진수로 평가받고 있다. 연꽃 모양의 불탑은 쑤코타이 시대에 많이 세워졌지만 아유타야 시대에 이르러는 더 이상 건축되지 않았다. 오늘날 쑤코타이와 씨쌋차날라이의 여러 사원에서 볼 수 있다. 연꽃 모양의 불탑에 대해서는 여러 가지 견해가 엇갈리고 있다. 중국의 불탑을 모방하여 타이 예술로 발전시켰다고 보는 견해도 있고 이슬람 사원의 모습과 유사한 점을 들어 사라센 문화의 영향을 받은 것으로 보는 견해도 있다. 또, 스리랑카의 사리탑과 유사하다고 보는 사람도 있고 소수이기는 하나 일부에서는 난짜오 또는 크메르의 영향을 받은 것으로 보기도 한다.

스리랑카 양식의 불탑은 종 모양 또는 엎어 놓은 연꽃의 모양을 하고 있다. 본래 스리랑카로부터 직접 영향을 받은 것으로 알려졌으나 예술적 측면에서 보면 스리랑카의 양식이 그다지 많이 들어 있지 않다. 그 이유는 스리랑카 양식을 그대로 모방하지 않고 쑤코타이 장인들이 여러 양식을 혼합하여 아름답게 창조해냈기 때문일 것이다. 이는 불탑에 대승불교적 요소가 들어가 있는 것에서도 알 수 있다. 예컨대 불탑 아래 여러 단을 겹쳐 쌓은 기단부와 종 입구 부분의 생김새는 물론이고 종의 윗부분과 오목한 부분을 부풀어 오르게 한 모양과 사방의 아치형 문에 불상을 안치시킨 것 등은 본래의 스리랑카 양식에는 없는 것들이다. 이렇게 쑤코타이 고유 양식이 더해진 불탑은 씨쌋차날라이의 왓낭

옥수수 모습과 흡사한 크메르양식의 쁘랑

파야의 불탑과 왓카오쑤완키리의 불탑, 그리고 쑤코타이의 왓싸씨의 불탑, 왓
뜬짠의 불탑 등에서 볼 수 있다. 이 중에서 가장 규모가 크고 대표적인 것은 씨
쌋차날라이의 왓카오쑤완키리의 불탑이다.

　크메르 양식의 불탑은 보통 "쁘랑"이라고 부르는데 생김새가 옥수수 모양과
흡사하다. 태국에 있는 옥수수 모양의 불탑은 크메르와 인도의 영향을 두루 받
아 혼합된 양식으로 세워진 것이다. 그러나 이들을 모두 그대로 베껴온 것은 아
니다. 학자들 간에 약간의 견해 차이가 있지만 대부분 크메르가 짜오프라야강
유역과 그 위쪽을 지배하고 있을 때 건립한 것을 크메르 세력이 물러가고 타이

족이 세력을 키우면서 변형·발전시켜 간 것으로 보고 있다. 그래서 이들 불탑에서 쑤코타이 장인들의 독특한 솜씨를 엿볼 수 있다. 그러나 일부 소수 의견에 따르면 크메르 세력은 이곳 짜오프라야강 유역을 통치한 적이 없다고 한다. 따라서 이런 불탑들은 모두가 쑤코타이의 장인들이 그냥 크메르 형식을 본따서 건축한 것으로 추정한다. 현재 남아 있는 크메르 양식의 불탑으로는 씨쌋차날라이에 있는 왓랏따나마하탓 사원의 불탑과 왓짜오짠 사원의 불탑이 있으며 쑤코타이의 왓씨싸와이의 불탑, 왓프라파이루앙 사원의 불탑, 그리고 싼파따댕 신전의 불탑 등도 크메르 양식으로 세워진 불탑이다.

법당과 불당

"봇โบสถ" 또는 "우보쏫อุโบสถ"은 법당을 일컫는 말로 승려들이 모여 불교 의식을 치르는 곳이다. 그래서 불교 사원 안에서 가장 중요한 건물이다. 법당은 본래 "쩨마สีมา"라고 부르는 비계석으로 지정된 탁 트인 공간으로, 승려들이 불교 의식을 행하는 곳이었다. 그러나 현대에 이르러 승려 수가 많아지고 본존불이 모셔져 있는 까닭에 많은 불교도들이 와서 예불을 드리는 장소가 되자, 건물을 세우고 외관을 아름답게 꾸며 오늘날의 법당으로 발전한 것이다. 법당을 세우기 위해서는 건물을 짓기 전 땅 아래 "룩니밋ลูกนิมิต"이라고 부르는 둥근 형태로 된 돌을 묻는다. 정중앙에 하나를 묻고 다시 팔방八方으로 하나씩 해서 모두 아홉 개를 묻는다. 이렇게 룩니밋을 묻고 세워진 건물이라야 비로소 법당의 지위를 갖는다.

태국어로는 "위한วิหาร"이라고 부르는 건물이 있는데 우리말로는 불당 또는

법당의 전경

승원이라고 한다. 위한에도 불상은 있으나 법
당과는 달리 룩니밋과 비계석이 없어 불교 의
식을 행하지는 못한다. 옛날에는 위한이라는
말이 절 또는 사원과 같은 뜻으로 사용된 적이
있다. 위한은 짓는 장소와 형태에 따라 여러
가지가 있다. 위한콧은 법당이나 중앙 불당을
에워싼 베란다 형식으로 되어 있으며 모퉁이
는 팔꿈치와 같은 모양으로 굽어 있다. 단독

법당 아래 묻어 두는 룩니밋

건물로 지을 수도 있고 내부에는 네 모퉁이에 불상을 모신다. 위한텃은 불탑의 옆 또는 네 귀퉁이 또는 옆에 세워져 있는 불당을 말한다. 위한엿은 꼭대기가 여러 가지 형태의 불탑으로 되어 있는 것으로 불탑의 네 귀퉁이나 옆면에 세워져 있다. 끝으로 위한루앙은 끝 부분이 쩨디나 쁘랑 등과 같은 불탑에 연결되어 있는 불당을 말한다.

몬돕

몬돕มณฑป은 불교 건축양식의 하나로 종교적으로 유용하게 사용하기 위해 짓는 건축물이다. 다른 건물에 비해 높지 않은 단 위에 짓는다. 보통은 사면을 어두운 벽으로 짓는데 창문이 없는 것도 있다. 대개는 불상을 모셔 놓거나 불경 또는 붓다의 족적 모형을 안치시켜 놓기도 한다. 몬돕은 사각의 정방형으로 짓고 지붕은 여러 겹의 피라미드 모양으로 만든다. 이를 "붓싸복บุษบก 형식"이라고 부르는데 몬돕이 이동식 어좌인 붓싸복과 형태와 구조가 유사하기 때문이다. 태국 건축에 있어서 불교 건축물이나 왕실 건축물에 지붕 꼭대기의 장식물이 있는 것은 가장 높은 위계를 나타낸다. 그래서 왕실의 경우에 이러한 건물들은 대개는 중요한 어좌로 사용한다. 어좌의 지붕 꼭대기는 붓싸복 형식도 있고 옥수수 모양의 쁘랑 형식도 있다.

서고

서고หอไตร는 불교의 가르침이 기록되어 있는 경전을 보관하는 곳이다. 불경 외에도 옛날 교재나 문학서 등을 보관하기도 했다. 불교의 가르침을 기록한 불경은 귀한 서적이어서 개미나 바퀴벌레 등이 갉아먹지 못하게 연못 한가운데

왓뜨라밋 사원의 몬돕

위 : 다용도 정자
아래 : 종탑의 모습

서고를 지어 보관했다. 불경을 보관하는 일은 그 자체가 공덕을 쌓는 일이어서 서고는 당대 최고의 솜씨를 가진 장인들이 공들여 지었다.

다용도 정자

다용도 정자ศาลาการเปรียญ는 사원의 승려 구역 내에 세워지는 타이식 건축물이다. 본래는 승려들만의 교육 장소로 사용되던 것이 나중에는 여러 가지 불교 행사를 치르는 장소로 사용하게 되었다.

종탑

종탑หอระฆัง은 모든 사원에 세워져 있는 타이식 건축물로 승려들에게 무엇을 알리거나 종교의식을 행하는 시간을 알려주기 위한 종을 걸어두는 곳이다. 여러 가지 형식으로 짓는데 목재로 짓기도 하고 벽돌이나 철근을 넣은 시멘트로 짓기도 한다. 사각형, 육각형, 팔각형 또는 둥근 원형으로 세우기도 하는데 종탑의 지붕 양식 또한 다양하다.

회랑

회랑พระระเบียง은 중요한 법당 지역을 둘러싸고 막아 놓는 복도를 말한다. 타이식 회랑은 법당의 사면을 둘러싸고 있는데 사방에 아치형 문이 있고 앞으로 돌출되어 나온 여러 겹의 지붕이 있다. 박공벽에는 끄라눅 무늬와 깐꼿 무늬가 유리에 새겨져 있다. 지붕 위에는 타이 건축물의 특징을 나타내는 여덟 팔자 모양의 비늘 장식물과 용머리 형태의 목조 장식물, 그리고 봉황의 꼬리로 불리는 장식물들이 있다. 내부에는 불상을 안치시켜 놓는 단이 있다.

법당의 회랑

꾸띠

꾸띠

꾸띠는 승려들이 거주하는 구역으로 일반인이 출입하지 못하는 곳이다. 꾸띠 본래 '오두막집'이라는 뜻이다. 독채로 지어진 숙소가 여러 채 운집되어 있는 형태로 된 것이 있는가 하면 다층으로 된 숙소에 방이 많은 형태로 된 것도 있다.

사원 내의 조각물

장식용 조각물들은 상상 속의 동물도 있고 실제로 존재하는 동물들도 있다. 상상 속의 동물은 주로 삼매경이나 라마끼안 등에 등장하는 동물들이다. 이런 동물들은 여러 동물이 합체된 형태로 나타나기도 하는데 사람과 사자가 합체되거나 도깨비가 용이나 원숭이와 합체된 형태로 나타나기도 한다.

뱀

뱀은 "나가"라고 하며 남아시아 또는 동남아시아 지역의 믿음과 관련된 동물로 여러 가지 다른 이름을 가지고 있다. 태국어로는 낙 또는 파야낙이라고 하는데 위대함, 풍요로움, 길복의 상징이며 우주로 올라가는 사다리의 상징이기도 하다. 지역의 믿음에 따라서 형태가 달라지는데 공통적으로 커다란 뱀이 머리에는 금색의 관모를 쓰고 있으며 붉은색 눈을 가지고 있다. 몸에는 물고기와 같은 비늘이 있는데 색상은 다양하다. 녹색 또는 흑색 비늘이 있는가 하면 무지개와 같은 일곱 가지 색상을 가진 것도 있다. 보통 혈통인 나가는 머리가 하나이

나가상

도깨비상

지만 높은 혈통의 나가는 머리가 셋, 다섯, 일곱 또는 아홉 개인 것도 있다. 태국의 불교 사원뿐만 아니라 왕실 건물 등에서도 나가상을 많이 볼 수 있다.

도깨비

도깨비는 태국의 종교와 문학에서 자주 등장하는데 브라만교와 불교의 영향을 받은 것이다. 태국의 도깨비는 여러 등급이 있다. 높은 등급의 도깨비는 금으로 아름답게 만든 신전이 있으며 여러 가지 장식물과 후광이 있다. 색상은 주로 흑색인데 녹색이나 황색 또는 적색이 섞인 것도 있다. 거무스레한 색상의 도깨비는 신선이 먹는 음식을 먹고 시중을 드는 시종이 있다. 중간 등급의 도깨비는 높은 등급의 도깨비의 시종 역할을 한다. 그리고 낮은 등급의 도깨비는 흉측한 모습을 하고 있으며 머리가 곱슬머리이다. 몸은 흑색이며 눈은 튀어나와 있고 피부는 사포처럼 거칠고 성격이 포악하다. 도깨비는 평소에는 송곳니가 보이지 않으나 화를 내는 경우에 송곳니가 드러난다고 한다.

봉황새

봉황새는 거위와 유사한 모습을 하고 있으나 타이 예술에서는 약간 변형된 모습으로 나타난다. 여러 문학 작품에서 보면 봉황은 카일라스산 남쪽의 마나싸 연못에 있으며 아름다운 목소리로 운다고 한다. 시인들은 흔히 봉황을 미인에 비유하기도 했다. 때로는 불교 사원의 깃대에 장식으로 봉황을 조각해 놓은 것을 볼 수 있다.

지붕의 봉황

사자상

사자는 태국에 서식하는 동물이 아니다. 그러나 타이 예술에서 자주 볼 수 있는데 이는 권력과 용기의 상징으로 인도 예술의 영향을 받은 것으로 보인다. 태국 북부 지방 여덟 개 주에서는 법당이나 승원의 정문이나 옆문 또는 불탑 주위에서 사자상을 흔하게 볼 수 있다.

비계석

법당 경계석으로 우리말로는 비계석이라고 한다. 법당은 불교의 의식이 치러지는 곳으로 땅속에는 룩니밋이라고 하는 돌을 묻고 그 위에 불상을 안치하는 건물을 세운다. 주변에는 불력이 미치는 곳임을 표시해주는 돌이 있는데 이것이 바로 비계석이다. 왕실 사원은 비계석이 쌍으로 짝지어 세움으로써 일반 사원과 구분한다.

태국에서 불교 사원을 돌아볼 때 규모가 작은 사원은 별 문제가 되지 않는데 규모가 큰 사원은 안에 들어가 보면 어디가 어디인지 모르게 복잡하게 느껴지는 경우가 있다. 이럴 때 불교 사원의 기본 구조와 부속 건축물에 대한 지식이 필요하다. 그래야 태국의 불교 사원의 올바른 의미와 역사적 배경을 알 수 있고 불교 예술을 제대로 감상할 수 있기 때문이다.

사자상

비계석

제9장

불교 사원과
불교 예술

불교 속의 예술

처음 태국의 여러 불교 유적지를 돌아보면 오래된 사원들이 서로 비슷하고 닮은 것 같아 별다른 차이점이 없어 보이지만, 조금만 더 관심을 가지고 들여다 보면 서로 다른 역사적 배경과 예술적 특징을 가지고 있다는 점을 깨닫게 된다. 태국의 고도古都에는 오래된 사원들이 많다. 특히 역사적으로 한 왕조의 도읍이었던 도시에는 그 시대의 문화와 예술이 담겨 있는 건축물이 있기 마련이다. 불교 국가인 태국에서 역대 왕들은 왕실의 권위를 내세우고 불교를 진흥시키고자 사원을 많이 지었다. 하나의 사원에는 여러 부속 건물이 있지만 가장 중요한 것이 불탑과 법당이다. 불탑은 대개 유골을 모셔두는 영묘靈墓로 사용되었고 법당은 예불을 드리고 불교 의식을 치르는 장소였다. 이러한 불교 건축물은 시대에 따라 지어진 양식과 의미가 각기 다르다.

쑤코타이 왓마하탓 사원의 주탑

쑤코타이 역사공원 안에 세워져 있는 왓마하탓 사원은 쑤코타이 시대의 가장 중요하고 큰 사원이다. 마하탓은 붓다의 사리를 뜻한다. 따라서 왓마하탓 사원은 붓다의 사리가 모셔져 있는 사원을 의미한다. 과거 역사적으로 중요한 역할을 했던 펫부리나 피싸눌록 그리고 랏차부리는 물론 아유타야나 방콕에도 왓마하탓 사원이 있다. 태국인들은 우주의 중심에 수미산이 있다고 믿었다. 그래서 사람이 사는 세상의 중심에 왕도를 건설하면서 큰 사원을 세우고 수미산

을 상징하는 주탑을 세웠다. 이와 같은 이유로 고대 국가
의 왕도의 한 가운데에는 왓마하탓 사원이 건립되었는데
당시의 건축과 조각을 비롯한 모든 불교 예술의 집합체라
고 할 수 있다.

쑤코타이의 왓마하탓 사원에는 연꽃 봉오리 모양을 한
주탑이 있다. 연꽃봉오리 모양의 불탑은 전형적인 쑤코
타이 양식이다. 이 주탑은 쑤코타이 시대 최고의 예술작
품으로 꼽힌다. 주탑 주변을 8개의 보조탑이 둘러싸고 있
다. 장방형의 불탑이 사방에 있고 란나의 영향을 받은 것
으로 보이는 벽돌로 지은 신전 모양의 탑이 더 있다. 왓마
하탓 사원 주변에는 모두 200여 기의 탑이 있으며 10여
개의 법당과 8개의 불당이 있다. 또한 보살당이 하나 있
고 저수지가 네 군데 있다. 주탑의 동쪽에는 홍토로 지은
큰 불당이 있는데 태국에서 가장 큰 합금 불상을 안치했
던 단이 남아 있다. 그 합금 불상은 현재 방콕의 왓쑤탓 사
원으로 옮겨 안치해 놓았다. 또한 람감행 대왕의 비문에
따르면 이곳에 커다란 황금 불상이 있었다고 한다. 전해
내려오는 이야기에 따르면 버마와 전쟁을 치를 때 적군의
약탈로부터 황금 불상을 보호하기 위해 석고를 입혀 놓았
고 한다. 시간이 지나면서 석고를 입힌 불상은 세인의 기
억 속에서 잊혀져 있다가 나중에 방콕으로 옮겨졌다. 그
런데 석고 불상을 옮기면서 인부들의 실수로 땅에 떨어뜨

쑤코타이 양식의 아름다운 주탑

리는 바람에 석고 속에 황금으로 만든 불상이 있다는 사실을 알게 되었다. 현재 이 황금 불상은 방콕의 왓뜨라이밋 사원에 안치되어 있다.

왓프라씨싼펫의 불탑

아유타야의 왓프라씨싼펫 사원은 옛 궁터에 위치하고 있는 왕실 사원이다. 보통 왕실 사원은 불교 의식이나 왕실의 중요한 행사를 치르기 위해 건립한 것이다. 사원 내의 불탑은 왕의 유골을 보관하는 영묘로 사용되었다. 왓프라씨싼펫 사원은 불탑이 많기로 유명하다. 사원 안에 모두 216기의 불탑이 있다 이 사원은 본래 우텅왕(1350~1369)이 주거의 목적으로 지었던 것인데 나중에 뜨라이록까낫왕(1448~1488)이 북쪽에 새로운 왕궁을 세우고 나서 왕실사원으로 사용하게 되었다고 한다. 왓프라씨싼펫 사원에는 모두 3기의 원추형 불탑이 있다. 이는 모두 종 모양의 스리랑카 양식으로 지어진 것이다. 첫 번째 불탑은 1491년 라마티버디 2세(1491~1529)가 선왕인 뜨라이록까낫왕의 유골을 안치하기 위해 동쪽에 건립한 것이고 두 번째 불탑은 1499년에 라차티랏 3세(1488~1491)의 유골을 안치하기 위해 지은 것으로 가운데에 위치해 있다. 이어 북쪽에 지은 세 번째 불탑은 라차티랏 2세(1424~1448)의 유골을 안치하기 위해 아들인 라차티랏 4세(1529~1533)가 건립한 것이다.

옛날에 라마티버디 2세가 이곳에 높이 16m의 입불상을 제작하였는데 171킬로그램의 황금을 녹여 입혔다고 한다. 이 불상을 불당 안에 안치하고 "프라씨싼펫차야다얀"이라고 이름을 지어 불렀다. 프아짜오쏭탐왕(1611~1628) 시대

왓프라씨싼펫의 원추형불탑

에 이르러 위한프라몽콘버핏 불당 담장 가까이 승려가 설법할 수 있도록 좌단을 설치하였다. 옛날에 전쟁이 일어나게 되면 화려한 사원과 불상들은 방화와 약탈의 대상이었다. 아유타야 시대에 두 차례의 버마 침략을 받는데 버마군이 왓프라씨싼펫 사원에 불을 지르고 황금 불상의 금을 녹여 약탈해갔다. 아유타야는 수많은 사원들이 전쟁의 피해를 입은데다가 랏따나꼬신 초기 방콕에 새로운 도읍을 건설하면서 많은 건축자재를 아유타야에서 가져다 썼다. 그래서 오늘날 아유타야의 오랜 된 사원들은 대개 폐허 된 모습 그대로 남아 있다.

왓아룬 사원의 쁘랑

톤부리에 있는 왓아룬 사원은 아유타야 시대에 지어진 절로 '새벽 사원'이라는 뜻을 가지고 있다. 버마와의 전쟁에서 패한 아유타야가 몰락하자 딱신은 군사를 모아 버마군을 몰아내고 나라를 되찾았다. 딱씬은 폐허된 아유타야를 버리고 새 왕조를 세우고자 했다. 그래서 저녁 일몰 후에 아유타야를 떠나면서 새벽에 도착하는 곳을 새 도읍지로 삼게 해달라고 기원했는데 이튿날 동틀 무렵에 바로 이곳에 다다랐다고 한다. 그래서 이름을 왓쨍이라고 불렀

왓아룬 사원의 전경

왓아룬 사원의 쁘랑

다. 왓쨍은 '날이 밝아오는 사원'이란 뜻이다. 라마 2세가 어린 시절 이 부근에 살았다고 한다. 그는 나중에 왕이 된 후 사원을 증축하고 자신의 전용 사원으로 삼았다. 그래서 사원 옆에 라마 2세의 동상이 세워져 있다. 왓아룬 사원은 국왕이 뱃길로 와서 불교 의식을 치르는 유일한 사원이다. 매년 우안거가 끝나고 출안거 때가 되면 국왕이 뱃길로 이곳으로 행차하여 승려들에게 법의를 시주하는 텃카틴 의식을 주관한다.

왓아룬 사원에서 가장 빼어난 건축물은 크메르 양식의 불탑인 쁘랑이다. 지상에서 67m의 높이로 쌓아 올린 중앙의 쁘랑은 가파르게 솟아오른 2층의 베란다 구조를 가지고 있으며 도자기로 불탑의 외부를 장식하여 매우 아름답고 섬세하게 보인다. 강의 양쪽 모두에서 가장 잘 보이는 건축물로 아름다운 장관을 연출한다. 주변에 높이 30m의 보조탑 4기가 서로 마주보는 형태로 대칭을 이루고 서 있다. 중앙의 쁘랑은 일곱 갈래로 갈라진 삼각형의 첨탑의 모양을 하고 있는데 시바신의 삼지창을 상징한다고 한다. 탑 주변의 제단에는 고대 중국의 군인들과 동물 상들이 있다. 두 번째 발코니 위로는 에라완을 탄 4개의 인드라 상像이 있다.

근대화 시기 방콕에서는 정오가 되면 대포를 쏘아 시간을 알려 주던 시절이 있었다. 당시 시간을 바로 왓아룬 사원에서 쟀다. 해 그림자와 별을 관찰하여 나름대로 정확하게 낮 12시를 쟀다고 한다. 강 맞은편에 있는 해군기지에서는 정오 가까이 되면 짜오프라야강의 배 운항을 중단시켰다. 그리고 왓아룬 사원에서 정오를 알리는 깃발이 올라가면 해군 기지에서 대포를 쏘았다. 그런데 이 대포 소리가 방콕의 중심가 사람들에게는 잘 들리지만 변두리에 사는 사람들에게는 들리지 않았다. 태국어에 "끌라이쁜티앙"이라는 말이 있는데 문자적 의미는 '정오의 대포 소리에서 멀다'이지만 실제적으로는 대포 소리가 들리지 않는 변두리 지역에 산다는 뜻이다. 정오를 알리는 대포 소리는 1932년 입헌혁명 이후 사라졌다.

왓프라깨우 사원의 법당

방콕 시내 한가운데 자리 잡고 있는 가장 크고 화려한 사원이 바로 왓프라깨우 사원이다. 흔히 에메랄드 사원이라고 부르는데 법당 안에 안치된 본존불이 에메랄드로 만들어졌다고 알려졌기 때문이다. 이 사원은 1782년 랏따나꼬신 왕조가 들어서면서 왕궁과 함께 지은 왕실 전용사원이다. 1782년 건립을 시작했지만 이후 라마 3세와 라마 5세, 라마 7세와 라마 9세 때 대대적인 증축과 개축, 그리고 보수 작업을 거쳤다. 이런 대규모 공사가 대략 50년을 주기로 이루어져 오늘날의 모습을 갖추게 되었다. 왓프라깨우 사원을 찾는 관광객은 연간 1,900만 명이 넘는다. 왓프라깨우 사원의 벽에는 라마끼안의 내용을 담은 170개의 그림이 그려져 있는데 세계에서 가장 길고 많은 벽화가 있는 곳으로 기록되었다.

법당 안의 본존불은 실제로는 에메랄드가 아닌 초록색 옥으로 제작된 것인데 태국사람이면 누구나 평생 한 번은 와서 불공을 드리고 싶어하는 영험한 불상으로 알려져 있다. 현 왕조의 이름이 랏따나꼬신 왕조인데 랏따나꼬신은 바로 왓프라깨우 사원과 왕궁이 있는 지역의 지명이다. 글자 그대로 해석하면 랏따나는 '보석'이란 뜻이고 꼬씬은 '크다' 또는 '제석천' 즉, '인드라'를 의미

왓프라깨우 사원의 법당

한다. 따라서 '커다란 보석' 또는 '제석천의 보석'이라는 뜻이다. 일설에 의하면 이 보석이 바로 왓프라깨우 사원 안에 있는 에메랄드 불상을 가리키는 것이라고 한다.

왓프라깨우 사원 안에 화려하게 지어진 법당 건물은 랏따나꼬신 초기 예술의 걸작으로 평가받는다. 지붕의 처마 끝에는 머리를 하늘로 향해 쳐들고 있는 나가상의 모습이 있고 아래쪽에는 봉황의 꼬리 형상을 하고 있는 장식을 볼 수 있다. 이런 형식의 건축물은 오늘날 태국 전역의 여러 가지 불교 건축물에서 볼 수 있다. 지붕 꼭대기에서 전면에 삼각형 모양을 이루고 있는 박공 부분에 보면 가루다를 타고 있는 나라이신의 모습을 볼 수 있다. 가루다와 나라이는 태국 왕실의 상징이다. 이를 통해서도 이 사원이 태국의 왕실 전용 사원임을 알 수 있다. 바닥은 북부의 란나 문화의 전통 문양으로 조각 되어 있다.

태국의 사원의 법당은 대개 동쪽으로 문이 나 있고 출입문을 가로질러 맨 끝쪽에 본존불이 자리 잡는다. 왓프라깨우 사원의 법당은 라마 1세 때에 지어졌다. 이후 방콕 천도 50주년을 맞이하던 1832년과 방콕 천도 100주년을 맞이하던 1882년에 각각 대대적인 보수공사를 거쳐 오늘날의 모습에 가까워지게 되었다. 법당의 기단부는 두 개의 층으로 되어 있다. 먼저 대리석으로 된 아래 부분에 연꽃 디자인으로 한 층을 더해 바닥을 만들었다. 지붕은 겹층으로 되어 있다. 태국에서 건물의 지붕이 말 안장 모양으로 되어 있으면서 겹층인 경우는 내부가 넓은 홀인 경우가 많다. 오늘날 대부분의 사원이나 왕궁 같은 건물에서 이런 형태의 지붕을 많이 볼 수 있다. 왓프라깨우 사원의 법당 건물은 3겹 4층 구조로 되어 있고 그 위에 물고기 비늘과 유사한 형태의 세라믹 타일로 장식했다. 처마 밑에는 보리수 나무 잎새 모양으로 된 작은 종들이 매달려 있다.

에메랄드 불상

    에메랄드 불상은 높이 66cm에 너비 40cm 크기의 그리 크지 않은 좌불상이다. 머리에는 금으로 만든 화관을 쓰고 황금색의 법의를 입고 있다. 란나 시대 후기의 예술 작품으로 여겨지는데 1434년에 치앙라이의 왓빠야 사원에서 발견되었다. 당시 불탑 하나가 벼락을 맞아 무너졌는데 그 안에서 석고 불상을 발견하여 불당으로 옮겨왔다. 그런데 불상의 코 부분이 깨져 나가 초록색으로 된 부분이 노출되었다. 이상하다 싶어 깨진 부분을 벗겨보니 안에는 옥으로 만들어진 불상이었다. 이 불상은 람빵으로 옮겨 갔다가 다시 치앙마이로 되돌아왔다. 당시 치앙마이를 통치하고 있던 왕이 란창국으로 돌아가면서 이 불상을 라오스의 루앙프라방으로 함께 옮겨 갔다. 이후 에메랄드 불상은 200여 년간 라오스에 있게 되었다. 톤부리 왕조 시대에 이르러 1778년 짝그리 장군이 위앙짠을 점령하고 에메랄드 불상을 왓아룬 사원으로 옮겨와 안치시켰다. 나중에 랏따나꼬신 왕조가 들어서고 나서 짜오프라야강 건너 편에 있는 현재의 왓프라깨우 사원으로 옮겨 왔다.

최초의 국립대학 왓포 사원

왓포 사원의 본래 이름은 왓포타람이었다. 주변에 보리수 나무가 많이 자라나서 왓포라고 불렀을 것으로 추정된다. 랏따나꼬신 초기에 라마 1세가 왕궁과 왓프라깨우 사원을 짓고 나서 13년에 걸쳐 왓포 사원을 개보수했다. 왓포 사원은 연간 약 2천만 명이 다녀가는 관광 명소로 꼽힌다. 이 사원은 특이하게 법당의 출입문이 서쪽을 향해 나 있다. 태국 사원의 법당 문은 대부분은 문이 동쪽으로 나 있는데 그 이유는 동쪽에서 해가 뜨기 때문에 '발전과 번영'을 기원하는 의미를 담고 있기 때문이다. 그러나 왓포 사원이 있는 이곳에 도로가 없어 동쪽으로 문을 낼 수 없었다. 왕이 행차할 때 배를 타고 왔는데 부두에서 법당으로 들어 오는 방향이 서쪽이었다. 그래서 법당의 출입문을 서쪽으로 낼 수밖에 없었다.

왓포 사원에는 46m의 길이를 가진 와불이 있는데 세계에서 아름다운 와불로 알려져 있다. 회랑은 이중 회랑이어서 내부 회랑이 있고 외부 회랑이 한 겹 더 있다. 내부 회랑이 있는 지대가 외부 회랑보다 조금 높은 편이다. 사원의 회랑에는 보통 불상을 안치시켜 놓는 경우가 많은데 왓포 사원의 회랑에는 모두 394기의 불상이 안치되어 있다. 라마 1세는 태국 전역에 있는 많은 불상을 왓포 사원으로 옮겨 왔다. 값진 불상들이 소실되거나 파괴되는 것을 막기 위한 조치였다. 각지에서 옮겨 온 불상들을 방콕의 여러 사원에 나누어 안치시켰다. 그리고 나서 왓포 사원에 남겨진 불상이 394기였다.

아름다운 와불의 모습

왓포 사원에는 여러 가지 약초와 나무를 재배하는 21개소의 석산 정원이 있 고 정자로 지어진 안마 학교가 자리하고 있다. 석산 정원에는 여러 개의 약초 캐는 현자의 상이 있다. 본래는 80개가 넘게 있었지만 많이 도난당하고 현재 24개가 남아 있다. 24개의 현자상은 모두 다른 자세와 모습을 하고 있는데 이 자세들이 태국 안마의 시초라고 한다. 라마 3세 때 청동을 입히고 채색을 했는데 대부분 탈색되어 지금은 거의 남아 있지 않다. 현재 왓포의 사원 내에 있는 20개소의 정자에서 안마 교육이 이루어지고 있다.

사원 내에 모두 1,140개의 석판에 새겨진 의학 교재가 있는데 모두 유네스코 지정 세계기록문화유산으로 등재되어 있다. 석판에 새겨진 의학 교재는 병의

약초 캐는 현자상

증상을 그림으로 나타내고 그 병을 치료하기 위해서는 석산 정원의 어떤 약초를 캐다가 달여 먹어야 하는지 설명하고 있다. 왓포 사원의 교재는 의학 말고도 문학과 역사 건축 등과 관련한 내용이 더 있다. 라마 3세는 왓포 사원을 대대적으로 수리하고 복원한 이후에 여러 분야의 학문과 관련된 내용을 석판 위에 새겨 놓았다. 모두 합해서 여덟 가지 분야로 나누어 지는데 왓포 사원의 역사, 전통 약학 교범. 위생학, 전통과 관습, 태국 문학, 속담과 격언, 랏따나꼬신 초기 대도시의 직제 등으로 구성되어 있다. 태국은 전통적으로 사원이 교육 기관의 역할을 했지만 왓포 사원과 같이 다양한 교육을 담당한 사원은 없었다. 그래서 왓포 사원은 근대화 이전 시기에 있었던 최초의 국립대학이었던 셈이다.

제10장

힌두 문화와
크메르 유적

힌두교의 유래

힌두교는 인도의 민간신앙에 아리아족의 브라만교가 더해져 생겨난 종교이다. 본래는 힌두는 인더스강을 뜻하는 "신두"에서 유래했다고 한다. 아리아족은 태양과 불, 번개 등의 자연 현상을 숭배했는데 이들이 사용하는 힌두 성전인 베다는 문학 작품이면서 최고의 역사 문헌으로 평가받는다. 기원전 1500년경에 아리아족은 인도를 침략하여 통치계급으로 등장한다. 이들은 원주민을 다스리기 위해 엄격한 계급 제도를 만들었는데 이것이 나중에 카스트 제도의 모태가 되었다. 기원전 1000년경에 아리아족의 종교가 인더스강 유역의 여러 민족들이 믿고 있던 종교와 융합되어 브라만교로 발전했다. 이 브라만교가 훗날 힌두교의 바탕이 되었다. 브라만교와 힌두교는 태국의 문화에도 적지 않은 영향을 끼쳤다.

힌두교에는 엄청난 숫자의 신이 존재한다. 많게는 3억 3천여만의 신이 있다고 하는데 인도 인구를 10억이라고 한다면 3명당 하나의 신을 믿고 있는 셈이다. 힌두교의 3대 신은 브라흐마와 비슈누 그리고 시바신이다. 이 중에서 브라흐마는 최고의 신이며 창조의 신이다. 그리고 비슈누는 세상을 유지하는 착한 신인 반면에 시바신은 파괴의 신이며 창조의 신이다. 그러나 이 힌두교의 3대 신은 서로 다른 신이면서 하나의 신으로 존재한다. 인간에게 나타낼 때만 모습을 달리해서 나타나는 것이라고 한다. 이것이 바로 힌두교의 삼위일체설이다. 태국의 문학작품이나 역사 속에 나타나는 "나라이นารายณ์"는 비슈누의 또다른 이름이다.

브라만교나 힌두교의 기본 교리에는 크게 두 가지가 있다. 하나는 업보 사상

태국 불교 속의 힌두교적 요소

이고 또다른 하나는 윤회 사상이다. 업보 사상에 따르면 인간의 삶은 生과 사
死의 무한 반복이다. 현세에서 선행을 하게 되면 복을 받아 내세에 더 높은 계
급으로 태어나지만 악행을 하게 되면 사람으로 태어나지 못하고 개나 돼지 같
은 축생으로 태어날 수도 있다. 그러므로 사람이 살아가면서 행하는 모든 행위
에는 책임이 따르며 그 결과는 내세의 업보로 나타난다는 것이다. 힌두교에는
기독교에서 이야기하는 회개와 믿음을 통해서 받는 구원은 없다. 인간에게는
고통스러운 현세에서의 삶이 영원히 반복된다. 그런데 찰나와 같은 현세의 삶
이 끝없이 반복되는 내세의 삶을 결정하게 된다는 것이다. 이런 윤회의 삶 속

에서 현세에서의 죄악이 내생의 고통스러운 삶을 초래하게 되므로 현세에서의 행복보다는 내세의 삶을 준비하라고 가르친다. 따라서 일체의 욕심을 버리고 깨달음을 얻어 윤회에서 벗어나는 것이 삶의 궁극적 목표다. 업보는 선한 자에게는 기쁨이지만 악한 자에게는 두려움이다. 그래서 윤회는 곧 인간이 선한 삶을 살도록 하는 힘으로 작용한다. 이러한 업보 사상과 윤회 사상은 불교에 지대한 영향을 끼쳤다.

힌두교와 태국의 국왕

힌두교는 태국 문화에 상당한 영향을 주었다. 쑤코타이 시대 왕은 불교의 가르침에 따라 백성을 다스리는 법왕주의적 왕이었으나 아유타야 시대 들어와 왕은 신의 세속적 현신이라는 신권주의적 왕이었다. 태국의 왕실 문양에는 가루다가 사용되는데 가루다는 나라이신이 타고 다니는 새 이름이다. 또한 태국 역사 속에서 왕의 이름에는 '라마'를 뜻하는 "람", "프라람" 또는 "나라이" 등이 사용되기도 했다. 태국 왕실의 어좌를 보면 인드라신이 수미산에서 세상으로 물을 흘려 보내는 모습이 형상화되어 있다. 또한 태국의 곳곳에 인간의 몸에 코끼리 머리를 하고 있는 가네샤를 볼 수 있는데 이는 라마나야에 나오는 신의 이름이다. 가네샤는 시바신과 파르바티신 사이에서 아들로 태어났다고 한다. 하루는 어머니 파르바티가 목욕하면서 가네샤에게 욕실 앞을 지키도록 하였다. 그런데 시바신이 왔을 때 가네샤가 들어가지 못하게 제지하자 화가 난 시바신이 그의 머리를 베어버렸다고 한다. 이를 보고 파르바티가 슬퍼하자 시바신은

가네샤상

코끼리의 머리를 베어 가네샤의 머리에 붙여주었다. 그래서 가네샤는 오늘과 같은 모습을 하게 되었다고 한다. 태국에서 가네샤 신은 지혜와 학문의 신으로 추앙 받고 있다.

　태국에서 왕은 힌두교의 신과 동일시되는 반면에 평민은 뱀에 비유되는 경우가 많다. 힌두교에서 뱀은 물의 정령으로 "나가Naga"라고 부르는데 태국어로는 보통 "낙ᅟᅵᅡ"으로 표기한다. 힌두교에서 물을 상징하는 중요한 동물 중의 하나는 뱀이다. 옛날 라오스와 베트남 북부, 그리고 중국 남부에 살고 있던 타이족들은 몸에 뱀의 문신을 즐겨 하고 자신들이 본래 뱀의 종족이라는 믿음을 가지고 있었다. 그래서 중국인들은 이들을 "킨민ᅟᅵᅡᅟᅵᅡ"이라고 불렀는데 이는 곧 '큰 뱀'이라는 뜻이다. 태국인들이 강우량을 나타내는 방법 중에서 "낙하이남

นาคให้น้ำ"이라고 부르는 방법이 있다. 이는 '뱀이 물을 주다'라는 뜻인데 어떤 해에 비가 충분히 내리면 그 해는 "뱀이 한 마리밖에 없다"라고 말하고 어떤 해에 비가 적게 내려 가뭄이 들면 "뱀이 일곱 마리 있다"고 말한다. 비가 적게 내리는 것은 그만큼 뱀이 물을 마셔버려서 강우량이 줄어든 것으로 본다.

태국 속의 크메르 유적

크메르 왕국은 서기 802년부터 1431년까지 번영했는데 11세기부터 13세기까지 오늘날의 캄보디아와 태국의 많은 영토가 크메르 지배하에 있었다. 태국의 북동부는 물론 방콕을 중심으로 반경 150km 내의 롭부리와 펫차부리 그리고 깐짜나부리 등의 지역이 크메르 왕국의 영향하에 있었던 것으로 보인다. 곳곳에 남아 있는 힌두 신전들이 이를 뒷받침하고 있다. 힌두 신전은 당시 힌두교를 기반으로 한 우주관이 건축물에 그대로 반영되었다. 사원이나 신전을 지을 때 우주의 한 가운에 신들이 살고 있는 수미산이 있는 것을 형상화하여 한 가운데 중앙 신전을 지었다. 그리고 외부에서 신전으로 들어서는 입구에는 뱀의 신 형상으로

신전 입구 다리의 나가상

된 조형물이 새겨진 다리를 놓았다. 이 다리를 인간 세계에서 천상 세계로 건너
가는 길목으로 여겼다. 이런 믿음은 힌두교에서 시작하여 대승불교에까지 이
어졌다.

나컨랏차씨마의 피마이 신전

태국 북동부의 나컨랏차씨마는 흔히 코랏이라고 짧게 부른다. 이곳에 피마
이 역사공원이 조성되었는데 그 안에 규모가 꽤 큰 힌두 신전이 있다. 이 피마
이 힌두 신전은 바뿌안ᴜᴧᴜᴧᴜ, Baphuon 양식으로 앙코르와트보다 앞서 건립된 것
으로 보인다. 대략 10세기 중반 수리야바르만 1세 때 세워지고 11세기 중반에
증축된 것으로 추정하고 있다. 이 사원은 초기에는 힌두 신전으로 사용되었으
나 나중에 대승불교 사원으로 용도가 바뀌었다.

피마이 힌두 신전은 힌두교의 우주관을 기반으로 하여 수미산을 상징하는
중앙 신전이 자리 잡고 있으며 천상 세계와 인간 세계가 건축물에 그대로 반영
되었다. 피마이 역사공원은 가로 565m 너비 1,030m의 사각 천 모양의 평지 위
에 조성되었는데 동향을 하고 있는 다른 신전들과는 달리 남향으로 세워졌다.
이는 당시 크메르 왕국으로 뻗어 있는 도로가 남쪽으로 나 있었기 때문이다. 피
마이는 13세기 자이야바르만 7세 때 이르러 크메르 영향력이 약화되고 쑤코타
이 왕조가 들어서면서 역사의 뒤안길로 사라졌다. 현재 피마이 힌두 신전은 태
국에서 가장 규모가 큰 사원으로 평가받고 있다.

피마이 신전의 모습

부리람의 파놈룽 신전

태국 동북부의 부리람 주의 찰럼프라끼앗 군에 피놈룽 힌두 신전이 있다. 부리람의 시가지에서 남쪽으로 77km 떨어진 곳에 위치한 파놈룽 사원은 해발 350m의 사화산 위에 세워져 있다. "파놈룽"은 크메르어로 '커다란 산'이란 의미를 가지고 있다. 이곳에서 고대 크메르 왕국의 내부 도시를 잇는 랏차막카ราชมรรคา, Royal Roads의 여러 유적들과 함께 세계문화유산으로 등록하고자 노력하고 있다. 파놈룽 신전은 태국에서 가장 유명한 힌두 신전으로 부리람의 관광명소이기도 하다. 부리람에 연고를 둔 프로축구팀 부리람 유나이티드의 로고 바탕 그림이 바로 이 신전의 모습이다.

이 사원은 9세기 중반 경에 시바신을 모시는 힌두 신전으로 건립된 이후에 11세기 중반까지 지속적인 수리와 증축 과정을 거쳤다. 라젠드라바르만 2세 때(944~968) 처음 세워졌을 때에는 그다지 규모가 크지 않았지만 자이야바르만 5세 때(968~1001) 토지와 노예를 신전에 바치고 11세 중반에 이 지역을 다스리던 토후가 현재의 규모로 증축하고 복원하였다.

파놈룽 신전의 모습

롭부리의 프라쁘랑쌈엿

태국의 중요한 역사 도시인 롭부리에는 바이욘 양식으로 지어진 고대 크메르의 신전이 있다. 쁘랑이라고 부르는 3기의 탑이 나란히 세워져 있어 이를 '세 봉우리의 탑'이란 의미를 지닌 프라쁘랑쌈엿이라고 부른다. 자이야바르만 7세 때(1181~1214) 라워국 밀교의 불교 사원으로 건립되어 탑 안의 신전에 불상을 안치했었다고 한다.

신전에 있는 3기의 쁘랑은 남북으로 연결되어 세워졌는데 모두 동쪽을 향하고 있다. 가운데 있는 쁘랑이 다른 2기의 쁘랑보다 높게 세워졌다. 홍토로 쌓아올렸는데 장식물은 석고로 만들어졌다. 이런 건축 양식은 자이야바르만 7세 때 건축물에서 흔히 볼 수 있다. 나컨랏차씨마에 있는 피마이 힌두 신전의 프롬마 탓 쁘랑과 펫차부리에 있는 왓깜팽랭 사원의 3기의 쁘랑, 그리고 쑤코타이에 있는 왓프라파이루앙의 가운데 쁘랑 등이 모두 홍토로 지은 것으로 롭부리의 프라쁘랑쌈엿과 같은 양식이다.

쁘랑쌈엿의 모습

깐짜나부리의 므앙씽의 신전

므앙씽 힌두 신전은 깐찌나부리 시가지에서 40km 떨어진 곳에 위치하고 있다. 11세기 중반에 대승불교의 사원으로 사용하기 위해 건립하였다. 1935년부터 발굴을 시작하였으나 본격적으로 발굴한 것은 1974년부터이다. 1987년 발굴을 마치고 오늘날의 므앙씽 역사공원의 모습을 갖추게 되었다. 이곳에서 발굴된 관세음보살상과 바라밀다상 등의 유물이 캄보디아에서 발견된 유물과 흡사하여 이것을 근거로 자이야바르만 7세 때 세워진 것으로 추정한다. 역사공원 안에 고유 번호가 매겨진 4개의 유물이 있다.

태국의 곳곳에 남아 있는 크메르 유적들은 힌두교를 바탕으로 하고 있으면서 그 안에 적지 않은 불교적 요소들이 혼재되어 있다. 아마도 처음엔 힌두교 신전으로 건축한 것을 나중에 불교가 들어오면서 불교 사원으로 용도가 바뀌고 일부 불상이나 조각품이 들어선 것으로 보인다. 이렇게 힌두교와 불교가 단절이나 배척이 아닌 포용과 화합으로 이어진 것이 매우 인상적이다. 힌두교가

므앙씽 신전의 모습

불교를 품거나 아니면 불교가 힌두교를 품거나 했을 터인데 그 시대 건축물이 천 년 세월을 견디고 아직도 우리 앞에 장엄한 모습으로 서 있다는 것은 무척이나 경이로운 일이다.

제11장

태국의
세계
문화유산

쑤코타이 및 인근 도시

조상들의 문화 중에서 후손들에게
물려줄 가치가 있는 것을 문화유산이
라고 한다. 이런 문화유산을 통해 과
거 조상들의 의식주를 비롯한 생활
방식과 정신 세계, 나아가 종교와 신
앙 등을 엿볼 수 있다. 국제연합교육
과학문화기구UNESCO는 1972년 11
월 제17차 정기 총회에서 채택한 세

유네스코 세계문화유산 표지판

계 문화 및 자연유산보호협약에 따라 인류 전체를 위하여 보호해야 할 보편적
가치가 있다고 인정한 문화유산들을 지정하여 세계 문화유산으로 등록하고 있
다. 태국에서는 쑤코타이 및 인근 도시 그리고 아유타야 역사도시 두 곳이 세
계 문화유산으로 지정되었다. 이 중에서 쑤코타이 역사공원은 태국의 북부의
쑤코타이주州 구시가지에 위치하고 있다. 1991년 튀니지의 카르타고에서 열린
세계유산위원회에서 인근 씨쌋차날라이 역사공원 그리고 깜팽펫 역사공원과
함께 '쑤코타이 및 인근 도시'라는 이름으로 세계 문화유산으로 등록되었다. 이
들 유적지는 과거 쑤코타이 왕국의 아름답고 찬란했던 역사와 문명의 흔적을
고스란히 보여주고 있다.

쑤코타이의 사원

쑤코타이 역사공원은 쑤코타이 신시가지에서 12km 떨어져 있다. 옛날 쑤코타이 왕국의 수도였던 구시가지 지역을 공원화한 것이다. 공원의 지형은 가로 2km 세로 1.6km의 사각형 모양이다. 내부에 왕궁 터가 있고 가장 크고 웅장한 왓마하탓 사원이 자리 잡고 있다. 쑤코타이 역사공원 내부는 물론이고 외곽에도 당시의 사원이 많이 남아 있다. 세계 문화유산으로 지정되면서 많은 유적과 유물이 유네스코의 지원을 받아 복원되었다.

왓싸씨 사원은 왓마하탓 사원의 북서쪽에 위치해 있다. 역사공원 안에 있는 연못의 섬 한가운데에 있는 사원으로 조그만 다리를 건너 가야 한다. 태국어에

왓싸씨 사원의 모습

서 싸ญ่は는 연못을 뜻한다. 그래서 왓싸씨는 '복된 연못의 사원'이란 뜻이 된다. 이름에 걸맞게 연못 하나가 아름다운 사원을 둘러싸고 있다. 주탑은 마치 종의 형상을 하고 있어 스리랑카 양식으로 세워진 것임을 알 수 있다. 이 사원은 연못 안에 있어 물로 둘러싸여 있는 형태인데 물이 해자처럼 법당 구역 경계를 나타내 주는 비계석 역할을 하고 있다.

연못 한가운데 주탑이 있고 그 앞쪽에 기둥만 남은 법당 안에 큰 좌불상이 안치되어 있다. 남쪽에 조그만 탑이 있는데 씨위차이와 스리랑카 양식이 혼합되어 있다. 씨위차이 왕국(659~1215)은 스리비자야라고도 하며 7세기 말경에 인도네시아에 힌두교의 영향을 받은 소왕국들이 연합하여 만들어진 나라였다. 나중에는 불교가 융성하게 되고 10세기에 전성기를 이루다가 14세기경에 몰락했다. 이 사원의 주탑은 특이하게도 사면으로 불상을 모시는 아치형의 신전이 나와 있다. 주탑의 앞쪽에 서 있는 모습의 입불상이 있는데 그 자태가 매우 아름답다. 그 앞쪽으로 다시 조그만 섬이 있고 규모가 작은 법당이 있던 터와 기둥이 남아 있다.

왓씨춤 사원은 쑤코타이 역사공원 외곽에 자리 잡고 있다. 이 사원에 앗짜나 불이라고 부르는 좌불상이 안치되어 있는데 무릎 앞쪽의 길이만 11.30m에 달할 정도로 거대하다. 이 좌불상은 예술적 아름다움이 뛰어나 태국의 관광홍보 포스터에 자주 등장한다. 아유타야 시대에 이르러 버마군이 쳐들어 왔을 때 이 좌불상이 큰소리로 말을 하며 아유타야 병사들을 독려했다고 하는 이야기가 전해져 내려온다. 또한 나레쑤안 왕이 버마와 전쟁을 치르면서 이곳에서 무신들을 모아 놓고 충성맹세식을 거행했다고 한다. 불상을 안치해 놓은 몬돕은 사각형의 정자 모양으로 지었으나 지붕은 모두 내려앉고 사방의 벽만 남아 있다.

왓씨춤 사원의 좌불상

벽 안쪽에는 700년 전의 것으로 추정되는 오래된 그림이 있는데 현재는 거의 지워지고 흔적만 남아있다. 이밖에도 계단 위쪽 천장에는 붓다의 본생담 이야기가 새겨진 석판이 50점 있다.

왓싸판힌 사원은 쑤코타이 역사공원 서쪽 외곽에 위치해 있다. 이 사원은 아란야와씨들의 수행처였다. 당시 쑤코타이 시대에는 승려가 두 집단으로 나누어져 있었다. 성내에서 수행하는 승려를 카마와씨라고 하고 주거 지역에서 1km 이상 떨어진 성 외곽 숲 속에서 위빠싸나를 통한 명상 수행하는 승려들을 아란야와씨라고 불렀다. 왓싸판힌 사원은 200m의 산 언덕에 위치하고 있다. 산 아래에서 올라가는 길에는 돌이 깔려 있다. 왓싸판힌 사원은 '돌다리 사원'이라는 뜻인데 사원으로 올라가는 언덕길에 돌을 깔았기 때문에 붙은 이름이다. 올라가는 길에서 보면 먼저 좌측으로 규모가 작은 연꽃봉오리 모양의 탑이 서있다. 끝까지 올라가면 담이 없는 사원 안쪽에 12.50m의 높이에 달하는 입불상이 있다. 본래 입불상은 몬돕 안에 안치되어 있었던 것 같은데 지붕과 벽은 간데 없고 홍토로 만든 기둥만 남아 있다. 입불상 발치 아래 높이 가부좌를 틀고 앉아 있는 좌불상이 있다. 입불상은 오랜 세월을 견디지 못하고 군데군데

왓싸판힌 사원의 모습

파손되거나 변색되어 마치 구걸하고 고행하는 승려의 모습을 떠올리게 한다. 전해져 내려오는 이야기에 따르면 람캄행 대왕이 코끼리를 타고 이곳에 예불을 드리러 오르내렸다고 한다.

씨쌋차날라이의 사원

쑤코타이 시대 위성 도시였던 씨쌋차날라이에도 역사공원이 조성되어 있다. 씨쌋차날라이의 구시가지인 프라쁘랑 마을에 위치하고 있는데 방콕으로부터 550km 거리를 두고 있다. 역사공원의 서쪽으로 카오프라씨산과 카오야이산의 평원 지대에 자리 잡고 있으며 동쪽으로 욤강이 흐르고 있다. 씨쌋차날라이 역사도시에는 성곽 안팎에 모두 215개 이상의 유적이 있다.

왓쩨디쩻태우 사원은 씨쌋차날라이의 성곽 안에 위치하고 있다. 이 사원은 '일곱 줄의 탑 사원'이라는 뜻이다. 그만큼 탑이 많아서 지어진 이름이다. 이 사원은 왓창럼 사원 앞쪽에 위치하고 있는데 쑤코타이 양식으로 지어진 연꽃봉오리 모양의 주탑이 있고 보조탑 26기가 더 있다. 이 사원은 도심의 중심에 있을 뿐만 아니라 건축물의 규모나 예술적 완성도를 볼 때 아유타야 시대 세워진 것으로 보

인다. 일설에는 쑤코타이 왕가의 왕비가 세운 것이라고 한다. 그래서 사원 내에 있는 여러 탑에는 왕족들의 유골이 안장 되어 있을 것으로 추정한다. 사원의 건축양식을 보면 스리랑카와 푸깜 왕국(1044~1287) 등의 여러 지역의 영향을 받은 것으로 보인다. 불탑은 종 모양을 한 스리랑카 양식과 옥수수 모양을 한 크메르 양식, 그리고 연꽃봉오리 모양을 한 쑤코타이 양식들이 뒤섞여 있다.

　　왓창렴 사원은 '코끼리가 둘러 싼 사원'이란 뜻이다. 파놈플룽산의 남쪽 평지 위에 왓쩨디쩻태우와 같은 열의 뒤쪽으로 자리 잡고 있는데 정면으로 스리랑카 양식의 주탑이 위치하고 있다. 그 앞으로 규모가 무척 커 보이는 법당이 있던 자리에 기둥이 남아 있고 오른쪽에 작은 불당과 보조탑이 있던 흔적이 남아 있다. 사원은 매우 넓은 직사각형의 경내 안에 다시 정사각형의 담장을 쌓고 그 안에 주탑을 세웠다. 서른아홉 마리의 코끼리상이 주탑을 둘러 싸고 있는데 이 중에서 서른일곱 마리는 불교의 삼십칠보리분법을 의미하고 나머지 두 마리는 각각 마음을 다스려 얻는 해탈과 지혜를 통해 얻는 해탈을 의미한다고 한다.

왓창렴 사원의 모습

깜팽펫의 사원

깜팽펫 역사공원은 삥강江의 동쪽 시가지에 위치하고 있으며 두 지역으로 나누어져 있는데, 아란닉 지역으로 불리는 성곽을 중심으로 안쪽과 바깥쪽으로 구분되어 있다. 두 지역 모두 깜팽펫주州에 위치하고 있으며 방콕으로부터 358km떨어져 있다. 성곽 안쪽에는 모두 20곳의 유적이 있다.

왓프라깨우 사원은 성곽 안쪽에 위치하고 있다. 아유타야의 왓프라씨싼펫 사원이나 쑤코타이의 왓마하탓 사원처럼 왕궁과 인접한 곳에 세워진 중요한 사원이다. 직사각형 모습을 한 역사공원 안에 들어서면 홍토로 낮은 담장으로 둘러싸인 사원이 나온다. 사원의 한 가운데 있는 주탑은 스리랑카 형식으로 종 모양을 하고 있다. 사각형의 기단에 아치형 문을 만들고 안에 사자상을 세웠는데 사자상은 모두 파손되어 형체가 남아 있지 않다. 이 사원을 파내고 보수할 때 여러 양식의 탑을 세웠던 기단이 서른다섯 군데 발견되었고 크고 작은 법당 터가 세

왓프라깨우 사원의 모습

군데 그리고 불당 터가 여덟 군데 발견되었다. 사원 안에 커다란 좌불상이 있고 옆에 와불상이 있는데 그 미소가 잔잔하고 아름다워 보는 이의 마음을 편안하게 해준다.

왓창럽 사원은 성곽 북쪽에 조그마한 산 위에 위치하고 있다. 왓창럽은 '코끼리가 둘러싸고 있는 사원'이라는 의미이다. 씨쌋차날라이의 왓창럼 사원과 의미가 유사하고 사원의 모습도 매우 흡사하다. 나지막한 산에 여러 개의 사원이 있는데 왓창럽 사원이 가장 높은 곳에 위치하고 있다. 스리랑카 양식으로 지어진 종 모양의 주탑이 있는데 한 변의 길이가 31미터 되는 정사각형의 기단 위에 세워져 있다. 기단부는 68마리의 코끼리가 반신만 내밀고 있는 조각상이 있다. 코끼리와 코끼리 사이에는 보리수 잎새와 도깨비 그리고 춤추는 무희 등의 무늬가 있지만 많이 파손되어 상태가 좋지 못하다. 사방에 기단부로 오르내릴 수 있는 계단이 있다. 계단은 사자 상으로 장식되어 있다. 기단부 위에는 조그만 평지가 나오는데 작은 불탑이 사면의 모서리에 세워져 있다. 기단부 위쪽 평지에 다시 팔각형의 기단이 있고 그 위에 주탑이 세워져 있다. 기단부 주위에는 붓다의 생애를 나타내는 그림이 조각되어 있고 흙으로 구운 신상과 춤추는 무희, 그리고 봉황의 모습이 새겨져 있다고 하나 형태가 뚜렷하게 남아 있지는 않다.

왓창럽 사원의 모습

아유타야 역사도시

아유타야 유적지는 아유타야섬 안에 자리 잡고 있다. 이 아유타야섬은 방콕에서 북쪽으로 75km 떨어져 있다. 1935년 태국 예술청은 아유타야 주변의 유적 69개소를 국가 주요 유적지로 등록하였다. 피분쏭크람(1938~1944, 1948~1957) 총리 시대에 예술청 주관으로 아유타야의 어좌와 주요 사원의 복원 작업이 시행되었다. 1969년 유적지 조사 발굴 및 복원 계획이 시작되어 관계 기관의 협조하에 오늘날 아유타야 역사도시로 보존하는 사업이 시작되었다. 이어 1976년 아유타야 역사공원 조성 계획이 수립되어 1977년부터 시행되었고 1991년 튀니지의 카르타고에서 열린 15차 세계유산위원회에서 세계 문화유산으로 등록되었다. 아유타야 역사공원은 예술청에서 처음에 2.8km²를 역사 유적지로 지정했다가 나중에 4.8km²로 범위를 확대하였다. 아유타야 전역에는 세 개의 왕궁을 비롯하여 375개의 사원과 29개의 요새, 그리고 94개의 성문이 있다. 그만큼 유적지가 많아서 아유타야를 담장 없는 박물관이라고 부르기도 한다.

왓마하탓 사원은 역사공원 안에 위치하고 있다. 아유타야 시대 왕도 중심부에 위치해 있으면서 붓다의 사리를 모시고 있는 중요한 사원이다. 또한 카마와씨라고 부르는 교종의 승왕이 거처하던 사원이었다. 당시 아란야와씨라고 부르는 선종의 승왕은 왓야이차이몽콘 사원에 기거하고 있었다. 이 사원의 역사에 대해서는 명확하지는 않으나 사료에 따라 1374년 또는 1384년에 세워진 것으로 추정된다. 일설에는 라차티버디 1세가 크메르를 정벌하고 돌아오면서 수많은 크메르 장인과 노획한 유물은 물론 건축자재 등을 들여와 건립했다고 한다. 그래서인지 왓마하탓 사원은 200개의 불탑과 18개의 법당이 있는 대규모의 사원으로 세워졌다. 현재 주탑의 기단부나 다른 건축물 곳곳에 보면 홍토와 벽돌이 뒤섞여 있는데 홍토는 크메르 장인이 사용한 것이고 벽돌은 아유타야 장인이 사용한 것으로 보인다. 또한 불상들을 보면 사암으로 제작한 석불상이 있는데 아유타야는 평야가 많고 산이 없어 사암이 없었다. 아마도 크메르에서 돌을 옮겨와 제작한 것으로 보인다. 여러 가지 사정에 비추어 볼 때 왓마하탓 사원은 오랜 시간을 두고 개축과 보수가 이루어졌음을 알 수 있다. 왓마하탓 사원은 버마와의 전쟁을 겪으면서 많은 피해를 입었다. 라마 6세 때에 홍수를 겪고 1904년에는 또다시 지진의 피해를 입었다. 피분쏭크람 시절에는 기단부만 남아 있던 주탑과 보조탑 도굴 사건이 있었다. 현재 폐허된 사원의 한쪽 구석에

왓마하탓 사원의 모습

는 불상의 머리가 보리수 나무의 뿌리에 감긴 모습으로 남아 있어 흥망성쇠를 거듭한 왓마하탓 사원의 슬픈 역사를 대변해 주고 있다.

왓야이차이몽콘 사원은 아유타야에서 역사적으로 가장 중요하고 관광객이 가장 많이 몰리는 사원 중 하나이다. 이 사원에는 아유타야에서 가장 높은 불탑을 비롯한 뛰어난 건축물들이 있다. 사원 뒤쪽에는 나레쑤안 대왕(1590~1605)이 거처로 사용하던 건물이 있다. 사원 주변에는 아름다운 정원이 있어 시민들의 휴식처가 되고 있다. 왓야이차이몽콘 사원은 오래된 절로 아유타야 초기 라마티버디 1세(우텅왕, 1350~1369) 때 세워졌다. 전설에 의하면 1357년 우텅왕은 콜레라로 죽은 "짜오깨우"의 시신을 파내 화장하도록 하고 이를 위해 왓빠깨우라는 절을 세웠다. 그 후에 왓빠깨우 사원의 승려들이 스리랑카로 유학을 하고 돌아왔다. 이 승려들은 백성들의 존경을 받게 되고 이에 따라 이 사원에 출가하여 불교의 가르침을 배우는 사람들이 많아졌다. 그러자 우텅왕은 이 종파의 우두머리를 상장경교법을 배우는 승왕의 지위를 부여했다. 1591년 이 사원의 주탑을 복원했는데 이는 나레쑤안 대왕이 버마의 부왕副王을 물리치고 승리한 것을 기념하기 위해서였다. 그래서 사원의 이름을 '복된 승리'의 의미를 지닌 왓야이차이몽콘 사원으로 지은 것이다.

왓차이왓타나람 사원은 아유타야섬 밖 짜오프라야강 서쪽의 반뺌면에 위치하고 있다. 이 사원은 쁘라쌋텅왕(1630~1656) 시대인 1630년에 세워졌다. 본래 이곳은 쁘라쌋텅왕의 어머니가 살 던 곳인데 그녀는 아들이 왕으로 즉위하기 1년 전에 죽었다. 쁘라쌋텅왕은 이 사원을 세워 그 공덕을 어머니께 바치고자 했다. 또한 이 사원은 크메르를 물리치고 승리한 기념으로 세운 것이기도 하다. 그래서 건축물 중에는 크메르의 나컨왓 방식을 모방하여 지은 신전도 있다. 왓

위　：왓야이차이몽콘 사원의 모습
아래 : 왓차이왓타나람 사원의 모습

차이왓타나람 사원은 왕실 사원인 까닭에 이후 거의 모든 왕실의 불교 행사나 다비식이 이 사원에서 거행되었고 지속적으로 보존 관리되어 왔다. 버롬마꽂 왕의 다비식도 이 사원에서 거행되었다. 아유타야가 멸망하던 1767년, 이 사원은 군사 진지로 탈바꿈했다. 그리고 버마의 2차 침략으로 아유타야가 완전히 멸망하고 나자 그대로 방치되어 황폐해져 갔다. 때로는 도적들이 들어 유물을 도굴해 가기도 하고 불상의 머리를 잘라 가기도 했다. 그러자 1987년부터 예술청이 보존 작업에 들어가 1992년에 공사를 마치고 나서 현재의 모습을 갖게 되었다.

폐허 속의 역사 도시

태국 역사에서 새로운 왕조를 세울 때에는 우선 왕궁을 짓고 왕실 전용 사원을 세웠다. 그래서 유명한 사원들 중 크고 화려한 사원들은 대개가 왕실 전용 사원이다. 쑤코타이 시대의 왓마하탓 사원, 아유타야 시대의 왓프라씨싼펫 사원 그리고 랏따나꼬신 시대의 왓프라깨우 사원 등이 바로 그것이다. 이는 왕들이 불심이 깊었던 까닭도 있었지만 왕실의 위엄을 보이기 위한 것이기도 했다. 또 왕실 전용 사원의 불탑들은 왕실의 유골을 안치시키는 영묘靈墓이기도 했다. 쑤코타이와 아유타야에는 왕실 사원을 비롯한 크고 작은 사원들이 도처에 세워졌다.

그러나 오늘날 쑤코타이와 아유타야의 모습은 '번영했던 제국'의 이미지보다는 철저히 파괴되고 폐허가 된 모습으로 남아 있다. 왕궁의 모습은 간 데 없고 거대한 사원도 대부분 홍토로 세워진 기둥과 파손된 불상만 남아 있다. 그 찬란했던 쑤코타이와 아유타야는 왜 이렇게 황폐해진 것일까? 그 이유는 우선 버마와의 전쟁 때문이다. 아유타야는 이웃 나라인 버마와 수십 차례 크고 작은 전쟁을 치렀다. 16세기 들어 버마가 아유타야의 왕이 소유한 흰색 코끼리를 탐하여 쳐들어 왔다. 1564년 아유타야는 버마에 항복하고 나레쑤안 왕자가 볼모로 끌려갔다. 나중에 아유타야로 돌아온 나레쑤안이 왕위에 올라 버마군을 몰아내고 독립을 되찾았다. 나레쑤안왕이 죽고 난 후 끊임없는 세력 다툼과 왕위 쟁탈전으로 아유타야 왕국은 기울어져 가기 시작하였다. 18세기 중반 버마는 또다시 아유타야를 침략하여1767년 아유타야를 멸망시켰다. 버마와의 전쟁으로 인해 아유타야는 철저하게 파괴되었다. 왕궁과 사원이 불타 없어지고 수많은 불상들이 도난당했다. 금으로 만든 값진 불상은 금을 녹여 가기 위해 불을 질러 몸체가 소실되었다. 아유타야 곳곳에서 볼 수 있는 목이 잘리거나 팔다리가 부러진 불상은 대부분 전쟁 통에 손실된 것이다.

버마에 의해 멸망한 아유타야를 구해 낸 것은 딱신이었다. 딱신은 버마군을 물리치고 톤부리 왕조(1768~1782)를 세웠다. 그러나 톤부리 왕조는 불과 15년 존속한 후에 랏따나꼬씬 왕조가 들어섰다. 랏따나꼬신 왕조의 라마 1세(1782~1809)는 방콕에 새 수도를 건설하면서 많은 왕궁과 사원을 건설하게 되었다. 이때 벽돌을 비롯한 많은 건축 자재는 물론 불상과 유물 등을 아유타야에서 운송해 왔다. 아유타야에는 500개가 넘는 크고 작은 건축물이 있었는데 400곳 이상이 파괴되었다고 한다. 오늘날 쑤코타이와 아유타야에 남아 있는 유적들은 수백 년 동안 이룩한 찬란한 불교 문화와 인간의 탐욕으로 인한 전쟁의 참상을 그대로 보여주고 있다.

황량한 옛궁터의 모습

파괴된 사원과 불상의 모

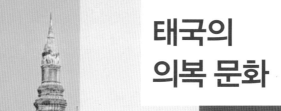

제12장

태국의
의복 문화

태국의 의복 문화

    태국인들의 의복을 보면 우선 단순하다는 생각이 든다. 아마도 일 년 내내 더운 나라다 보니 사계절이 있는 우리에 비해 의복의 다양성이 떨어지기 마련일 것이다. 방콕을 비롯한 도시 사람들은 그래도 우리의 여름 복장과 크게 달라 보이지 않는다. 바지와 셔츠, 치마와 블라우스 등이 대부분이고 필요에 따라 넥타이를 매기도 한다. 그러나 어떤 행사나 공식적인 모임 등에서 보면 태국 고유 전통의상을 볼 수 있고 지방이나 시골 쪽으로 가보면 평소에 사각 천 하나를 간편하게 몸에 두르는 듯한 요의형 의복 문화를 쉽게 볼 수 있다. 태국 전통의상을 "춧타이ชุดไทย"라고 하는데 우리가 입는 한복에 비해 매우 간편하다는 인상을 갖게 된다. 태국의 의복 문화는 시대에 따라 다르게 변화하고 발전해왔다.

쑤코타이 시대의 의복 문화

    오늘날 태국이 자리 잡고 있던 인도차이나반도는 13세기 이전에 수백 년 동안 인도의 영향을 받았다. 따라서 당시 복식 문화도 인도의 영향을 받았을 것으로 추정된다. 쑤코타이 시대 남성은 가슴 부분이 파이고 긴 소매가 달린 옷을 입었다. 상류층의 남자는 어깨에 천을 걸쳤다. 하의는 왕이나 왕족은 속바지가 있는 파쫑끄라벤ผ้าโจงกระเบน을 입었다. 파쫑끄라벤은 장방형의 천을 허리 아래로 두른 다음에 양쪽 끝부분을 말아서 다리 아래로 넣어 허리 뒤로 감아 올려 입는 옷을 말한다. 국왕이나 왕족은 머리를 위로 올려 묶고 비녀를 꽂거나 천으로

쑤코타이 시대 남성 복장   쑤코타이 시대 여성 복장

묶었다. 일반 백성의 경우 길게 기르거나 땋았다. 브라만이나 수행자는 머리를 묶었다. 아이들은 상투처럼 머리를 틀어 올리고 비녀를 꽂았다. 이런 머리 형태를 "폼쭉ผมจุก"이라고 한다.

　쑤코타이 시대 여성은 "파씬ผ้าซิ่น" 또는 "파퉁ผ้าถุง"이라고 부르는 발목까지 내려오는 통치마를 입었다. 결혼한 여성들은 상의를 입지 않고 가슴에 천을 둘렀다. 상류층 여성이나 미혼인 여성은 몸에 달라 붙는 옷을 입었다. 그리고 공식 석상이나 행사가 있는 경우에는 "파싸바이ผ้าสไบ"라고 부르는 장방형의 천을 어깨와 가슴에 두르고 브로치로 고정한 후에 뒤로 넘겼다. 머리는 위로 올려 묶거나 가르마를 탔다. 장신구는 목걸이와 팔찌, 그리고 발찌 등을 사용하고 머리는 은으로 만든 비녀를 꽂거나 머리를 묶는 장신구를 사용하였다.

아유타야 시대의 의복 문화

제1기(1350~1488) 의복 문화

아유타야 시대 초기 남성들의 경우 왕실의 시종이나 하인들은 머리를 짧게 자르고 여자와 마찬가지로 머리를 정수리 부분에서 묶었다. 속바지는 정강이까지 내려오고 겉바지는 허벅지까지 내리고 나서 다시 허리까지 말아올렸다. 이처럼 바지를 겹쳐 입는 것은 크메르 방식이었다. 천으로 허리를 두르고 목이 둥근

아유타야 제기기 시대의 복장

저고리를 입었다. 소매는 손목까지 내려오고 저고리는 앞쪽이 열려 있어 왼쪽이 오른쪽 위로 가게 입었다. 저고리 양쪽 단과 소매 끝은 다른 천을 덧대어 바느질 했다. 장신구는 상투에 씌우는 왕관과 팔찌, 그리고 그물과 같은 형태로 짜서 만든 머리 장신구 등이 일부 유적지에서 발굴되있는데 왕이 사용하던 것으로 추정된다. 여성은 머리를 머리 뒤로 묶거나 머리 위로 묶고 비녀와 유사한 끼아우ㄲㅑㄱ라는 장신구를 사용했다. 몸에 사용하는 장신구로는 허리띠와 목걸이, 귀걸이 등이 있었다. 의복으로는 파씬이라고 부르는 앞부분에 주름을 잡은 통치마를 입고 소매 달린 쓰아캔ㄲ라벅เสื้อแขนกระบอก을 입었다. 상의는 목 부분이 둥글고 앞쪽으로 파인 것을 입었는데 길이는 엉덩이까지 내려왔다.

아유타야 제2기 시대의 복장

제2기(1491~1628) 의복 문화

16세기에 이르러 남성은 머리를 짧게 자르고 가운데 가르마를 탔다. 하의는 파쫑끄라벤을 착용하고 상의는 저고리를 입은 후에 어깨에 천을 걸쳤다. 여성은 머리는 짧게 자르고 빗어 올렸다. 정수리 부분은 조금 기르고 나머지 부분은 짧게 자르는 형태로 바뀌었다. 일부는 머리를 길러 상투처럼 머리 위에서 묶었으나 1569년부터 사라져갔다. 아마도 노동량이 증가하면서 머리 묶을 시간이 없어졌기 때문으로 보인다. 의복은 바지를 입거나 파쫑끄라벤을 착용하고 목이 둥글고 앞가슴 부분이 파인 쓰아캔끄라벅을 입었다. 파싸바이는 즐겨 입지 않았다. 상류층에서는 목 부분이 둥글고 가슴 쪽이 파인 저고리를 입고 양쪽으로 "파클렁라이ผ้าคลองไหล"라고 부르는 천을 어깨에 걸쳤다. 그리고 여러 형태의 파싸바이를 착용하였다.

아유타야 제3기 시대의 복장

제3기(1630~1732) 의복 문화

17세기부터는 남성은 머리를 위쪽만 기르고 양 옆쪽과 뒤쪽은 짧게 잘랐다. 파쫑끄라벤을 착용하고 다목적 천을 목에 두른 후에 양 끝 부분을 뒤쪽으로 넘겼다. 목이 둥글고 앞부분이 파인 상의를 입고 소매가 손목까지 내려오는 옷을 입었다. 의식을 행할 때는 무릎까지 내려오는 옷을 입었는데 앞쪽에 단추가 8~10개 달려 있었다. 소매는 넓고 짧아서 팔꿈치까지 내려오지는 않았다. 여러 가지 모자를 썼는데 귀족층은 끝이 뾰족한 원추형의 모자를 즐겨 썼다. 공식 행사가 있을 경우에 끝이 뾰족한 슬리퍼를 신었다. 여성의 경우에 17세기부터는 왕실이나 귀족층의 여성들은 버마와 란나풍으로 머리를 정수리 부분에서 묶고 길게 늘어뜨렸다. 일반 부녀자들은 머리를 윗부분은 짧게 자르고 주변의 머리를 빼서 어깨까지 오게 했다. 이런 형태를 "폼삑ผมปัก"이라고 했다. 처녀들은 머리를 길게 길렀다. 왕실의 여성들은 사각 천을 통치마처럼 입었다. 저고리는 목이 둥근 것을 입다가 나중에는 앞쪽이 파인 것을 입었는데 소매가 손목까지 내려왔다. 일반 부녀자들은 하의는 주름 잡힌 천을 두르고 상의는 노동을 하거나 전투 수행에 민첩성을 더하기 위해 파싸바이를 즐겨 입었다. 파싸바이는 목에 두르거나 한쪽 어깨에 걸치기도 하고 앞쪽에서 교차하게 두른 후 목 뒷부분에서 묶기도 했다. 장신구로는 묶은 머리에 꽂는 "삔텅ปิ่นทอง"이라고 부르는 비녀가 있었고 여러 개의 반지를 꼈다. 그리고 다양한 목걸이와 팔찌 등을 사용했다. 왕실의 여성들은 분을 바르고 치아를 검게 물들였으며 손톱을 길게 길렀다. 그러나 일반 부녀자들은 분을 녹여 얼굴에 얼룩지게 발랐다. 손톱도 기르지 않고 얼굴이나 입술에 어떤 화장도 하지 않았다.

아유타야 제4기 시대의 복장

제4기(1732~1767) 의복 문화

아유타야 시대 말기에 남성들은 머리를 정수리 부분만 기르고 옆쪽과 뒤쪽을 짧게 깎았다. 그리고 몸에는 향유를 발랐다. 상의는 목이 둥근 옷을 입었는데 소매가 팔꿈치까지 내려왔다. 천을 목에 두르고 끝 부분은 걷어 올려 뒤로 넘겼다. 하의는 파쫑끄라벤을 입었다. 귀족들은 속옷 바지를 먼저 입고 그 위에 겉바지를 입었다. 아유타야 말기의 여성들은 머리를 한가운데로 묶거나 정수리 부분만 기르고 나머지는 짧게 자른 후 귀밑머리는 남겨두거나 아니면 머리를 두 번 접어 올렸다. 그리고 머리 위에서 묶은 다음 왼쪽이나 오른쪽으로 기울어지게 했다. 장신구로는 왕관 같은 것을 즐겨 쓰고 여러 개의 팔찌를 꼈다. 새끼손가락에 끼는 다양한 형태의 반지가 새로이 등장했다. 여성들이 화장할 때에는 강황을 몸에 발라 피부를 금색으로 칠하고 얼굴에는 하얀 분을 발랐다. 그리고 치아는 검게 염색하고 손톱은 꽃으로 빨갛게 물들였다. 의복에 있어서 상류층 여성들은 하의는 앞쪽에 주름을 잡은 견직물 통치마를 입고 상의는 구리색에 교차되는 무늬가 들어간 비단 싸바이를 착용했다. 일반 부녀자들은 상의는 천으로 만든 띠를 두르거나 싸바이를 착용하고 하의는 파쫑끄라벤을 입거나 통치마를 입었다.

랏따나꼬신 시대의 의복 문화

초기의 의복 문화

랏따나꼬신 시대 초기에 남성들은 아유타야 시대와 마찬가지로 머리를 정수리 부분만 기르고 옆쪽과 뒤쪽을 짧게 깎았다. 이를 "마핫타이ᴍᴴᵃᴰᴵᵀᴴᴱᴵ"라고 불렀는데 일반 백성들은 "락째우ʰᵃˡᵃᵏⁿᵃᵉᵛ 스타일"이라고 불렀다. 의복은 무늬 없는 견직물을 하의로 두르거나 파쫑끄라벤을 착용했다. 상의는 목 바깥쪽을 개방하고 소매가 긴 옷을 입었는데 앞쪽을 개방하고 다섯 개의 단추를 달았다. 일반 백성들은 상의를

랏따나꼬신 시대 초기 복장

입지 않거나 천을 걸쳤다. 여성들은 머리를 정수리 부분만 기르고 나머지는 짧게 잘랐다. 긴머리는 어깨까지 닿고 머리선이 둥글었다. 정수리 윗부분에 머리를 묶는 형태를 했다. 머리를 맞배 지붕과 흡사한 형태로 양쪽으로 나누었는데 이를 "폼삑ผมปีก"이라고 불렀다. 그러나 아유타야 시대만큼 길지는 않았다. 귀밑머리는 양쪽 귀까지 내린 후 올려서 귓등에 꽂았는데 이를 "쩐후จอนหู"라고 불렀다. 아이들은 상투처럼 머리 위로 틀어 올리는 폼쭉 형태로 했다. 의복은 아유타야풍을 이어받아 주름 잡은 천을 통치마 형태로 입었고 가슴에 천을 대각선으로 둘렀다. 일반 부녀자들은 통치마를 입거나 파쫑끄라벤을 착용했다. 상의는 캔끄라벅 저고리를 입거나 천으로 만든 띠로 가슴을 둘렀다. 때로는 가슴에 천을 대각선으로 겹쳐 두르기도 했다.

라마 4세 시대의 의복 문화

라마 4세 시대에 머리를 마핫타이 형식으로 길렀다. 그러나 라마 4세 본인은 마핫타이 형식의 머리를 하지 않았다. 의복은 하의는 무늬 없는 비단으로 만든 파쫑끄라벤을 착용하고 상의는 말레이 지역의 중국인이 입는 것과 유사한 겉저고리를 입거나 쓰아끄라벅을 입었다. 라마 4세 시기에 왕은 서양식 복장을 했다. 양복을 입고 구두를 신었으며 머리도 더 이상 마핫타이 형식을 하지 않았다. 외교관의 경우에는 서양식으로 머리를 깎다가 본국으로 돌아오면 다시 마핫타이 형식으로 깎았다. 라마4세와 5세 때에 의복에 변화가 많았는데 이는 서양인들로부터 무시당하지 않기 위해서였다. 왕비들도 서양식 복장을 했다. 라

라마 4세 시대 남성 복장

라마 4세 시대 여성 복장

마 4세 시대는 서양 문화를 받아 들이고 근대화가 시작되던 시기였다. 여성의 머리는 정수리 부분만 기르는 폼삑으로 머리가 어깨까지 내려오지 않는 비교적 짧은 형태였다. 뒷부분도 짧게 잘랐다. 머리가 자라면 남성의 마핫타이 형태와 유사하게 되었다. 머리 끝부분을 양쪽 귀 뒤로 넘길 수 있어 "폼탓หนวด"이라고 불렀다. 의복은 하의는 무늬가 들어간 파쫑끄라벤을 착용하고 주름잡은 천을 둘렀다. 상의는 앞쪽이 트인 저고리를 입었는데 목부분은 낮고 소매는 점점 가늘어지면서 손목까지 내려왔다. 저고리 몸통은 허리까지 내려왔다. 이를 "쓰아끄라벅เสื้อกระบอก"이라고 불렀다. 저고리 위에 비단천을 대각선으로 어깨에 걸쳤다. 화려한 목걸이와 허리띠, 귀걸이, 다이아몬드 반지 등의 장신구가 있었다.

라마 5세 시대 초기 복장

라마 5세 시대의 의복 문화

초기의 의복 문화

라마 5세 시대에는 많은 변화가 일어났다. 라마 5세 시대 초기에 정수리 부분만을 기르던 마핫타이가 사라지고 언더컷트 형태의 머리를 했다. 의복은 하의는 무늬 없는 비단천으로 만든 쫑끄라벤을 입고 상의는 로만 칼라와 유사한 형태에 단추가 다섯 개 있는 자켓을 입었다. 공작새 꼬리털이 달린 모자를 쓰고 지팡이를 들었다. 공식 행사에 갈 때는 양말과 구두를 신었다. 고급 관료의 상의는 비단으로 만들었다. 정부 부처마다 정해진 색이 있었는데 내무부는 짙은 녹색, 국방부는 포도색, 외교부는 곤색을 입었다. 일반 백성들은 목을 가린 상의를 입었는데 그리 길지 않았고 바깥쪽에 벨트를 착용했다. 여성은 정수리 부분만 기르던 머리가 사라지고 어깨까지 닿은 머리 형태로 바뀌었다. 의복은 하의는 무늬가 있는 파쫑끄라벤을 착용하였다. 상의는 앞가슴이 파이고 소매가 긴 쓰아끄라벽을 입었다. 그리고 가로로 주름을 잡은 비단으로 만든 싸바이를 걸쳤다. 집에 있을 때는 싸바이만 걸치고 있다가 외부 행사가 있을 때 은실과 금실을 넣어 짠 견직물 저고리를 입었다.

중기의 의복 문화

라마 5세 시대 중기에 접어들면서 남성은 라마 5세 초기와 별다른 점은 없었다. 문관들은 직위에 따라 정복을 입었는데 비단으로 만든 상의를 착용하였다. 짙은 곤색으로 목 부분과 소매 부분에 금색으로 수를 놓았다. 보통 목을 세워 착용하고 서양처럼 목에 천을 매었다. 하의는 곤색 바지에 흰색 양말과 검은색 가죽 구두를 신었다. 그리고 헬멧처럼 생긴 모자를 썼다. 여성은 머리는 목 윗부분까지 내려왔다. 장신구는 보석으로 꾸민

라마 5세 시대 중기 복장

라마 5세 시대 말기 복장

긴 목걸이를 착용하였다. 의복은 하의는 허리 부분에 주름을 잡은 천을 둘렀고 행사가 있을 경우에는 아직 파쫑끄라벤을 착용하였다. 서양식 저고리를 선호하여 목을 가리는 깃이 있고 소매는 길었는데 상박 부분을 부풀게 만들었다. 어깨에는 싸바이를 대각선으로 두르고 경우에 따라 그 위에 저고리를 입었다. 왕실의 여인들은 하사받은 직위에 따라 수를 놓은 비단을 걸쳤다. 신발은 종아리까지 올라오는 양말을 신고 다시 부츠를 신었다.

말기의 의복 문화

라마 5세 시대 말기에 이르러 남성은 머리는 옆쪽과 뒤쪽을 짧게 자르고 윗부분은 길렀다. 의복은 파쫑끄라벤 대신 서양식 바지를 입었다. 모자는 태양모를 쓰고 공무원들은 왕실에서 규정한 서양식 제복을 입었다. 여성은 머리를 모두 위와 뒤로 둥글게 빗어 올리는 끄라툼이라는 형식으로 길렀다. 진주 목걸이를 여러 줄 겹쳐서 만든 목걸이를 선호하고 신분에 맞는 장신구를 사용하였다. 의복은 하의는 파쫑끄라벤을 착용하고 상의는 비단 저고리를 입었다. 서양식 레이스를 달았고 목 부분은 깃을 높게 만들었다.

라마 6세 시대의 의복 문화

라마 6세 시대에 남성은 머리가 길어졌고 유럽식 스타일로 잘랐으며 모자를 쓰지는 않았다. 하의는 민무늬의 견직으로 만든 파쫑끄라벤을 착용하고 상의는 다섯 개의 단추가 달린 왕실 재킷을 입었다. 그 위에 소매가 손목까지 내려오는 가운을 입었는데 아래쪽은 무릎까지 내려왔다. 이때부터 유럽식 바지를 입기 시작했다. 나중에 일반 백성들은 중국식 비단 바지를 입고 상의는 얇은 흰색 천으로 만든 목이 둥

라마 6세 시대 복장

근 셔츠를 입었다. 여성은 머리를 목까지 내려 오도록 길렀다. 짧게 깎은 단발머리로 앞쪽 머리가 귀까지 내려오고 뒤쪽은 안으로 굽어진 모습을 했다. 머리를 묶는 장신구가 사용되었다. 라마 6세 말기에 머리를 기르고 서양식으로 묶었다. 장신구로는 진주 목걸이나 팔찌를 의상에 어울리게 착용하였다. 의복은 초기에 민무늬의 파쫑끄라벤을 착용하였다. 상의는 앞가슴이 파이고 소매가

길어 팔꿈치까지 내려왔다. 얇은 비단을 어깨에 걸치기도 했다. 나중에 왕실에서는 취향에 따라 파씬을 입기 시작했다. 상의는 얇은 비단옷을 입었는데 꽃무늬가 있는 천에 목 부분이 넓어졌다. 소매는 짧은 반소매에 어깨에 비단천을 걸치는 의상은 사라졌다.

라마 7세 시대의 의복 문화

라마 7세 시대 복장

라마 7세 시대에 남성은 민무늬의 견직으로 만든 여러 가지 색상의 바지를 입었다. 공무원은 청색 바지를 입고 상의는 다섯 개의 단추가 달린 왕실 재킷을 입었다. 모자는 중절모나 태양모를 썼다. 일반 백성들은 파쫑끄라벤을 착용하고 상의는 일반 셔츠를 입고 양말은 신지 않았다. 1932년 입헌혁명이 일어나고 서양 문화에 대한 국민의 관심이 고조되었다. 의복 문화도 서양식으로 많이 바뀌어 하의는 천을 둘러 입던 것에서 긴 바지를 입는 것으로 대체되었다. 여성들의 의복은 서양식으로 많이 바뀌어 갔다. 파쫑끄라벤이 사라지고 무릎까지 내려오는 파씬을 착용했다. 상의는 엉덩이까지 내려오는 쓰아끄라벅을 착용했는데 소매는 민소매였다. 머리는 짧게 자르고 파마가 유행했다.

라마 8세 시대의 의복 문화

라마 8세 시대에 남성은 소매가 있는 옷을 입었다. 농촌 사람들은 쓰아쏭끄라벽เสื้อทรงกระบอก이란 옷을 입었다. 이 옷은 소매가 길고 단추가 다섯 개 달렸고 주머니가 있었다. 현대식 바지를 입고 구두를 신었다. 나이 든 남자들은 파쫑끄라벤을 두르기도 했다. 이때부터 남성들의 의복 문화는 더한층 서양화되었다. 여성들은 어깨만 덮으면 되는 자유로운 스타일의 상의를 입게 되었다. 하의는 통치마 형태의 천을 두르거나 완성된 통치마를 입었다. 구두를 신고 모자를 썼다. 나이 든 여인네들은 통치마가 익숙지 않아 안에 파쫑끄라벤을 두르는 경우도 있었다.

라마 8세 시대 복장

라마 9세 시대의 의복 문화

라마 9세 시대에 이르러 왕실에서 고안하고 장려하는 다양한 옷차림이 생겨났다. 대부분 태국 전통의 아름다움을 살리면서 편의성을 더해 현대 사회에 알맞게 창안한 것들이다. **타이르안똔**ไทยเรือนต้น은 격식 없는 자리에서 편하게 입거나 놀러 갈 때 입는 평상복으로 만든 것이고 **타이찟라다**ไทยจิตรลดา는 낮 시간에

라마 9세 시대의 복장

타이르안똔   타이찟라다   타이아마린   타이버롬피만

타이짝끄리   타이두씻   타이짝끄라팟   타이씨왈라이

행해지는 공식적인 행사나 의식 또는 실외에서 외국 국빈을 맞이하는 행사 등에서 입는 옷이다. **타이아마린**ไทยอมรินทร์는 초저녁에 행해지는 환영 만찬 때 입는 옷으로 허리띠를 매지 않아도 되도록 만들었다. **타이버롬피만**ไทยบรมพิมาน은 저녁 행사에 입는 옷으로 허리띠를 매도록 하였고 **타이짝끄리**ไทยจักรี는 태국 전통 복장에 어깨에 싸바이를 두르도록 했다. **타이두씻**ไทยดุสิต 저녁 행사에 입는 옷에 어깨에 띠를 두르기 편하게 만들었다. **타이짝끄라팟**ไทยจักรพรรดิ은 태국의 가장 전형적인 전통 복장이며 **타이씨왈라이**ไทยศิวาลัย는 날씨가 선선할 때 입도록 만든 옷이다.

  인간이 살아가면서 꼭 필요한 것이 의식주이다. 그중에서 옷을 차려입는 의복 문화는 사람만이 가지고 있는 고유한 문화이다. 의복은 몸을 간편하게 움직일 수 있도록 하는 편의성과 더불어 아름다움과 성스러움을 추구하면서 시대에 따라 변화하고 발전하여 왔다. 이런 과정에서 의복은 공동체의 상징으로 인식되기도 하고 신분을 나타내는 사회 구조의 표식이기도 했다. 나아가 신앙과 예술을 포함한 인간의 정신 문화를 표현하는 수단이기도 했다. 태국의 의복 문화 속에도 자연 환경을 포함한 역사와 각 시대 태국인의 생활상과 사회상이 나타나 있다. 그러므로 이를 통해 태국의 어느 한 시대의 문화를 이해하고 사회 현상과의 연결 고리를 찾아보는 것은 태국을 좀더 깊이 있게 이해할 수 있는 하나의 방법일 것이다.

제13장

태국의
음식 문화

음식의 스펙트럼이 넓은 나라

오늘날 태국이 다양한 음식 문화를 향유하게 된 것은 일차적으로는 지정학적 위치에 기인한 바 크다. 태국은 대륙부동남아의 중심부에 위치해 있으면서 역사적으로 수백 년에 걸쳐 인도와 중국을 비롯하여 버마, 크메르, 라오스, 베트남, 말레이시아 등의 이웃 국가들과 꾸준히 문화적 접촉을 해왔다. 이러한 과정에서 타이족은 많은 이민족의 문화와 통합 또는 융합을 거듭하면서 문화적 중층성을 띠게 되고 음식 문화 또한 복합적인 성격을 갖게 되었다.

현재 태국 국민의 80% 이상을 차지하는 타이족의 기원은 본래 중국의 한족이 남진하여 양쯔강 유역을 거쳐 인도차이나반도로 유입해 들어왔다는 설이 유력하다. 타이족은 13세기경에 짜오프라야강 유역에 쑤코타이 왕국을 건설

태국인의 밥상

중국계 음식

하면서 기존의 몬족과 크메르족의 문화를 흡수하였다. 쑤코타이는 인도와 중국과 활발한 문화교류를 하였는데 이때부터 인도와 중국의 음식 문화가 태국에 유입되기 시작한 것으로 보인다. 이후 아유타야 시대에 이르러 인도의 카레음식이 크메르를 거쳐 태국의 왕실에 소개되었다. 현 왕조인 랏따나꼬신 왕조후반부인 19세기에는 중국인의 이민이 늘어나면서 태국 내에 중국계 인구가증가하고 자연스럽게 중국의 음식 문화가 태국에 대량 유입되었다. 또한 라마 5세의 통치 기간에 서양과의 교류가 활발해지면서 서구 문화가 태국에 들어왔으나 주로 왕실과 귀족층에 한정되고 일반 서민의 문화에는 크게 영향을 주지못했다.

　태국 음식이 발전해 온 과정에서 짐작할 수 있듯이 오늘날 태국 음식의 기원이나 유래를 따져보면 매우 복잡하다. 태국 음식 중에서 깽แกง은 인도의 영향을받아 생겨난 것인데 한국의 찌개나 탕에 해당되는 음식이다. 향신료가 많이 들어가고 맛이 강한데 재료와 양념에 따라 매우 다양한 종류가 있다. 또, "꾸아이띠아우ก๋วยเตี๋ยว"라고 부르는 쌀국수와 "쌀라빠오ซาลาเปา"라고 부르는 찐빵, "카놈

찜ขนมจีบ"이라고 부르는 찐만두 등은 중국의 영향을 받은 음식들이다. 한국의 죽에 해당되는 쪼옥โจ๊ก이나 여러 가지 탕과 복음류 또한 중국 음식의 변형이라고 볼 수 있다. 이 밖에도 후식으로 즐겨 먹는 훠이텅ฝอยทอง, 텅엿ทองหยอด, 쌍카야สังขยา, 텅입ทองหยิบ 등은 계란을 넣어 만든 과자류인데 아유타야 시대에 포르투갈과 프랑스의 영향을 받은 음식들이다. 한편, 태국의 남부 지방에는 말레이시아와 인접해 있는 5개의 주가 있다. 이 지역에는 이슬람교를 신봉하는 말레이족들이 많이 모여 살고 있는데 이들은 종교의 계율에 따라 돼지고기를 먹지 않으며 불교를 믿는 대다수의 태국인들과 또 다른 음식 문화를 가지고 있다.

음식의 맛과 재료

태국 음식은 맵고 짜고 달고 신 네 가지 맛이 어우러져 독특한 맛을 낸다. 매운맛을 내는 재료는 주로 프릭키누พริกขี้หนู(쥐똥고추)가 사용되는데 생김새가 마치 쥐똥처럼 생겨서 붙여진 이름이다. 흔히 태국인들이 스스로 체구는 작지만 인내력이 강하다는 이미지를 설명할 때 프릭키누에 비유하기도 한다. 한국어에 작은 고추가 맵다는 말과 유사한 표현이다.

프릭키누-쥐똥고추

짠맛을 내는 데에는 주로 "남쁠라น้ำปลา"라고 부르는 생선으로 만든 어간장이 사용되며 단맛을 내는 데에는 일반적인 설탕을 외에도 "딴

ตาล"이라고 부르는 팜슈가가 많이 사용된다. 그리고 신맛을 내는 데에는 주로 "마나우มะนาว"라고 부르는 라임이 사용된다. 태국 음식이 대개 매운 맛이 강해서 후식으로 "컹완ของหวาน"이라고 부르는 단것을 많이 먹는데 이를 "깨펫แก้เผ็ด"이라고 한다. 본래는 단것을 먹음으로써 '매운맛을 가시게 한다'는 뜻인데 의미가 확장되면서 '복수하다'라는 의미가 더해졌다. 태국은 음식 맛이 강한 까닭에 식사 후에 단맛을 지닌 카놈ขนม을 먹는 후식 문화가 발달하였다.

태국의 음식은 쌀과 생선을 기본으로 하지만 각 지역마다 맛과 재료가 다른 토속 음식이 발달하였다. 북부 지방 음식은 싱겁고, 맵고, 짜고, 신맛이 강하지만 단것은 좋아하지 않는다. 북부 지역은 주로 산이 많고 지대가 높아서 찹쌀을 주식으로 하여 남프릭엉น้ำพริกอ่อง과 국 또는 찌개와 같이 먹는다. 남프릭엉은 채소와 돼지고기 다진 것에 토마토와 고추를 넣어 만든 태국식 고추장이다. 또, 북부 지방은 "냄แหนม"이라고 불리는 태국식 소시지가 유명한데 다진 돼지고기를 절여서 만든 것으로 약간 신맛이 난다. 동북부 지방 음식은 맵고 짜고 시다. 동북부 지역에서 애호하는 음식은 파파야 샐러드인 쏨땀ส้มตำ과 라임즙과 생고기로 만든 샐러드인 꺼이ก้อย, 고기를 잘게 썰어 만든 샐러드인 랍ลาบ이다. 동북부 지방 음식은 조미료를 많이 사용하지만 향신료를 많이 넣지 않는다. 대부분의 주식은 찹쌀과 남프릭쁠라라น้ำพริกปลาร้า, 그리고 여러 가지 야채를 함께 먹는다. 남프릭쁠라라는 절인 생선을 넣어 만든 태국식 고추장이다. 중

남프릭엉

부지방 음식은 맵고 짜고 달고 시다. 밥은 여러 종류의 남프릭이나 똠얌꿍ต้มยำกุ้ง과 같은 찌개와 같이 먹는다. 보통 음식에 조미료와 향신료를 많이 넣는 편이다. 남부 지방은 아주 맵고 짜고 신 음식을 먹는데, 향신료와 조미료를 넣은 요리를 좋아한다. 여러 가지 야채와 양념장을 넣어 비벼먹는 카우얌ข้าวยำ과 "남부두น้ำบูดู"라고 부르는 어간장은 남부 지방의 토속 음식이다. 보통 남부 지방은 북부 지방보다 음식을 적게 먹으며 곤쟁이를 소금에 절여 발효시킨 남프릭까삐น้ำพริกกะปิ를 주로 먹는다.

맛있게 먹을 수 있는 음식

태국의 음식은 그 맛이 가격에 비례하지 않는다. 값싸고 맛있는 음식에 도처에 널려 있다. 태국 음식은 맛의 스펙트럼이 넓은 까닭에 누구나 입맛에 맞는 음식을 골라 먹을 수 있다. 어떤 음식은 처음부터 맛있게 먹을 수 있는가 하면 또 어떤 종류의 음식은 처음엔 맛이 좀 이상하다고 느끼지만 먹다 보면 천천히 적응되어 맛있게 먹을 수 있는 음식도 있다. 태국 음식 중에는 한국인의 입맛에 맞는 음식이 무척 많다.

누구나 즐겨 먹는 파파야 샐러드 쏨땀

쏨땀은 본래는 동북부에서 즐겨 먹던 파파야 샐러드인데 오늘날 태국 어디서나 먹을 수 있는 음식으로 발전하였다. 덜 익은 파파야를 채 썰어 설탕과 어젓, 그리고 라임을 넣는다. 여기에 다시 토마토와 삭힌 게, 그리고 마른 새우 등

쏨땀

카우팟

똠얌꿍

을 넣은 후에 절구로 빻아 만든다. 맛이 맵고 시큼하며 주로 찹쌀밥과 구운 닭고기를 곁들여 먹으면 제 맛을 느낄 수 있다.

고소한 맛의 볶음밥 카우팟

"카우팟"은 '볶음밥'이라는 뜻이다. 태국 쌀은 장립종으로 우리나라 쌀에 비해 찰기가 적어 볶아 먹기에 좋다. 여러 가지 품종이 있는데 그중에서 '카우험말리'라고 부르는 자스민 쌀은 특유의 향을 지니고 있어 매우 맛있는 쌀로 알려져 있다. 카우팟은 첨가하는 재료에 따라 여러 가지 이름으로 불리는데 주로 새우, 게, 소고기, 돼지고기, 닭고기 등을 함께 넣어 볶고 얇게 썬 오이와 쪽파를 얹어 먹는다. 어간장에 쥐똥고추를 얇게 썰어 넣어 함께 먹으면 태국 고유의 볶음밥 맛을 즐길 수 있다.

태국의 대표 음식 똠얌꿍

똠얌꿍은 세계의 3대 수프로 선정될 정도로 독특한 풍미를 지닌 음식이다. 맵고, 시고, 달고, 짠맛을 입안에서 동시에 음미할 수 있다. 한국 사람에게는 향이 강하고 시큼한 맛에 다소 부담을 느낄 수 있으나 일 년 내내 더운 날씨에 입맛을 돋우어 주는 음식이다. 태국식 고추장에 코코넛밀크를 넣는 진한 국물의 남콘과, 이 두 가지 재료를 넣지 않는 맑은 국물의 남싸이로 나뉜다. 1997년 태국발 아시아 경제위기를 '똠얌꿍 위기'라 불렀을 정도로 똠양꿍은 태국을 상징하는 대표적 음식이라 할 수 있다. 오늘날 라면을 비롯한 각종 인스턴트 식품으로도 가공되어 쉽게 그 맛을 즐길 수 있다.

김치찌개와 맛이 유사한 음식 깽쏨

육류와 어류에 야자 분말을 사용하지 않고 각종 향신료만 사용한 새콤하고 매콤한 탕 종류로 태국의 전통 음식 중의 하나이다. 맛이 김치찌개와 가장 유사하여 한국인이 처음부터 즐겨 먹을 수 있다. 대부분 태국인은 우리의 국이나 탕 또는 찌개와 유사한 '깽'과 '똠'을 뜨겁게 먹지 않고 식혀서 먹는다. 태국의 '깽'은 한자어의 갱羹과 유사한 의미를 갖는다. 우리 나라에서도 조선 시대에 반갱飯羹(국밥), 담갱淡羹(맑은 장국), 동아갱冬瓜羹(고기새우젓국), 석화갱石花羹(국밥) 등의 음식이 있었다는 사실은 매우 흥미로운 일이다.

깽쏨

태국식 쌀국수 꾸아이띠아우

꾸아이띠아우

태국에서 간단하게 요기를 하기에는 쌀국수가 최고다. 면의 굵기나 국물, 그리고 같이 들어가는 재료에 따라 종류가 수십 가지에 달하고 주문하면 5분 안에 먹을 수 있는 음식이기도 하다. 중국에서 본래 과조科條 또는 분조粉條라고 부르는 음식이었는데 아유타야 왕조 27대 나라이왕 시대(1633~1688)에 중국과의 교역이 활발해지면서 태국에도 유입된 것으로 보인다. 이후 피분쏭크람 시절(1938~1944, 1948~1957)에 국가에서 식비 절감과 국가 경제 활성화를 위해 국민들로 하여금 이 쌀국수를 먹도록 장려한 바 있다.

태국식 볶음국수 팟타이

팟타이

"팟타이"는 '태국식 볶음'이라는 뜻이다. 쌀국수에 코코넛 밀크와 간장 등을 넣고 볶은 뒤에 숙주와 땅콩가루 등을 얹어 먹는 일종의 볶음국수다. 제2차 세계대전 당시 쌀값이 폭등하자 당시 피분쏭크람 정부가 면류 음식을 권장하였다. 이때 본래 중국에서 들어온 볶음국수가 있었는데 민족주의를 함양하기 위한 일환으로 태국식 볶음국수로 발전시켜 나갔다. 그래서 우선 중국식 볶음국수에서 돼지고기를 뺐다. 돼지고기를 뺀 것은 중국식 볶음국수에서 중국 색을 제거하고 태국화 시키기 위한 방편이었다. 돼지고기는 중국인이 즐겨 먹는 대표적 음식이라는 인식이 있었기 때문이다. 과정이야 어쨌든 간에 팟타이는 오늘날 태국인뿐만 아니라 외국인들도 즐겨 먹는 태국 음식으로 자리 잡게 되었다.

맛도 소리도 죽과 유사한 쪼옥

흔히 싸라기라고 부르는 절미를 사용하여 끓여 먹는 죽의 일종으로 중국 영향을 받은 음식 중의 하나이다. 쌀알이 보이지 않을 정도로 끓인 다음 돼지 살코기 다진 것과 돼지 내장을 잘게 썬 것을 넣어 익힌다. 보통 끓여 나온 다음에 날계란을 풀거나 잘게 썬 실파와 채 썬 생강을 넣어 먹는다. 주로 아침에 많이 먹는데 소화에 대한 부담도 적어 누구나 즐겨 먹을 수 있다.

쪼옥

고소한 게 맛 카레 볶음 뿌팟퐁까리

코코넛 밀크와 달걀을 넣어 만든 소스에 껍질이 연한 연갑게를 볶아 함께 먹는 요리로 맛이 지나치게 맵거나 짜지 않아서 누구나 즐겨 먹을 수 있는 음식이다. 야자 분말에서 나오는

뿌팟퐁까리

고소한 맛이 게살 맛과 어우러져 거부감 없이 맛나게 먹을 수 있다. 껍질이 연한 연갑게에는 칼슘과 인이 풍부하고 오메가3 지방산도 많이 함유되어 있어 뼈 건강에 좋고 콜레스테롤 수치를 낮추어 준다고 한다. 최근 한국인이 선호하는 태국 음식 중 하나로 손꼽힌다.

유래가 섬찟한 태국식 도넛 빠텅꼬

빠텅꼬는 중국에서 건너온 것인데 주로 아침에 먹는 음식이다. 밀가루 반죽을 발효시켜 소금으로 간한 다음 길쭉한 모양으로 만들어 기름에 튀겨서 만드는데, 두 개의 엄지손가락만 한 막대 도넛이 붙어 있는 형상이다. 중국에서는 이를 "유조油條"라고 부르는데 그 유래를 보

빠텅꼬

면 좀 섬찟하다. 옛날 중국 남송 시대 진회가 악비를 음해하여 살해하는 사건이 일어났다. 그러자 이를 괘씸하게 여긴 장안의 일부 백성들이 억울하게 죽은 악비의 원한을 풀기 위해 밀가루 반죽으로 진회 부부의 형상을 만들어 기름에 튀겨 죽이는 시늉을 했다고 한다. 진회를 밀가루 인형으로나마 지옥의 고통을 맛보게 하려고 했던 것이다. 주로 차와 곁들여 먹는데 아침 식사 대용으로 손색이 없다.

태국식 아이스 커피 올리앙

올리앙은 중국에서 온 것으로 추정되는 음료다. 어원으로 보면 까마귀 오烏 자와 찰 냉冷의 합성어다. 글자 그대로 하면 '검은색의 차가운 음료' 정도로 해석된다. 원두 커피를 갈아 분말을 만든 다음 옥수수와 마감 등을 넣어 다시 프라이팬에 볶아 만든다고 한다. 이때 당밀과 버터를 넣어 특유의 향이 생겨난다. 올리앙은 특히 볶음밥을 먹을 때 제일 잘 어울리는데 요즘 음식점에서 올리앙을 주문하면 없다고 하는 집이 늘어나고 있다. 아마도 서양의 냉커피에 밀려 점차 사라져 가는 것 아닌가 하는 생각이 들어 아쉬움이 크다.

올리앙

태국어 속의 음식 문화

언어와 문화는 상호 밀접한 관계를 맺고 있다. 한 언어의 독특한 체계는 그 언어 사용자의 생활 문화를 바탕으로 형성된다. 그렇게 형성된 언어는 그 사용자의 생각과 인식 방식에 영향을 주게 되고 결국 전통적 특색을 가진 문화를 창조하는 바탕이 된다. 아랍어에는 낙타에 관한 어휘가 많이 발달되어 있으며 몽골어에는 말에 관한 어휘가 많이 발달되어 있다는 것은 익히 잘 알려진 사실이다. 사계절을 겪으며 살아가는 한국인이 사용하는 한국어에는 색채어와 감각어가 발달되어 있는 반면에 일년 내내 여름이나 다름없는 기후 속에서 살아가는 태국인이 사용하는 태국어에서는 이들 어휘가 그다지 발달되어 있지 않다. 이처럼 한 문화권에서 도드라진 면은 그 언어의 세분화된 어휘 수로도 나타난다.

　태국의 음식 이름은 한국 사람에게 아직 생소한 면이 많다. 특유의 맵고 달고 짜고 신맛이 어우러지는 음식 맛은 다소 매력적일 수 있지만 발음하기 힘들고 익히기 어려운 음식 이름은 태국의 음식 문화를 접하고 이해하는 데 약간은 걸림돌이 될 수 있다. 태국의 음식 관련 어휘는 매우 다양하다. 태국의 음식 이름은 그 음식을 만들 때 사용되는 식재료와 조리 방법 그리고 맛을 나타내는 형태소의 합성으로 만들어지는 경우가 많다. 예컨대, 태국인들이 즐겨먹는 카우팟뿌는 카우(밥)+팟(볶다)+뿌(게)로 이루어져 있는데 밥에다 게를 넣어 볶은 음식이라는 것을 알 수 있으며 똠얌꿍은 똠(끓이다)+얌(무침)+꿍(새우)으로 이루어져 있어 새우를 넣고 끓여서 만든 찌개라는 것을 알 수 있다.

　태국어와 음식 문화의 관련성은 어휘 차원에서뿐만 아니라 구나 절의 형태로 된 관용어에서도 다양하게 나타난다. 카우쁠라아한은 카우(밥)+쁠라(생선)+아한(음식)으로 구성되어 있는데 이는 밥과 생선과 음식이란 의미가 아니라 그냥 음식이란 뜻이다. '밥을 먹다'라는 표현을 태국어에서 "낀카우 낀쁠라"라고 하는데 이는 직역하면 '밥 먹고 생선 먹다'라는 뜻이지만 실제 의미는 그냥 '식사하다'라는 의미다. 이는 태국의 음식 문화에서 생선이 차지하는 비중이 그만큼 크다는 것을 나타내고 있다. 이처럼 태국어의 음식관련 어휘는 태국인의 음식 문화와 생활 문화를 다양하게 드러내고 있다. 음식 문화와 관련된 태국어의 관용 표현에는 재미있는 것들이 많다.

1. 손 씻고 달려든다 ^{ล้างมือเปิบ}

태국은 서양 문화가 유입되기 전까지 주로 손으로 밥을 먹었다. 그래서 식사하기 앞서 당연히 손을 먼저 씻었다. '손 씻고 달려든다'는 말은 음식을 줄 사람은 생각하지도 않고 있는데 손을 씻고 먹으려 달려드는 경우를 가리켜 하는 말이다. 우리말에 "떡 줄 사람은 생각도 않는데 김칫국부터 마신다"는 말과 대응되는 표현이다.

2. 새로 지은 밥에 갓 구운 생선 ^{ข้าวใหม่ปลามัน}

우리는 신혼부부가 알콩달콩 사는 모습을 깨에서 나는 고소한 맛에 비유해서 "깨가 쏟아진다"라고 표현한다. 태국의 경우에는 새로 지은 밥에 갓 구운 생선을 먹는다고 표현한다. 이는 갓 결혼한 신혼부부가 각별히 사랑하는 마음에 찬밥이나 남겨 둔 음식을 먹지 않고 매 끼니마다 새로 음식을 만들어 먹는다는 뜻으로, 일상 생활에서 쌀과 생선을 주식으로 하는 음식 문화의 단면을 그대로 드러내 주는 말이다.

3. 부담 가는 남은 한 조각 ^{ชิ้นเกรงใจ}

식사를 하다 보면 맛있는 반찬이 한 조각 남는 경우가 있다. 이를 태국어에서 "친끄렝짜이" 즉 '부담 가는 한 조각'이라고 한다. 마지막 남은 한 조각은 같이 식사하는 사람들 서로가 가져다 먹기에 부담이 간다. 그래서 서로 상대방에게 먹기를 권유하는 것이 보통이다. 그래도 부담 없이 가져다 먹도록 하기 위해 마지막 남은 한 조각을 먹으면 미인에게 장가 간다는 속설이 생겨났다.

4. 바나나 껍질 벗겨 입에 넣기 |ปอกกล้วยเข้าปาก

아무나 쉽게 할 수 있는 일을 우리는 "누워서 떡 먹기" 또는 "식은 죽 먹기"라고 하는데 태국에서는 '바나나 껍질 벗겨 입에 넣기'라고 한다. 아마도 태국에서는 가장 간편하게 바로 먹을 수 있는 것이 바나나이기 때문일 것이다.

5. 한 그릇의 남프릭(고추장) 만을 먹다 |กินน้ำพริกถ้วยเดียว

태국 음식에서 남프릭이라고 하는 고추장은 가장 기본적인 양념이며 소스이다. 그래서 어느 집이건 그 집의 가정주부의 손맛이 담긴 고추장이 있기 마련이다. 그래서 태국어에서 '한 그릇의 고추장만 먹는다'는 말은 곧 평생 한 여자가 해주는 음식만을 먹는다는 뜻이다. 다시 말해서 '조강지처와 해로하다'라는 의미가 된다.

6. 돼지고기가 가야 닭고기가 온다 |หมูไปไก่มา

태국의 음식 문화에서 돼지고기와 닭고기는 생선 다음으로 즐겨 먹는 음식이다. 돼지고기를 먹으면서 옆집에 나누어 주면 옆집에서 닭고기 먹을 때 우리 집에도 나누어 주게 된다는 말이다. 우리말에 "가는 정이 있어야 오는 정이 있다"는 속담에 대응되는 표현이다.

태국의 음식 문화의 특징

1. "잘 먹었습니다"라는 인사말이 없다.

태국인들은 옛날부터 비옥한 땅과 풍부한 강우량으로 농사를 지으며 쌀과 생선을 주식으로 한 풍족한 식생활을 즐기며 살아 왔다. 그래서 굶주림을 모르고 살아온 그들에게는 '잘 먹겠습니다' 또는 '잘 먹었습니다' 하는 인사말이 필요 없었다. 식사 한 끼 대접하고 대접받는 일이 크게 고마워해야 할 일이 아니었기 때문이다.

2. "아무거나 주세요"라고 주문하지 않는다.

태국은 외식 문화가 발달되어 있다. 가족이나 지인들끼리 모여 맛있는 음식점을 찾아 외식하는 경우가 많다. 음식점에 가면 가족들이 이것저것 좋아하는 음식을 주문해서 먹는다. 구내 식당에서 식사를 하는 경우에도 본인이 원하는 반찬을 선택하여 덮밥으로 먹는 경우가 많다. 그래서 태국인은 누구나 자신이 좋아하는 음식을 골라 먹으며 맛을 즐기는 식도락가라는 생각이 든다. 한국인들이 음식을 주문하면서 "아무거나 주세요" 또는 "가장 빨리 되는 걸로 주세요" 하는 모습은 태국인들에게 매우 낯설고 이해하기 힘든 풍경이다.

3. 스푼의 옆면은 또 하나의 나이프다

태국의 식사 문화에서 특이한 점은 주로 숟가락과 포크를 사용하여 음식을 먹는다는 점이다. 젓가락은 면류를 먹을 때 제한적으로 사용한다. 태국 사람들은 본래 손으로 밥을 먹었다. 그러다가 나중에 서양 문화를 접하면서부터 숟가락과 포크를 수용했다. 나이프를 배제한 이유는 태국 음식이 대부분 잘게 썰어 완성된 형태로 식탁에 오르기 때문이었다. 그래서 간혹 식탁에서 음식을 썰어야 할 경우에는 포크로 음식을 고정시킨 다음에 숟가락 옆면을 이용하여 썰어 먹는다.

4. 찌개를 같이 먹기에는 난감한 손님

태국사람들이 식사를 할 때는 반드시 식탁 한가운데 있는 "천끌랑"이라고 부르는 공동 수저를 사용한다. 밥이든 반찬이든 간에 대개는 상대방 접시에 먼저 떠주고 자신의 접시에 덜어 먹는다. 어떠한 경우에도 우리처럼 탕이나 찌개를 가운데 놓고 같이 개인 숟가락으로 떠먹는 경우는 없다. 태국인들이 한국인과 같이 식사할 때 가장 곤혹스럽게 느껴지는 부분이 바로 공동 수저 없이 식사해야 하는 경우이다.

5. 그릇째 들고 마시지 않는다.

국물을 마실 때 한국인들은 그릇째 들고 마시는 경우가 많은데 태국인들의 경우에는 숟가락으로 떠서 먹는다. 아주 특별한 경우가 아니고는 그릇째 들고 마시는 법이 없다. 우리나라 숟가락을 보면 음식이 담기는 면이 깊지 않고 얕다. 그래서 숟가락으로 국물을 떠서 맛은 볼 수 있지만 국이나 탕을 먹기에는 비효율적이다. 그래서 국물이 많은 음식을 먹을 때 그릇째 들고 마시는 경우가 많다. 그러나 이러한 모습을 태국인에게서 발견하기는 매우 어려운 일이다.

6. 태국의 냉장고는 작다

태국은 외식을 하지 않더라도 곳곳에 반찬 가게들이 널려 있다. 그래서 맞벌이하는 경우에 가정주부가 퇴근길에 반찬을 사다가 집에서 밥만 지어 먹는 경우가 많다. 밑반찬 문화가 발달한 한국의 경우에 집에서 식사를 하고 나면 남은 반찬들의 상당수가 냉장고 안으로 다시 들어간다. 그러나 태국의 경우에 남은 반찬을 냉장고에 다시 넣는 경우는 거의 없다. 그래서 한국의 냉장고는 대부분 대형 냉장고이지만 태국의 가정집에서 대형 냉장고를 사용하는 일은 그리 많지 않다.

7. 밥 없이 반찬만도 먹는 사람들

태국어에서 "깝까우"는 보통 '반찬'으로 번역한다. 그러나 '음식'으로 번역하는 것이 더 타당하다는 생각이 든다. 한국에서는 먼저 밥을 한 숟가락 먹은 다음에 반찬을 먹는다. 밥 없이 반찬만 먹는 경우는 거의 없다. 그러나 태국의 음식 문화에서 깝까우는 밥 없이 먹는 것들이 아주 많다. 몇 가지 반찬을 시켜서 음료수와 같이 먹다가 맨 나중에 밥을 시켜 먹는 경우도 많다. 그래서 태국어에서 깝까우는 반찬이라기보다는 음식 그 자체라고 봐도 무방하다.

8. 승려도 육식을 한다.

우리나라의 승려들은 육식을 금한다. 그러나 태국의 승려들은 육식을 한다. 불교의 오계 중에 "산목숨을 죽이지 말라"는 계율이 있는데 아마도 북방 불교에서는 수요를 발생시키면 공급이 뒤따르게 되므로 계율을 넓게 해석하여 육식을 금하는 것으로 보인다. 남방 불교를 믿는 태국에서 우리나라의 불교와 또

다른 점은 승려들이 정오 이후에 금식한다는 것이다. 그래서 아침과 점심, 두 끼만 먹는다. 또한 음식도 사동祠童이나 재가 신도들이 갖다 바쳐야 먹을 수 있다. 승려가 임의로 음식을 가져다 먹는 것은 허락되지 않는다.

음식을 함께 나누어 먹다 보면 금방 친해지기 쉽다. 태국 음식과 한국 음식은 만드는 재료나 조리법이 다르지만 서로 상대방의 음식을 맛있게 먹을 수 있을 만큼 일정 부분 공통점이 있다. 기본적으로 밥을 주식으로 하는 점과 반찬을 두고 함께 나누어 먹는 점부터 같다. 매운맛 짠맛을 즐기는 기호는 물론이고, 맛있는 것은 서로 먼저 권하고, 마지막 남은 한 점은 서로 먹기를 꺼려하는 겸양의 문화도 닮았다. 음식 문화가 완전히 다르면 가까이 다가가는 데 장애가 될 수 있다. 그런데 한국과 태국, 두 나라 사람들이 서로 음식을 나누어 먹으며 함께 일을 도모할 수 있다는 것은 매우 다행스런 일이 아닐 수 없다.

제14장

태국의
주거 문화

높은 마루에서 생활하는 사람들

태국의 주거 문화는 기후 및 지형과 깊은 연관성을 가지고 있다. 태국은 고온 다습한 열대성 기후로 수도인 방콕을 기준으로 가장 더운 4월은 평균 기온이 섭씨 29.5도에 달한다. 가장 시원한 12월 평균 기온은 섭씨 25.3도로 4.2도밖에 차이가 나지 않는다. 5월부터 10월까지 우기이며 연평균 강우량은 1,600mm인데 일년에 내리는 비의 거의 전부가 이 시기에 내린다. 11월부터 4월까지는 아시아 대륙의 건조한 대기의 영향을 받아 건기가 된다.

태국은 높은 강우량과 더운 날씨로 인해 기둥 위에 집을 짓는 주상 가옥 또는 높은마루집이 발달하였다. 홍수로 인한 피해를 예방할 수 있을뿐더러 들짐승이나 산짐승의 공격으로부터 보호받을 수 있기 때문이다. 또한 도시 주변이 강으로 둘러싸여 있어 수로가 발달하고 그래서 가옥은 주로 강변에 지었다. 편리한 교통 수단을 확보하기 위함이다. 아울러 상대적으로 땅 위에 지은 집보다 시원하기도 하다.

높은마루집은 기둥 위에 집을 짓고 계단을 통해 주거 공간으로 올라간다. 농촌 지역에 가면 계단 옆에 조그만 항아리에 물을 받아 놓고 조그만 바가지를 띄워 놓은 것을 볼 수 있다. 물을 떠서 발을 씻기 위한 것이다. 높은마루집은

높은마루집의 형태

지표면과 실제로 거주 하는 마루 사이에 공간이 생긴다. 이를 "따이툰"이라고 하는데 농기구를 보관하거나 가정주부가 집안일을 하는 장소로 사용된다. 도시에서는 이 공간에 탁자를 놓고 아침에 차를 마시거나 이웃과 담소를 나누는 응접실 구실을 한다. 또 어떤 집은 이곳을 주차장으로 사용하기도 한다.

태국의 전통 가옥 옆에는 토속 신앙과 관련하여 지신을 모시는 조그만 사당을 세운다. 쌘프라품이라고 하는 이 사당은 브라만–힌두교에 뿌리를 둔 것으로 불운을 몰아내고 집안의 평온과 안녕을 기원하기 위한 것이다. 태국은 더운 나라이기 때문에 환기와 통풍을 위한 창문이 많은 편이다. 태국의 지형은 위아래로 길게 뻗어 있는데 그 길이가 1,645km에 달한다. 북단은 위도 20도 남단은 위도 6도에 걸쳐 있다. 그래서 지역에 따른 기후 차이가 있어 가옥 구조도 달라진다.

북부 지방의 주거 문화

북부 지방은 산이 많고 위도상으로도 북쪽에 있다 보니까 상대적으로 날씨가 선선한 편이다. 따라서 집을 밀폐형으로 짓고 찬바람을 차단하기 위해 창문을 작게 만든다. 열을 효율적으로 사용하기 위하여 거실과 부엌 사이에 칸막이가 없다. 앞쪽 처마 밑에 뜨언이라고 부르는 공간이 있는데 휴식을 취하거나 손님을 맞이하는 등의 다용도 공간으로 사용한다.

북부 지방은 과거 란나 문화가 꽃피던 곳으로 주거 문화도 토속 신앙과 더불어 란나 문화의 영향을 받았다. 집 앞쪽의 박공벽에는 불상을 모셔 놓고 침실

북부 지방의 가옥

입구 문 위에 함욘^{หำยนต์}(신성한 고환睾丸)을 모셔 놓는다. 이렇게 하면 위험이 집 안으로 들어오는 것을 막아 준다는 믿음이 있기 때문이다. 침실 안쪽에는 조상의 혼魂을 모셔두는 선반이 있다. 어떤 집에서는 조그만 신전을 따로 지어 놓기도 한다. 마루 밑과 지면 사이의 따이툰 공간은 농기구나 베틀을 보관해 놓을 수 있을 정도의 높이가 된다. 때로는 집주인의 휴게 공간으로 사용되기도 하고 손님을 맞이하는 사랑방 기능을 하기도 한다. 또한 북쪽 지역에는 고산 지대에 주로 거주하는 소수 민족들이 많은데 이들은 대부분 대나무와 종려나무 잎으로 엮은 지붕을 만든 초가집에서 산다.

중부 지방의 주거 문화

 중부 지방은 짜오프라야강과 롭부리강, 그리고 빠싹강과 같은 여러 강이 흐르고 넓은 평야가 많아서 전통적인 농경 사회를 이루고 있다. 일년 내내 무더운 날씨가 계속되므로 강변에 집을 짓는다. 예로부터 배를 이용하여 강이나 수로를 따라 이동하는 경우가 많았기 때문이기도 하다. 강변에 사는 사람들 중에는 물위에 떠 있는 "르안패"를 짓고 사는 사람들도 있다. 뗏목을 엮어 그 위에 집을 짓는데 비가 많이 와서 강물의 수위가 높아지더라도 침수의 위험이 없다. 또한 수로가 발달되어 있는 지리적 특성으로 인해 교통도 편리하다. 흐르는 강물에는 모기의 유충이 잘 자라지 못해 모기 피해도 줄일 수 있고 강 위로 불어오는

중부 지방의 가옥

바람으로 더위를 식힐 수 있는 장점이 있다.

중부 지방은 더위와 비, 그리고 뜨거운 햇볕을 막기 위해 단층의 목조 건물을 선호한다. 지붕이 높고 천장이 없어 햇볕으로 인한 열이 주거 공간으로 내려 오는 시간을 지체시키고 통풍을 원활하게 해준다. 지붕은 벼나 풀로 이엉을 만들어 덮기도 하고 흙을 구워 만든 기와를 얹기도 한다. 다른 지역에 비해 비가 많이 내리는 까닭에 지붕을 가파르게 만든다. 중부 지방 사람들은 침대에서 자는 것을 선호하지 않고 지상에서 높이 올린 마루 위에서 생활한다. 집의 앞쪽 또는 좁은 쪽이 동쪽을 향하게 하여 햇볕이 들게 하고 집의 길다란 쪽이 바람을 맞아 통풍이 잘 되게 한다. 처마는 길게 내어 햇볕과 열을 차단한다. 베란다는 집 건물을 따라 길게 만들어 화장실까지 연결된다. 마루 아래 따이툰은 높게 만들어 물이 범람하지 못하게 막고 맹수로부터도 보호 받는다. 이곳에 농기구를 보관하기도 하고 가축 우리로 사용하기도 한다. 가족이 늘면 증축하여 넓히고 부엌은 별도의 건물로 짓는다. 옛날에 나무로 불을 때서 취사를 했기 때문에 그을음과 재로부터 본채를 보호하기 위해서다.

북동부 지방의 주거 문화

북동부는 메콩강과 문강, 치강, 그리고 펑강 등을 끼고 주거지가 발달하였다. 강변에 집을 짓고 살다가 물이 범람하면 좀 더 높은 곳으로 옮겨 지었다. 중부 지방과는 달리 북동부 지역은 주택이 무리를 지어 마을을 이루고 살았다. 집의 넓은 쪽이 동서로 향하고 길다란 쪽이 남북으로 향하게 짓는다. 이런 형태를

북동부 지방의 가옥

"렁따웬ลองตาเว็น"(태양을 따르다)이라고 한다. 이렇게 지으면 집에 사는 사람이 행복하고 반대로 지으면 그 집에 사는 사람이 불행하다고 믿는다. 높은마루집으로 짓는데 마루 아래 따이툰에서 가내 수공업을 하거나 베를 짠다. 또한 옹기나 단지를 보관하기도 하고 생선을 절이기도 한다. 가축 우리로 사용하는 집도 있고 농기구 보관하는 장소로 사용하는 등 다용도 공간으로 사용한다. 곡식 창고는 집 가까이에 따로 짓는다.

지붕은 주변에서 구하기 쉬운 재료로 만드는데 초가 지붕 또는 함석 지붕이 많다. 벽은 대나무와 나뭇잎으로 격자 모양으로 만들거나 대나무로만 엮어서 만들기도 한다. 본채보다 낮은 높이의 끄어이เกย라는 공간이 있는데 손님을 맞이하는 공간으로 사용하기도 하고 식사를 하는 식당으로 사용한다. 마루가 낮은 경우에 따이툰 공간은 장작을 보관하는 장소로 사용된다. 북동부에는 대개 담장이 없다. 대부분 일가친척이 모여 살기 때문이다. 본래 북동부 주민들은 메콩강 건너편 강변에 모여 살던 따이-라우ไทย-ลาว 문화권 속에 살던 종족이다. 그런데 메콩강을 건너 태국 쪽 강변으로 이주한 후에 오랜 세월을 주변 환경과 어우러져 살면서 태국 북동부 문화를 형성하게 되었다.

님부 지방의 주거 문화

태국의 남부 지방은 다른 지역과 지형이 다르고 북동쪽과 남동쪽에서 불어 오는 몬순 바람의 영향으로 연중 비가 내려 강우량이 많다. 높은마루집을 병렬로 짓고 가족 형태에 따라 증축을 한다. 지붕은 주변에서 구하기 쉬운 재료로 만들고 벽은 판자나 대나무를 엮어 만든다. 마루 아래 따이툰은 휴식 공간으로 사용하거나 물건을 저장하는 창고처럼 쓰기도 한다. 남부 지방에는 새를 기르는 집이 많고 새 울음 경연대회 등이 많다. 그래서 부수입을 올리기 위해 따이툰에서 새장을 만들어 파는 가내 수공업을 하는 집이 적지 않다. 비가 많이 오기 때문에 지붕이 높고 경사를 가파르게 하여 빗물이 잘 흘러내리게 한다. 그리고 처마를 길게 내어 계단 위까지 오게 한다. 땅에 기둥을 박고 마루를 올리는 형태를 선호하지 않는다. 그래서 받침돌 위에 단단한 나무나 홍토로 만든 벽돌을 사용하여 기둥을 세운다. 이는 지표면의 수분으로 기둥이 썩는 것을 방지하기 위한 것이다. 집은 육로나 수로가 있는 쪽으로 향해 짓는데 출입과 이동이

남부 지방의 가옥

편리하기 때문이다. 담장 대신 주로 과일 나무를 많이 심는다. 나무로 경계를 삼고 그늘을 얻을 수 있는 장점이 있다.

태국 남단에는 말레이시아와 인접한 다섯 개 주가 있는데 이곳에는 이슬람 교도들이 많이 모여 산다. 이들은 지면에서 높은마루로 올라가는 계단을 동쪽이나 북쪽으로 낸다. 동쪽은 해가 뜨는 쪽이고 북쪽은 '위쪽'을 뜻하기도 해서 '발전'이나 '승진'의 어감이 있기 때문이다. 또한 초록색을 선호하는데 이슬람교가 사막 지대에서 창시되고 전파되었기 때문에 나무나 풀이 지닌 초록색을 선호하는 종교적 영향 때문이라고 한다.

태국 사람들 중에는 귀신을 믿는 사람들이 많다. 귀신 중에는 우선 주거 공간을 지켜주는 귀신이 있다. 피반피르안ผีบ้านผีเรือน(집귀신)은 집을 지켜주는 귀신으로 그 집에 사는 사람들의 안녕과 행복을 지켜주는 귀신이다. 부엌에는 매 따오퐈이ᵐᵉᵗᵃᵏ(화로 여신)라는 귀신이 있는데 음식 만드는 일을 돌보아 주고 부엌에서 불이 나지 않게 보호해준다. 잠자리에 들기 전에 이 귀신에게 예를 올리면 아이들이 오줌을 싸지 않는다고 믿는다. 문지방에는 매터라니쁘라뚜ᵐᵉᵗᵃʳ(문지방 여신)라는 귀신이 있어 사람들이 문지방을 밟게 되면 해악을 입게 된다고 한다. 태국 남자들이 출가 수행하기 위해 치러지는 수계 의식에서 예비 승려가 법당에 들어설 때 다른 사람들이 업거나 들어 올려서 문지방을 통과하는 것도 바로 이 때문이다. 태국의 전통 가옥은 지면에서 주거 공간으로 올라가는 계단이 있는데 이 계단에는 매반다이ᵐᵉᵗᵃ(계단 여신)라는 귀신이 있어서 계단을 보호해 준다. 중부 지방 사람들은 집에 있는 베란다에 갈 때 계단을 밟고 가게 되면 화를 당한다고 믿는다. 어떻게 보면 태국 사람들은 귀신과 더불어 살아가는 사람들 같다. 집안 곳곳에 귀신이 있다. 좋은 귀신은 그 집에 사는 사람의 안전을 지켜주고 나쁜 귀신은 사람으로 하여금 미리 경계하여 사고를 예방하게 해 준다. 그래서 태국 사람들도 이 세상에서 가장 편안하게 쉴 수 있는 곳이 바로 내 집이라고 한다.

제15장

태국 문화
속에서
물의 의미

물과 함께 살아가는 사람들

　사람은 물 없이 살 수 없다. 그래서 인류의 문명은 항상 강을 끼고 발달했다. 인간은 물과 더불어 농사를 짓고 살면서 여러 가지 문화를 만들어냈다. 태국 문화에 있어서 물은 여러 가지 다양한 의미를 지닌다. 단순히 체내에 수분을 공급하여 생명을 유지하고 몸을 씻어 청결하게 하는 기본적인 의미 외에 평지가 많은 지형적 특징으로 이동 수단이 되기도 하며 전쟁에서는 적의 침입을 방어하는 수단이기도 했다. 또한 종교와 민속 신앙에서는 과거의 죄와 불운을 씻어 내는 정화의 의미를 지니고 있다. 열대 몬순 기후로 일 년 내내 더운 날씨라서 태

물 위에 지은 수상 가옥

국인은 물과 근접한 주거 문화를 형성하게 되었으며 이에 따른 놀이 문화와 건축 문화 그리고 배를 이용한 교통 문화 등이 발달하였다. 물과 함께 살아가는 태국인의 삶은 언어에도 그대로 반영되어 나타난다. "남큰하이립딱น้ำขึ้นให้รีบตัก"은 '물이 차 올랐을 때 서둘러 떠라'는 말인데 기회가 왔을 때 놓치지 말라는 뜻이며 "쇠가 달구어졌을 때 두드려라"라는 말과 유사한 표현이다. 또, "남마—쁠라—낀못 남롯—못—낀쁠라น้ำมาปลากินมด น้ำลดมดกินปลา"는 '물이 차면 물고기가 개미를 잡아먹고 물이 빠지면 개미가 물고기를 잡아 먹는다'는 뜻으로, 물의 수위가 달라지면서 물고기와 개미의 운명이 달라지는 것처럼 사람의 입장이나 처지가 뒤바뀌는 것을 말한다. 우리말의 "양지가 음지 되고 음지가 양지 된다"라는 속담과 유사한 의미를 지닌 말이다.

물가에서 자라는 아이들

물의 속성과 삶의 철학

태국 문화 속에서 물은 여러 가지 속성을 지니고 있으며 그 속성에 따라 다양한 의미와 기능을 갖게 되었다. 물이 지니고 있는 일반적인 속성은 어느 사회에서나 다를 바가 없지만 태국인에게는 기후와 지형 그리고 종교와 문화 등을 배경으로 다양하게 해석될 수 있는 여지가 많다. 태국 문화 속에서 물의 속성은 삶의 철학에도 반영되고 다시 언어를 통해 다양하게 나타난다.

1. 차가움

태국 문화에서 물이 지닌 중요한 속성은 차갑다는 것이다. 태국은 더운 나라인 까닭에 '차갑다'는 것은 매우 긍정적인 의미로 사용된다. 예컨대 태국어에서 "짜이옌옌ใจเย็น ๆ"은 '침착하다', '냉정하다'라는 뜻을 가지며 "옌쑥เย็นสุข"은 '행복하다'는 뜻을 지니고 있다. 태국에서 더위를 식힐 수 있는 가장 손쉬운 방법은 찬물로 목욕을 하는 것이었다. 특별한 경우에는 더운 물로 하기도 하지만 대부분은 그냥 찬물로 목욕하는 것이 보통이다. 태국어에서 "씹삐—압남—버나우สิบปีอาบน้ำบหนาว"는 직역하면 '앞으로 10년은 (찬)물로 목욕해도 춥지 않다'는 말인데 '아직 젊다'는 뜻을 나타낸다. 또한 "아오—남옌—카우룹เอาน้ำเย็นเข้าลูบ"은 직역하면 '차가운 물로 어루만지다'라는 뜻이지만 다른 사람에게 '말을 듣기 좋게 하는 것'을 의미한다.

2. 유연성

물은 자신의 모습을 가지고 있지 않다. 따라서 물은 어떠한 형태로도 존재할 수 있다. 모든 형태의 그릇에 담길 수 있지만 그렇다고 해서 물의 속성을 잃지 않는다. 작은 물방울 여러 개가 합쳐져서 물이 되고 그것이 흘러서 작은 개울을 이룬다. 개울은 다시 시냇물이 되고 시냇물은 다시 강이 되고 강은 마침내 바다를 이루게 된다. 그러면서도 물의 본래의 속성은 그대로 유지한다. 이러한 물의 속성에서 태국인들은 자신의 고집을 버리고 다른 사람을 배려하는 물의 철학을 갖게 되었다. "부아—마이참 남—마이쿤 บัวไม่ช้ำ น้ำไม่ขุ่น"은 '연꽃도 상하지 않고 물도 흐리지 않게 하라'는 뜻인데 다른 사람의 마음을 불편하지 않게 배려하라는 의미로 해석된다. 또, "남쿤—와이나이 남싸이—와이넉น้ำขุ่นไว้ใน น้ำใสไว้นอก"은 직역하면 '흐린 물은 안에 두고 맑은 물은 밖에 두라'는 뜻인데 못마땅한 일이 있다 하더라도 이를 함부로 내색하지 말라는 말이다.

3. 생명력

태국의 농촌 풍경

물은 모든 동물과 식물에게 생명을 유지할 수 있도록 수분을 공급한다. 그래서 세상의 모든 생명체는 물과 함께 살아간다. 태국은 전통적인 농경 국가로 예로부터 물과 논은 생명력과 풍요로움을 의미했다. 타이 문자를 만들어낸 람캄행 대왕은 그의 비문에서 13세기 쑤코타이의 풍요로움을 "나이남—미쁠라나이나―미카우$^{ใน\text{น้ำมีปลา ในนามีข้าว}}$"라고 기술했다. '물에는 고기가 있고 논에는 벼가 있다'는 뜻인데 그만큼 먹을거리가 풍족했다는 뜻으로 해석된다. 태국 속담에 "남너이―패퐈이$^{น้ำน้อยแพ้ไฟ}$"는 '물이 적으면 불에게 진다'는 뜻인데 적게 가진 자가 많이 가진 자를 이길 수 없다는 의미이다. 태국어의 "남짜이$^{น้ำใจ}$"는 물$^{น้ำ}$과 마음^{ใจ}의 합성어인데 '인정'이란 뜻이다. 이처럼 태국 문화에서 물은 생명력과 더불어 풍요의 속성을 지니고 있다.

4. 흐름

물은 높은 데서 낮은 곳으로 흐르는 속성을 지니고 있다. 이러한 흐름의 속성은 '순리' 또는 '이동'의 의미를 나타내주고 있다. "파이르아―투안남$^{พายเรือทวนน้ำ}$"은 '물길을 거슬러 노를 젓다'는 뜻인데 세태를 거스르는 것을 지적하는 말이다. 또, "므―마이파이 아오띤―라남$^{มือไม่พาย เอาตีนรานน้ำ}$"은 '손으로 물을 젓지 않고 도리어 발로 물을 막는다'는 뜻인데 도와주지 못할망정 오히려 방해하는 것을 말한다.

5. 씻김

물은 이 세상의 모든 더러운 것을 씻어내는 속성을 가지고 있다. 사람이 목욕하는 것도 몸을 깨끗이 하는 한편 더불어 마음을 정결하게 하고자 하는 것이다. 태국인이 죽었을 때 시신을 목욕시키는 것을 "압남쏩$^{อาบน้ำศพ}$"이라고 한다. 이는 단순히 육신만을 씻어내는 것이 아니고 악업을 씻어내는 의미도 있다. 태국의 전통 명절인 쏭끄란 축제에서 서로 물을 뿌리는 것은 몸과 마음을 씻어내고 새로운 한 해를 뜻 깊게 맞이하려는 의식이다.

쏭끄란 축제에서 물 뿌리는 모습

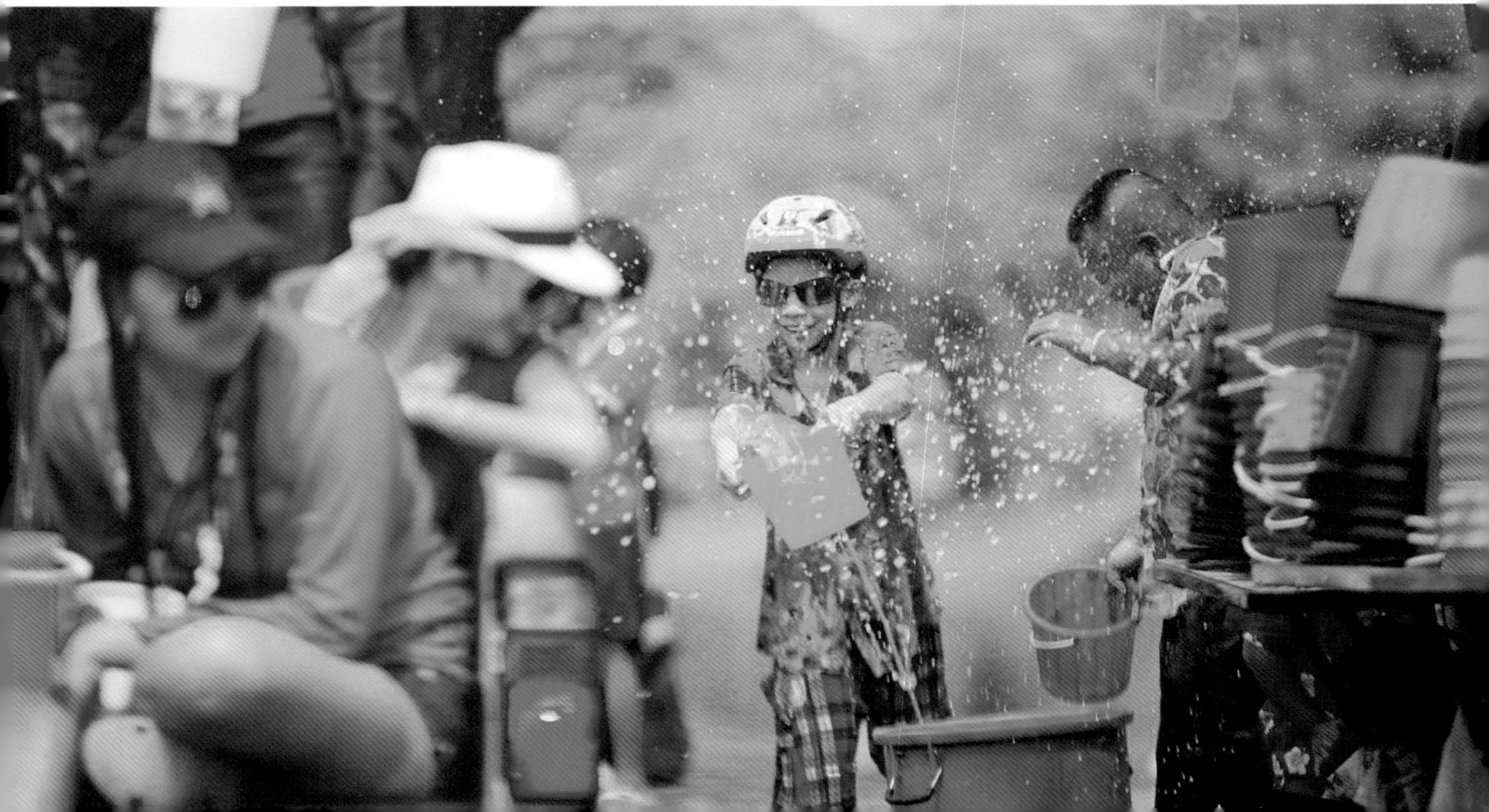

지리적 조건과 물의 문화

태국어를 사용하는 타이족은 본래 중국 남쪽의 황허강과 양쯔강 유역에 살고 있었던 것으로 전해진다. 타이족은 오랜 세월을 두고 물길을 이용하여 여러 갈래로 남하하였는데 이들 중 일부는 남쪽으로 이동하여 현재 베트남과 라오스 북부 지방의 메콩강 유역으로 들어왔다. 이들이 바로 오늘날 태국인의 조상이 되었다. 이들은 13세기에 이르러 인도차이나반도 위에 쑤코타이 왕국을 건설하면서 오늘날 우리가 '타이 문화'라고 부르는 독특한 문화를 만들어 냈다.

쑤코타이 시대 이후 오늘날까지 태국인들이 거주하고 있는 지역을 지리적으로 보면 위도상으로 적도에 가깝다. 따라서 고온 다습한 아열대성 기후로 일 년 내내 더운 날씨가 계속되면서 농사 짓기에 충분한 비가 내린다. 이러한 지리와 기후적 조건은 종교와 신앙 그리고 관습과 의례 등과 더불어 태국인의 삶에 있어서 물이 차지하는 비중을 높게 만들었다.

태국은 비가 많이 오고 도시 주변이 강으로 둘러싸여 있어서 수로가 발달하고 물위에 떠있는 수상水上 가옥이나 기둥 위에 집을 짓는 주상柱上 가옥이 발달하였다. 태국의 전통 주거 형태를 보면 주상 가옥이 많다. 그 이유는 홍수로부터의 피해를 예방하고 들짐승이나 산짐승의 공격으로부터 안전을 도모하고자 하기 위한 것이다. 또한 지붕은 경사를 많이 두어 빗물이 빨리 흘러내릴 수 있게 만든다. 태국은 양쪽 강변이나 "클렁ㄲㄲㅇㅇ"이라고 부르는 작은 운하 옆에 집을 짓고 생활하는 사람들이 많다. 강가에는 상대적으로 모기가 적고 바람이 많아 더위를 식힐 수 있기 때문이다. 또한 물 위에 떠 있는 수상 가옥은 홍수와 같은 자연재해로부터도 안전한 편이다. 물과 가까이 사는 태국인들은 예로부터

태국의 수상 시장

육로보다는 배를 타고 이동할 수 있는 수로를 더 선호했다. 그래서 수로는 농업을 위한 관개 수로의 기능뿐만 아니라 교통 수단이기도 하고 이웃과 왕래를 통해 교류하는 소통 수단이기도 하다. 그래서 물 위에 가게와 상점들이 늘어선 수상 시장도 발달하였다.

정화 의식

태국인의 삶은 물과 깊은 관계를 맺고 있다. 더운 날씨 때문이기도 하지만 힌두교와 관련된 부분도 적지 않다. 힌두교에서 갠지스강은 매우 성스러운 존재로 108가지의 이름으로 불린다고 한다. 힌두교도들은 갠지스강의 정화 작용에 대한 믿음을 가지고 있다. 갠지스강에서 경건하게 목욕을 하면 수천 가지의 위험으로부터 보호해주고 마음 속에 쌓인 나쁜 것들을 모두 씻어내 준다고 한다. 오늘날에도 수많은 힌두교도들이 갠지스강에 와서 목욕하고 죽은 자의 시신을 강물에 띄워 보낸다. 태국의 러이끄라통 축제는 바나나 나뭇잎으로 만든 조그만 배에 향과 초를 꽂고 물위로 띄워 보내는 축제이다. 일 년 동안 쌓은 악업과 액운을 띄워 보내는 의미가 있는데 이는 갠지스강 여신에게 용서를 청하고 액운을 물로 씻어내는 것에서 유래되었다고 한다.

물의 정화 의식은 태국 문화에도 나타난다. 태국인의 전통적인 삶 속에서 평생 네 차례의 중요한 목욕 의식이 있다. 첫 번째는 생후 사흘째 되는 날 정수리 부분의 머리털만 남기고 삭발을 하는데 머리를 깎고 나서 따뜻한 물로 목욕을 시킨다. 태국어에서 '먼저 더운물로 목욕했다'는 말은 '경험이나 연륜이 더 많다'는 뜻인데 바로 이러한 의식에서 유래된 것이다. 두 번째 목욕은 아이의 나이가 7~13세가 되었을 때 행해진다. 이때는 정수리 부분에 남겨두었던 "쪽"이라고 부르는 머리를 깎고 깨끗이 목욕시키는데 이는 아이가 유아기를 벗어났다는 것을 의미한다. 세 번째는 결혼식에서 "롯남쌍"이라고 부르는 성수 의식이다. 이는 결혼식에서 하객들이 소라 껍데기에 담긴 성수를 신랑 신부의 합장한 손에 뿌려주는 의식이다. 이를 통해 신랑 신부가 정화되고 하객들의 덕담을 통해 행복한 결혼 생활을 하도록 기원하는 의미가 있다. 마지막으로 하는 목욕은 죽어서 하는 것이다. 주로 고인의 자손이나 친지들이 시신을 더운 물로 목욕시키고 손톱과 발톱을 깎고 난 다음에 다시 찬물로 목욕시킨다. 이는 고인이 그동안 살아오면서 지은 죄나 악업을 깨끗하게 닦아내어 정화시키는 의미가 있다.

노자는 일찍이 "물은 만물을 이롭게 하고 다투지 않으며 모두가 꺼리는 곳까지 머무르는데 이는 물이 가진 겸손의 덕이다. 강과 바다가 모든 계곡의 왕인 것은 계곡이나 지류보다 자신을 낮추기 때문이며 천하에 물보다 약한 것은 없지만 물은 단단하고 강한 것을 이길수 있는데 이는 물이 가진 유연함의 덕이다. 부드러운 것이 단단한 것을 이기고 약한 것이 강한 것을 이길 수 있다. 또한 물은 들어가지 못하는 곳이 없다. 물은 말을 못 하지만 가르침을 주고 아무것도 안 하는 것 같지만 큰 이로움을 준다"고 말하였다. 어찌 보면 태국인들은 이런 물이 가진 속성을 그들의 삶의 철학으로 받아들여 소박하면서도 겸손하게 살아가는 것 아닌가 하는 생각이 든다.

러이끄라통 축제

제16장

한국과
태국의
언어 문화

한국어와 태국어의 유사성

태국어를 공부하다 보면 가끔 일부 어휘의 발음과 의미가 한국어와 유사하다는 것을 발견하게 된다. 예컨대, 태국어의 "객ᄡᄀ"은 한국어에서 '손님'을 뜻하는 "객客"과 발음과 의미가 매우 유사하고 "까이ᅟᅵᆨ"는 한국어에서 '닭'을 뜻하는 "계鷄"와 발음과 뜻이 유사하다. 그러나 한국어와 태국어는 언어학적으로 친족 관계도 아니며 한국과 태국과의 관계도 역사적으로 서로 언어에 영향을 끼칠 만큼 활발한 교류가 없었다. 한국어는 우랄-알타이어족에 속하며 어형의 변화가 많은 교착어이면서 굴절어 성격을 지니고 있는 반면에 태국어는 차이나-티베트어족에 속하며 어형의 변화가 없는 고립어이면서 성조어이다. 또한 한국과 태국과의 관계는 고려 말까지 거슬러 올라갈 수 있기는 하지만 실질적인 교류는 태국이 한국전에 참전하면서 시작되었다. 그렇다면 부분적이기는 하지만 한국어와 태국어의 어휘적 유사성은 어떻게 해서 생겨난 것일까? 단순히 우연의 일치라고 보기에는 유사한 어휘 수가 다소 많은 편이다. 따라서 그 원인을 찾아보고자 한다면 지리적 조건과 역사적 배경을 바탕으로 삼아야 할 것이다.

한국은 이미 삼국 시대부터 한자가 유입되어 사용되기 시작하여 한국인의 어문語文 생활에 지대한 영향을 끼쳐왔다. 오늘날 한국어 가운데 한자어가 차지하는 비율이 60% 이상이라고 한다. 한자는 1443년에 한글이 창제되기까지 수백 년 동안 한국어의 표기 수단이었으며 한글 창제 이후에도 사대부를 중심으로 한 양반계층에서는 한자를 주로 사용했다. 한글이 한국인의 문자 생활에서 중심적인 역할을 하게 된 것은 비교적 최근의 일이다. 한편 태국은 1283년 쑤코타이 시대 람캄행 대왕에 의해 "라이쓰타이"라고 부르는 문자가 만들어진

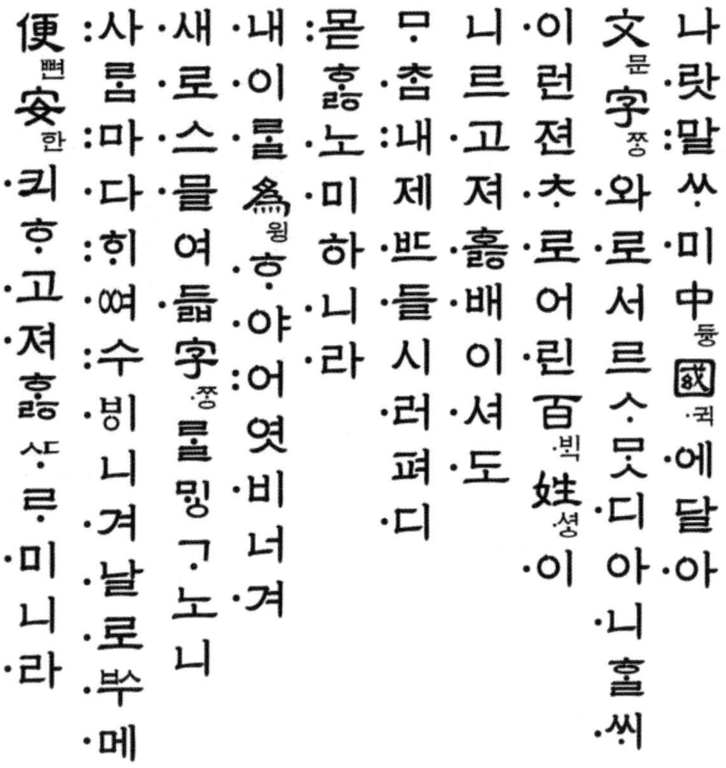

나랏말ᄊᆞ미 中듕國·귁·에 달·아
文문字·ᄍᆞ·와·로 서르 ᄉᆞᄆᆞᆺ·디 아·니ᄒᆞᆯ·ᄊᆡ
·이런 젼·ᄎᆞ·로 어·린 百·ᄇᆡᆨ姓·셩·이
니르·고·져 ·홀·배 이·셔·도
ᄆᆞᄎᆞᆷ:내 제 ·ᄠᅳ·들 시·러 펴·디
:몯ᄒᆞᇙ 노·미 하·니·라
·내 ·이·ᄅᆞᆯ 爲·윙·ᄒᆞ·야 :어엿·비 너·겨
·새·로 ·스·믈여·듧 字·ᄍᆞ·ᄅᆞᆯ 밍·ᄀᆞ노·니
:사ᄅᆞᆷ:마·다 :ᄒᆡ·여 수·ᄫᅵ 니·겨 ·날·로 ·ᄡᅮ·메
便뼌安한·킈 ᄒᆞ·고·져 ᄒᆞᇙ ᄯᆞᄅᆞ·미·니·라

한글

라이쓰타이

이래 이 타이 문자가 태국어의 표기 체계로 자리 잡았다. 타이 문자는 자음 44 자와 기본 모음 32자 그리고 4개의 성조 부호가 있다. 태국은 역사적으로 크메르를 통해 인도 문화의 영향을 받았다. 그리하여 팔리어와 산스크리트어의 계통의 외래어가 치지하는 비율이 우리말에서 한자어가 차지하는 비율과 비슷하다. 그 후 태국은 중국인의 유입과 중국 문화의 영향으로 상당수의 어휘가 중국어에서 차용되었다. 한국과 태국은 시기와 정도의 차이는 있지만 상당 부분 중국어의 영향을 받았다. 한국어와 태국어에서 나타나는 어휘적 유사성은 바로 중국어의 영향을 공통 분모로 하고 있는 것으로 보인다.

문화적 이질성

그리 많지는 않지만 한국어와 태국어는 언어적으로는 어느 정도 유사성이 있다. 그렇다면 문화적으로는 어떨까? 문화적인 측면에서도 적지 않은 유사성이 있고 그보다 더 많은 차이점을 가지고 있다. 언어는 문화를 반영한다. 그래서 언어와 문화는 매우 밀접한 관계를 맺을 수 밖에 없다. 따라서 하나의 언어를 이해하기 위해서는 그 문화를 알아야 하고 그 문화를 이해하기 위해서는 그 언어를 알아야 한다. 한국인이 태국어를 배우면서 "수고하셨습니다" 또는 "잘 먹겠습니다"에 대응되는 태국어 표현을 찾지 못해 난감해하는 경험을 하게 된다. "수고하셨습니다"는 근면하고 성실하게 살아온 한국사람들이 일상 생활에서 자주 사용하는 인사말이지만 태국어로 옮길 수 없는 표현이다. "잘 먹겠습니다" 와 같은 인사말은 과거 먹을거리가 풍족하지 못했던 한국 사회에서 식사

한국인이 즐겨 먹는 김치와 태국인이 즐겨 먹는 생선

대접을 받는 경우에 사용하는 감사의 표현이다. 그러나 먹을 것이 상대적으로 풍족했던 태국 사람들의 언어 문화에는 나타나지 않는다. 한편 태국어에서 '행복하다' 또는 '편안하다'는 의미를 지닌 표현에 "옌쑥เย็นสุข"이 있는데 여기에 왜 '차갑다'는 의미를 지닌 옌เย็น이 들어가는 것일까? 추운 나라인 한국과는 달리 일 년 내내 더운 태국에서의 편안함은 '따뜻함'보다는 '시원함'이 더 와 닿는 어휘일 것이다. 이는 언어학적 차원의 문제가 아니며 언어 사용자의 문화적 배경을 알아야 비로소 제대로 이해할 수 있는 부분이다.

문화적 동질성

태국은 한국과 언어와 문화적으로 전혀 다른 이질성을 가지고 있는 것으로 보이지만 상세히 들여다 보면 적지 않은 동질성도 가지고 있다. 언어적으로는 중국의 한자어를 매개체로 해서 형태와 의미적으로 얼마간 유사성을 찾아낼 수 있으며 문화적으로는 농경 사회와 불교 문화를 바탕으로 한 상당 부분 공통 분모를 찾아낼 수 있다. 한국과 태국은 전통적으로 쌀을 주식으로 하는 음식 문화가 발달하여 영어의 rice에 대하여 벼, 나락, 쌀, 밥 등으로 세분되고 태국어에서도 풋카우^{พืชข้าว} 카우쁠르악^{ข้าวเปลือก} 카우싼^{ข้าวสาร} 카우쑤아이^{ข้าวสวย} 등으로 대응된다. 또한 요리 방법을 나타내는 다양한 동사류들 예컨대, 끓이다, 삶다, 찌다, 고다, 굽다, 튀기다, 데치다, 무치다 등은 한국어와 태국어 간에 대응성이 매우 높다. 그러나 한국어의 색채를 나타내는 어휘나 체감 온도를 나타내는 감각어들은 매우 다양하게 나타나는 반면에 태국어에서는 지극히 단순하게 나타난다. 이는 한국이 사계절이 있는 반면에 태국은 사실상 한국의 여름과 같은 날씨가 일 년 내내 지속되는 기후적 조건 때문일 것이다. 반대로 불교 관련 용어들은 불교 국가인 태국의 언어에서 더 풍부하게 나타난다.

언어와 문화

언어는 문화의 일부이면서 그 자체로 하나의 문화이다. 아울러 새로운 문화를 창조하고 축적하는 수단이 되기도 한다. 언어에는 문화가 반영되어 있기 때문에 언어를 통하여 인간의 문화를 확인할 수 있다. 또한 하나의 문화를 올바로 이해하기 위해서는 그 언어를 알아야 한다. 언어에 투영된 문화적 함의, 또는 언어로 이루어지는 문화를 언어 문화라고 할 수 있다. 언어와 문화의 보편성과 개별성을 바탕으로 언어 문화가 형성되는데 그 과정을 살펴보면 매우 흥미롭다.

첫째, 문화가 언어에 반영된다. 하나의 언어는 그 언어를 사용하는 사람들의 문화를 담기 마련이다. 고유한 문화가 그 언어에 반영되기도 하고 외래 문화가 유입되어 언어에 반영되기도 한다. 한국어에는 오랜 기간에 걸쳐 한자를 통한 중국 문화가 들어오고 태국어에는 팔리어와 산스크리트어를 통한 인도와 크메르 등 주변국 문화가 대대적으로 유입되었다. 문화가 언어에 반영되는 것은 일차적으로 어휘 차원에서 나타난다. 한국어에서 설, 추석, 단오, 떡국, 송편, 창포 등은 그 자체로 한국 문화를 대변하며 태국어의 쏭끄란สงกรานต์, 러이끄라통 ลอยกระทง, 부엇บวช, 탐분ทำบุญ, 딱밧ตักบาตร 등은 태국 문화를 대변한다. 문장 단위에서는 주로 속담이나 관용어에서 나타나는데 한국어의 '국수를 먹이다'는 결혼하는 것을 의미하며 태국어에서 낀-남프릭-투아이디아우กินน้ำพริกถ้วยเดียว는 '한 종지의 고추장만을 먹는다'는 의미인데 실제로는 '조강지처와 해로하다'라는 뜻을 나타낸다. 이런 표현을 통해 양국의 사회적 관습이나 생활 문화 등이 드러난다.

이문화 접촉을 통해 다른 문화가 유입되면 새로운 언어 문화가 생겨나는데 이문화 접촉의 가장 대표적인 경우가 종교의 전파이다. 불교와 기독교 그리고 이슬람교는 세계 각 지역에 전파되면서 여러 가지 다양한 언어 문화를 만들어 냈다. 불교는 한국과 태국에 전파되면서 양국 문화 형성에 커다란 영향을 미쳤다. 특히 태국은 아직까지도 국민의 대다수가 불교를 신봉하는 불교 국가이다. 태국어에서 "콰밧คว่ำบาตร"은 '발우를 엎다'라는 말이지만 실제로는 '절교하다'의 의미이며 "찻나-떤바이ชาติหน้าตอนบ่าย"는 '내생의 오후'라는 말이지만 '언제 올지 모르는 기약할 수 없는 때'를 나타낸다. 한국은 조선 시대 이후 불교가 쇠퇴하기는 했지만 불교 문화는 아직 많이 남아 있다. 오늘날 한국인들은 종교에 상관

없이 인연, 전생, 업보 등의 말을
일상 생활에서 많이 사용한다.
한국은 중국 문화의 영향을 받고
태국은 인도 문화의 영향을 받
아 친족이나 대명사 등이 발달하
여 웃어른을 공경하는 경로 사상
이나 계급화되어 있던 사회 구조
등을 잘 반영하고 있다.

탁발하는 어린 승려의 모습

　둘째, 문화가 언어 발달에 영
향을 미치기도 한다. 문명과 문
화의 발달이 어휘 발달을 촉진시키고 새로운 언어 표현을 만들어내기도 한다.
현대 사회에 이르러 컴퓨터와 인터넷 그리고 통신 수단의 발달은 새로운 용어
를 만들어 내고 이들 기능을 활용한 의사소통 방법을 표현하는 말들이 생겨났
다. 한국에서 교통 수단의 발달로 주말 부부라는 말이 생겨났고 휴대전화의 발
달은 핸드폰, 스마트폰, 문자하다, 카톡하다 등의 새로운 말들을 만들어 냈다.
또 음주 문화가 발달하면서 소맥, 폭탄주, 원샷, 러브샷과 같은 어휘들이 등장
하게 되었다. 태국에 컴퓨터가 들어오면서 처음에는 "싸멍꼰สมองกล"이라는 말
을 썼다가 나중에 컴퓨터คอมพิวเตอร์라는 차용어를 사용하게 되었고 현금지급기가
보급되면서 돈을 찾는 행위를 나타내는 말이 기존의 "턴응언ถอนเงิน"(돈을 빼다)에
서 꼿응언 "กดเงิน"(돈을 누르다)이 추가되었다.

　셋째, 생활 환경에 따른 언어 문화가 형성된다. 한국어의 경우에는 산과 관
련된 어휘와 색채어가 발달되어 있으며 태국어의 경우에 물에 관한 어휘가 발

달되어 있다. 한국어에서 산과 강은 여러 가지 의미를 갖는다. 대부분 학교 교가에 산과 강의 이름이 등장하며 특히 산은 정기를 발하는 개체로 인식된다. 이에 비해 태국의 경우는 물과 관련된 언어 표현이 많다. 태국어에서 물은 죄와 과오를 씻어주는 정화의 작용을 하는 개체이며 여러 종교 의식이나 축제 문화 등에서 다양하게 사용된다. 한국어의 속담이나 관용어에서는 호랑이나 토끼와 같은 산에 사는 동물이 많이 등장하는 반면에 태국의 경우에는 악어나 물고기와 같은 물에 사는 동물이 상대적으로 많이 등장한다.

넷째, 사회적 관념이나 역사적 요인 또한 언어 문화 형성에 기여한다. 한국어의 "함흥차사"나 "평양감사도 저 싫으면 그만이다" 등은 역사적 유래가 있는 언어 표현이다. 태국어에서 아직 사용되고 있는 왕실어에서 보면 국왕을 신격화하는 모습을 볼 수 있다. "끄룽—씨아유타야 —마이씬—콘디กรุงศรีอยุธยาไม่สิ้นคนดี"(아유타야에는 아직 인물이 남아 있다) 또는 "끌라이—쁜티잉ไกลปืนเที่ยง"(정오 대포 소리로부터 멀다: 도심에서 먼 변두리에 산다)은 역사적 배경을 두고 생겨난 말들이다.

기후와 언어 문화

한국과 태국의 언어 문화를 보면 일정부분 공통점과 차이점을 보이고 있다. 언어 문화의 형성에는 그 나라의 기후와 적지 않은 상관성을 가지고 있다. 한국은 온대 지방에 속하며 뚜렷한 구분의 사계절이 있을 뿐 아니라 다양한 지세地勢를 가지고 있다. 한국은 대륙성 기후의 일반적 특징을 가지고 있지만 여름에는 몬순 기후이다. 겨울에는 주로 시베리아 기단 때문에 몹시 춥고 건조하다. 6

월 말부터 시작하는 장마철에는 호우가 내리고 7월과 8월에는 주로 해양성 태평양 고기압 때문에 덥고 습기가 많다. 여름과 겨울에 비해 기간이 짧지만 변절기인 봄과 가을은 뚜렷한 기후 패턴을 가지며 일반적으로 구름이 없는 맑은 날씨이다. 이에 비해 태국은 동남아시아의 다른 여러 나라와

태국의 온도계

마찬가지로 열대 몬순 지대에 속한다. 일년 내내 더운 단조로운 기후에 변화를 가져오는 것이 몬순이다. 5월부터 10월까지는 남서 몬순이 부는 우기로, 연간 강우량의 거의 전부가 이 시기에 쏠린다. 11월부터 4월까지는 북동 몬순이 불어 아시아 대륙의 건조한 대기의 영향을 받아 건조기가 된다.

의복과 언어 문화

한국은 여름철에 덥고 습하기 때문에 모시나 삼베옷을 즐겨 입었고 겨울 철에는 춥기 때문에 솜이나 가죽을 이용한 방한복을 즐겨 입었다. 비나 햇볕 또는 추위를 막기 위해 모자를 즐겨 쓰는 문화가 발달했고 겨울에는 추위를 막기 위해 여러 겹을 껴입다 보니까 속옷 문화가 발달하였다. 이에 비해 태국은 간편하게 입는 의복 문화가 발달하였다. 윗옷으로는 파씨바이(ผ้าสไบ)와 파클렁라이

파쫑끄라벤

ผ้าคล้องไหล่가 있는데 이러한 옷들은 옛날에는 평상시에도 즐겨 입었지만 오늘날에는 특별한 기회에만 착용한다. 태국인들이 일상 생활에서 간편히 입는 하의에는 남녀 모두 넓은 사각 천을 통치마처럼 둘러 입는 파쫑끄라벤ผ้าโจงกระเบน이 있다. 그러나 19세기 말부터 서양 문화의 영향을 받으면서 파쫑끄라벤은 파씬ผ้าซิ่น이나 파싸룽ผ้าโสร่ง으로 많이 대체되었다. 오늘날 파씬이나 파싸룽은 주로 전통 문화를 공연할 때나 특별한 행사가 있을 때 착용한다. 태국인의 전통 복장에서는 허리띠를 사용하지 않는다. 천 한 장을 몸에 두르고 나서 허리 부분에 동여매는데 이때 생기는 공간을 폭พก이라고 한다. 보통 돈이나 작은 물건을 이곳에 넣고 다녔는데 우리나라 쌈지 또는 옷소매에 해당하는 기능을 한다. 태국어에서 "카우폭-카우허เข้าพกเข้าห่อ"는 '허리춤에 모아 들이다'는 뜻인데 우리말에 "쌈짓돈을 모으다"는 말과 상통하는 말이다.

음식과 언어 문화

한국은 논농사를 일년에 한 번밖에 짓지 못하기 때문에 쌀이 귀한 까닭에 쌀과 관련된 어휘가 상대적으로 많다. 먹을거리가 풍족하지 못했던 한국에서는 강다짐, 매나니, 소금엣밥, 대궁밥 등 끼니가 부족했던 시절을 그대로 반영하는 어휘가 발달하였다. 식사를 대접 받았을 때 "잘 먹겠습니다" 또는 "잘 먹었습니다" 등의 표현은 한국어에만 있는 인사말이다. 겨울을 나야 하는 한국에서는 김치의 종류가 다양하게 발달하고 이를 만드는 재료와 형태에 따른 각각의 이름이 붙었다. 반면에 태국어에서는 쌀과 생선이 가장 기본적인 주식이 되었다. 태국어에서 '식사하다'를 "낀카우—낀쁠라กินข้าวกินปลา"(밥과 생선을 먹다)라고 표현하는 것은 식생활 문화에서 생선이 차지하는 비중을 드러내 주는 예이다.

태국 북부의 손님맞이 음식 칸똑

주거와 언어 문화

한국의 기후는 주거 문화에도 많은 영향을 끼쳤다. 한국의 주거 문화에 있어서 남부 지방은 개방적 구조로 대청마루가 발달하였으며 북부 지방은 폐쇄적 구조로 정주간이 발달하였다. 오늘날까지 한국인은 남향집을 선호하는데 겨울을 따뜻하게 보내고 여름을 시원하게 보낼 수 있기 때문이다. 온돌을 이용한 독특한 난방이 발달했는데 "따뜻한 아랫목"과 같은 말은 한국의 온돌 문화를 모르면 이해하기 어려운 말이다. 이에 비해 태국은 기둥을 세우고 그 위에 집을 짓는 것이 보통이다. 그래서 마루와 지면 사이에 따이툰이라는 공간이 있다.

높은 마루 집

"껩비아—따툰란ᵏᵉᵇᵖⁱᵃᵗᵘⁿʳᵃⁿ"(가게 마루 밑의 푼돈을 모으다)은 적은 돈을 한 푼 두 푼 모으는 것을 말한다. 태국의 남부 지방은 통로를 동쪽이나 북쪽으로 낸다. 중부 지방은 더위를 피하기 위해 창문이 많고 베란다가 차지하는 비중이 크다. 통풍이 잘 되도록 천장과 지붕 사이 공간이 크다. 비가 많이 오므로 다른 지방보다 지붕의 경사가 심하게 되어 있다. 태국 북부 지방은 날씨가 상대적으로 매우 선선한 편이라서 집에 창문이 많지 않다. 그리고 부엌과 거실이 붙어 있는 경우가 많은데 열을 효율적으로 사용하기 위한 방편이다. 태국은 강과 수로가 많아 강변에 지어진 주상 가옥과 수상 가옥이 많다.

감각어의 차이

한국과 태국의 기후적 조건 차이는 체감 온도나 색상을 표현하는 감각어에서도 그대로 나타난다. 한국어에서는 서늘하다→차다→썰렁하다→싸늘하다→쌀쌀하다→시리다→쌀랑하다→춥다 등 다양하게 나타나는 체감 온도에 관한 표현들이 태국어에서는 나우ʰⁿᵃᵃ→옌ⁿᵉⁿ으로만 나타나며 거무스레하다→거무죽죽하다→거무데데하다→거무튀튀하다→까맣다→시커멓다→새까맣다 등으로 나타나는 색상 표현도 태국어에서는 담ᵈᵃᵐ을 반복하여 ดำ ๆ→ดำ→ดำ๊ดำ 정도로만 나타난다. 또한 한국어에서와 달리 태국어에서 차갑다는 표현은 매우 긍정적이고 바람직한 의미를 나타낸다. 짜이옌옌ᶜʰᵃⁱʸᵉⁿʸᵉⁿ은 '침착하다', '냉정하다'라는 뜻을 가지며 옌쑥ʸᵉⁿˢᵘᵏ은 '행복하다'는 뜻을 가진다. 한편 한국어의 "봄날은 간다", "올 가을엔 사랑할 거야" 등은 한국의 사계절 변화와 관계된 한국인의 정서가 담긴 언어로서 이를 태국어로 옮기는 데는 한계가 있다. 또한 한국은 모든 것이 시간적 제약이 있어 "빨리빨리"를 자주 사용하는 조급성이 있다. 일부 직종에서 연락처로 빨리빨리와 음이 유사한 8282를 즐겨 사용하는 것에서도 시간적 제약 속에 살아온 한국인의 생활 환경을 엿볼 수 있다.

지리적 요인과 언어 문화

한국은 전 국토의 70% 이상이 산으로 이루어져 있다. 전체적으로 북쪽과 동쪽에 높은 산지가 많이 모여 있고 평야는 큰 강을 중심으로 우리나라의 서쪽과 남쪽에 많이 발달하여 있다. 동해안은 평야가 적고 바다의 수심이 깊은 반면에 서해안은 바다의 수심이 낮아 여러 강들이 흘러 들어오고 있다. 그리고 남해안은 해안선이 복잡하고 섬이 많다. 이에 비해 태국은 북부 지역에 산악 지대가 형성되어 있고 대부분 평야 지대로 이루어져 있다. 물을 유용하게 사용하기 위하여 강을 끼고 도시와 촌락을 건설하였다. 필요한 경우에는 운하와 수로를 파서 농사를 짓고 사람과 물건을 운송하는 데 용이하도록 했다. 그래서 태국 문화를 "물의 문화"라고 부르기도 한다.

한국어에서 산과 강은 매우 중요한 의미를 지닌다. "산 넘고 물을 건너다"라는 표현은 여러 가지 어려움을 극복한 것을 표현하는 말이며 태국어의 "담남-루이퐈이ดำน้ำลุยไฟ"(물속을 지나고 불 위를 건너다)에 해당하는 말이다. 한국인의 정서에 산은 여러 가지 정기를 발산하는 성스러운 곳으로 여겨진다. 동화 속에 산신령이 자주 등장하고 학교의 교가에는 인근에 있는 산의 정기가 노랫말에 등

운하와 수로가 발달한 태국

담남-루이파이 의식

장한다. 또한 풍수지리설과 어우러져 명당에 조상을 모시게 되면 후손의 덕을 입어 복을 받는다고 믿는다. 이러한 까닭에 아직까지 매장 문화가 존속하고 있다. 이에 비해 태국은 물길이 발달하다 보니 강이나 운하 옆에 집을 짓고 살아가는 주거 문화가 발달하고 물위에서 배를 타고 물건을 사고 파는 수상 시장도 있다. 태국 사람들은 물과 더불어 살면서 좋지 않은 것이나 불행한 것들을 물로 씻어 없애거나 떠내려 보낼 수 있다는 믿음을 가지고 있다. 이러한 믿음을 바탕으로 쏭끄란이나 러이끄라통 같은 축제가 생겨나고 물과 관련된 여러 가지 언어 문화가 생겨나게 되었다.

역사적 요인과 언어 문화

한국은 지정학적 위치로 인해 예로부터 중국과 일본의 잦은 침략으로 전쟁을 치러야 했고 근세기 들어서는 한국전쟁을 겪었다. 이러한 역사적 배경을 두고 생겨난 것이 "안녕히 가세요", "안녕히 계세요"와 같은 "안녕"을 기원하는 인사말들이다. 개인보다는 집단을 우선시하는 풍조도 역사적 요인에 기인한다. "뭉치면 살고 흩어지면 죽는다"라는 말이나 "우리 마누라"와 같이 "나"로 써야 할 일인칭 대명사를 "우리"로 쓰는 언어 문화도 한국어에 나타나는 특이한 현상으로 간주할 수 있다. 좀 더 옛날로 거슬러 올라가면 몽고의 침략으로 고려의 처녀들이 몽고로 끌려갔다가 귀향하게 되었는데 이들을 "환향녀"로 불렀다가 나중에 "화냥년"으로 부르게 되었으며 정절을 지키지 못한 연인들을 가리키는 말로 사용되었다. "함흥차사"는 태조 이성계가 나중에 함흥으로 들어가 여생을 보내고 있을 때 태종이 차사를 보내 서울로 모셔오려 하였으나 차사마저 돌아오지 않았다는 데서 유래한다. 요즘에는 심부름 간 아이가 소식이 없거나, 또는 회신이 더딜 때의 비유로 사용된다. 이 밖에도 "도루묵", "설렁탕"과 같은 음식 이름이나 "빨갱이", "사꾸라" 같은 사회적 용어 등도 역사적 요인에 의해 생겨난 말들이며 한국의 신문 표제어에 전쟁과 관련된 은유 표현이 많이 사용되는 것도 전쟁을 많이 겪은 한국 언어 문화의 한 단면이라고 볼 수 있다.

한편 태국은 한국에 비해 상대적으로 전쟁이나 이에 따른 위기의식이 적은 역사를 지니고 있다. 동남아에서 유일하게 식민지로 전락하지 않은 국가로 이에 대한 자부심이 강하다. 오늘날 우리가 이야기 하는 "타이"의 정체성이 확립된 것은 13세기경이다. 쑤코타이 시대 타이 문자를 만들었던 람캄행 대왕 비문에 "쩹텅-컹짜이(เจ็บท้องของใจ)"라는 표현이 나오는데 '몸과 마음이 불편한 일이나 처지'를 표현한 어구이다. "프라이퐈-나싸이(ไพร่ฟ้าหน้าใส)"라는 어구도 나오는데 이는 '백성이 두루 편안한 상태'를 표현한 말이다. 아유타야 시대에 들어서서 우텅왕 시대 법조문에는 "플랑빡-씨아씬 플랑띤-똑똔마이(พลั้งปากเสียศีล พลั้งตีนตกต้นไม้)"라는 문구가 있는데 '입이 실수하면 체면을 잃게 되고 발이 실수하면 나무에서 떨어진다'는 뜻이다. 이는 옛날 태국의 결혼 제도와 관련된 경구다. 태국에서 결혼하려면 남자 쪽에서 여자 쪽 부모에게 예물을 보낸다. 그런데 이미 한 남자로부터 예물을 받고 청혼을 받아들이고 나서 다른 남자가 청혼하고자 예물을 가져오는 경우가 있다. 이때 자칫 마음이 변해서 첫 번째 남자 예물을 돌려주고 두 번째 남자의 예물을 받게 되면 다툼이 생긴다. 그래서 이 문제가 송사로 이어지게 되면 혼인할 권리는 첫 번째 남자에게 주어지고 변심한 여자 쪽의 부모는 그에 대한 변상을 해야 했다. '입이 실수하면 체면을 잃게 되고 발이 실수하면 나무에서 떨어진다'는 바로 여기에서 나온 말이다.

종교적 요인과 언어 문화

한국의 전통적인 종교는 샤머니즘, 불교, 유교라고 볼 수 있다. 그리고 근대 이후 한국 고유의 종교인 천도교를 비롯해 외래 종교인 천주교, 개신교를 믿는 인구가 급격히 늘어났다. 한국의 언어 문화에 가장 많은 영향을 미친 것은 불교와 유교이다. 한국의 불교는 조선 시대 들어 억불숭유 정책으로 쇠락의 길을 걸어왔지만 오늘날까지 언어 문화에 차지하고 있는 비중은 적지 않다. 한국어의 속담이나 관용어를 보면 불교 관련 용어가 많은 비중을 차지하고 있고 한국인의 일상 생활에서도 자연스럽게 사용되고 있다. 한편 유교는 한국인의 생활 전반에 걸쳐 다양하게 파고들었다. 오늘날 친족 호칭어와, 족보 문화, 조상을 위하고 혈연을 중시하는 등의 상당 부분은 모두 유교 문화의 산물이다. 또한 도덕과 윤리 또는 인륜과 덕목에 관련된 어휘들과 결혼과 장례 등 통과의례와 관련한 용어들도 대부분이 유교 사상에 기반한 것이다.

태국은 수백 년 동안 일관성이 있게 불교를 신봉해왔다. 그래서 불교는 태국인 생활 전반에 영향을 끼쳤다. 태국의 불교 경전이나 불교 관련 어휘는 대개가 팔리어나 산스크리트어 계통이며 대부분의 의식도 불교식으로 치러지고 있다. 속담이나 관용구 중에서도 불교에 관련된 것이 많은 비중을 차지하고 있고 승려에게 사용하는 대우법이 별도로 사용되고 있다. 태국어에서 "부엇-껀-

비앗^{บวชก่อนเปียด}"은 결혼하기 전에 출가하여 수도생활을 하는 것을 의미한다. 또 "헨−차이−파르앙^{เห็นชายผ้าเหลือง}"은 직역하면 '황색 옷자락 끝을 본다'로 해석되지만 자식이 출가하여 수도 생활한 공덕으로 부모가 극락에 간다는 의미를 담고 있다.

출가 수행 캠페인 하는 모습

언어를 공부하면서 문화에 대해 소홀히 할 수도 있다. 그렇게 되면 그 언어를 깊이 있게 이해할 수 없다. 문화를 공부하면서 언어를 등한시할 수도 있다. 그렇게 되면 그 문화를 제대로 이해하기 어렵다. 비유적 표현을 빌리자면 언어가 밥이라면 문화는 반찬이다. 두 가지를 같이 먹어야 맛있는 음식을 먹을 수 있다. 그렇다면 반찬 없이 먹는 밥이 맛도 없고 영양가가 없는 것처럼 문화적 배경의 이해 없이 배우는 언어는 그 이해의 폭과 깊이가 좁고 얕을 수 밖에 없다.

제17장

한국인과
태국인의
죽음관

언어 속의 죽음

죽음은 인간이 피해갈 수 없는 필연적 인 사실이다. 사람은 살아가면서 행복을 추구하고 오래 살기를 원하지만 결국에는 죽음으로써 생을 마감할 수 밖에 없다. 사 람은 누구나 죽음에 대해 공포를 가지고 있으며 슬픔과 비애를 느끼기도 한다. 그 래서 사람들은 직접적인 언급을 회피하

탐마 불교 방송에서 죽음은 자연스런 것이라고 설법하는 승려의 모습

고 완곡하게 표현하는 경우가 많다. 언어는 한 사회에서 의사소통을 위해 인간 이 만들어낸 도구이며 그 언어에 의해 표현되는 의미에는 그 사회의 사고와 생 활 방식에서 영향을 받은 화자의 생각이 담겨 있다. 따라서 언어를 통해 죽음을 표현하는 방법은 그 언어를 사용하는 사람들이 속한 사회와 문화의 속성에 따 라 다르게 나타난다. 죽음을 표현하는 기본 동사인 한국어의 "죽다"와 태국어 의 따이(ตาย)와 관련된 유의어는 수가 무척 많다. 두 언어의 죽음 표현에는 그 언 어 사용자들의 죽음관을 잘 드러내 준다.

한국인의 죽음관

한국인에게 있어 죽음은 자연스러운 일로 받아들여졌다. 한편으로는 오래 살고 싶은 욕망도 있으면서 다른 한편으로는 편하게 죽고 싶은 욕망을 간직하

고 살아간다. 그리고 또 다른 한편으로는 죽음 자체를 삶의 한 부분으로 여긴다. 한국어에서 죽음을 이야기할 때 "돌아가셨다"라고 표현하는 것은 이를 잘 드러내주고 있다. 이러한 한국인의 죽음관에 영향을 준 것은 불교와 유교 그리고 무속 신앙이라고 볼 수 있다.

불교적 죽음관

한국에 불교가 들어온 것은 삼국 시대로 서기 372년의 일이다. 이후 고려 말에 이르기까지 한국에 찬란한 불교 문화를 꽃피웠다. 조선 시대 들어 억불숭유 정책으로 불교가 배척당하기도 했으나 한국인의 사상과 의식 속에는 불교적 사고와 철학이 깊이 자리 잡고 있다. 불교의 윤회설에 따르면 사람이 죽으면 영혼이 남아 있다가 생전에 쌓은 선덕과 악덕에 따라 천상, 인간, 지옥, 축, 생, 아귀, 수라 등의 육도 가운데 한 곳에서 태어나게 된다. 따라서 현세의 삶은 죽음으로써 끝나는 것이 아니라 하나의 과정이다. 그러므로 불교에서는 죽음 이전의 삶을 완성해나가는 것이 죽음을 어떻게 맞이하느냐 하는 것보다 중요하다. 평생 살아가면서 쌓은 과업에 따라 모든 고통에서 벗어날 수도 있고 다시 이어지는 고통을 겪을 수도 있다. 이러한 죽음에 대한 이해를 바탕으로 죽음은 삶의 종말이 아니라 삶을 온전하게 만들 수 있는 계기로 보았다.

불교에서 죽음을 극복하는 길은 '멸滅을 통한 각覺'이다. 불교에서는 생성과 소멸의 순환 속에서 일어나는 일체를 번뇌로 보고, 이러한 번뇌를 끊고 열반의 세계에 이르는 것을 궁극적인 삶의 목표로 하고 있다. 삶과 죽음의 번뇌 속에서 벗어나지 못하는 사람은 아직 깨달음이 없는 사람이며 깨달음에 이른 사람에게는 죽음이 존재하지 않거나 삶과 죽음의 차이가 없게 된다. 그러므로 불교의 죽음은 자기멸절自己滅絕이며 일종의 해탈로 받아들인다. 모든 욕망에서 벗어나 무아가 되는 것을 죽음이라고 보는 것이다.

유교적 죽음관

언뜻 보면 유교에 내세관은 없는 듯 보이지만 한국인이 조상을 섬기는 제례 문화를 보면 사자死子의 실존에 대한 믿음이 나타나 있다. 제사를 지낼 때 보면 죽은 사람은 삶의 영역에서 배제되지 않는다. 비록 세상을 떠난 사람의 육신은 존재하지 않지만 육신을 벗어난 영혼은 생사의 세계를 넘나들며 존재한다. 따라서 유교에서의 죽음은 산 사람과의 단절이 아니고 별리도 아니다. 제사를 통해 산 사람과 죽은 사람이 소통한다. 그래서 제사는 곧 삶과 죽음이 이어지는 연결 통로라고 볼 수 있다. 조상을 섬기면서 때때로 조상에게 복을 구하는 한국인에게 있어 돌아가신 조상은 반 신격화되는 경향이 많다. 조상신에 대한 믿음은 자식을 낳아 대를 잇게 되면 이를 통해 죽음을 극복할 수 있다는 또 다른 신앙을 갖게 한다. 이러한 믿음을 바탕으로 하여 남아선호 사상이 생겨나고 혈연을 중심으로 한 가족주의가 형성되어 왔다. 한국인은 죽음 자체보다 죽은 뒤 제사를 지내 줄 사람이 없어 대가 끊기는 것을 더 두려워하는 것도 바로 이 때문이다.

무속적 죽음관

보통 사람이 죽게 되면 육신에서 분리된 영혼이 저승으로 간다. 그러나 무속의 믿음에 따르면 영혼은 곧장 저승으로 가는 것이 아니라 무덤이나 집에서 육신이 완전히 썩어 없어질 때까지 떠돌게 된다고 한다. 이런 영혼을 귀신이라고 한다. 한국인은 귀신이 우리가 알지 못하는 방식으로 산 사람에게 영향을 미친다고 생각해 왔다. 그래서 죽음에 대한 공포가 생겨 났고 이런 공포감으로 인해 산 사람이 죽은 사람의 영혼을 잘 인도하여 저승에 이르도록 해야 한다고 믿었다. 이런 죽음관에서 생겨난 의식이 바로 굿이다. 굿은 죽은 사람의 영혼을 불러내어 원한을 풀어주고 극락으로 가게 하기 위한 종교의식이다. 이런 굿을 통해 죽을 수 밖에 없는 인간의 한계를 극복하고 영원한 존재의 세계로 나아갈 수 있다. 그러나 저승에 가기 위해서는 이승에서 지은 죄를 씻고 가야 한다. 생전에 지은 선행이나 악행에 따라 극락 또는 지옥으로 가게 되는데 이는 불교의 인과응보와 크게 다르지 않다.

태국인의 죽음관

사원에 안치된 유골

태국은 전통적인 불교 국가다. 수백 년 동안 불교는 태국 문화의 중심에 위치해 있으면서 태국인들의 삶과 행동 양식에 지대한 영향을 미쳤다. 반면, 힌두교는 주로 통치 제도와 의식 그리고 풍습 등에 간접적인 영향을 끼쳤다. 이밖에도 태국의 민속 신앙에 나타난 정령주의 또한 태국인의 죽음관과 상당부분 관련이 있다.

불교적 죽음관

태국인에게 있어서 전통적인 죽음관은 불교적 사상을 기반으로 하고 있다. 태국인에게 있어서 죽음이란 삶의 일부분으로 치부되고 있다. 무한이 이어지는 윤회 속에서 삶도 죽음도 자연스럽게 받아들여야 하는 과정으로 본다. 따라서 죽음은 더 이상 공포나 두려움의 대상이 아니라 살아 생전에 공덕을 많이 쌓음으로써 좀더 나은 내세를 살

태국의 장례식장

아갈 수 있는 기회로 여긴다. 태국인에게는 생전에 선을 많이 쌓게 되면 죽어서 선도善道로 가며 악을 많이 쌓게 되면 악도惡道로 간다는 믿음이 있다. 태국인들의 믿음에 따르면 사람이 죽게 되면 49일 동안 주변에 머무르면서 현세의 삶에 대한 심판을 기다린다고 한다. 이때 망자는 유족을 비롯한 산 사람들의 보시와 공덕을 기다린다.

태국인들은 현세의 삶이 가장 중요한 것이 아니라는 인식이 강하다. 그들에게 있어서 현세의 삶은 찰나적이며 윤회의 미세한 일부분이다. 이러한 믿음을 바탕으로 내세 지향적 삶을 살아가게 되었다. 현세에서 겪는 모든 어려움과 고통은 전생의 업보 때문이며 이를 현실로 인정하고 받아들인다. 그래서 태국인들은 수동적 삶을 살게 되고 현세의 공덕과 선행을 통해 내세의 더 나은 삶을 기대하고 살아가는 것이다.

내세지향적인 태국인의 삶은 물질적인 것보다는 정신적인 것을 추구하며

안분지족安分知足의 삶을 영위한다. 재산이나 명예에 대한 욕심도 많지 않다. 태국의 불교 문화 유산을 보면 불상이나 벽화 등에 조각가나 화가의 이름이 적혀 있는 것을 찾아보기 어렵다. 세속적 욕망이나 명성 또는 현실에서의 행복과 같은 일시적인 것보다는 보다 항구적이며 정신적인 것을 추구하는 삶의 태도는 내세를 중시하는 불교적 죽음관에서 비롯된 것이다. 죽은 후에 선도를 통해 좀더 나은 삶을 살기 위해 공덕과 선행 그리고 자선을 중시하는 태국인의 삶의 모습은 그들이 죽음을 대하는 태도의 한 단면을 보여주는 것이라 할 수 있다.

힌두교적 죽음관

힌두교에서 죽음에 대해 갖는 기본적인 틀은 전생과 윤회이다. 힌두교에서는 싹띠ศักดิ์라고 하는 이른바 인간 존재 등을 포함한 우주적인 힘을 믿는다. 이러한 우주의 힘을 업으로 받아들이고 업의 세계를 어떻게 벗어나느냐 하는 문제를 강조한다. 이는 정신적인 범梵: พระพรหม, Brahman, 즉, 절대 진리 속에서 자기를 포기함으로써 달성된다고 본다. 그래서 이 정신적인 범을 신이라고 보고 그 신과의 합일을 통해서 죽음을 극복할 수 있으며 이를 영생이라고 불렀다.

힌두교에서 인간의 비원悲願은 사후 세계가 아니라 현세의 삶에 있다. 사후의 세계는 현세에서 승화된 것이라야 한다. 신들을 찬양하고 종교적 의식을 치르는 것은 신의 세계로 가려고 하는 것이 아니라 자신들의 심적 만족을 구하는 행위일 뿐이다. 결론적으로 힌두교에서는 사후 세계를 열망하지 않고 미래 소망이 죽은 후에 이루어지기 바라지 않는다. 모든 것을 현세에서 승화시키려고 하므로 죽음이란 좋은 것이 아니라 부정한 것이다. 이러한 힌두교는 인도의 문회와 함께 태국에 유입되었으나 태국인에게 있어 종교의 의미는 배제되고 여러 풍습과 의식 그리고 종교적 행사에 혼합되어 전해 내려오고 있다.

토속 신앙에 따른 죽음관

태국인의 토속 신앙에는 수십 가지의 귀신이 있다. 혼령에는 좋은 귀신도 있지만 나쁜 귀신도 있다. 이러한 민속 신앙은 힌두교와 불교를 만나 변화하고 발전하면서 아직까지 태국인의 삶과 죽음에 깊이 관련되어 있다. 태국의 민속 신앙에 의하면 사람이 죽으면 그 영혼은 일정 기간 이 세상을 맴돌며 산 사람의 삶에 관여한다. 자손의 삶을 돌보며 복을 내려주는 귀신을 "피뿌야따야이 ผีปู่ย่าตายาย" 즉, 조상신이라고 한다. 종교적 색체가 짙지는 않지만 이들 조상신에게 제물을 바치고 제사를 지내는 의식도 남아 있다. 한편 사람이 좋지 않은 일로 죽음을 맞게 되면 망자의 혼령이 일정 기간 세상에 머물면서 사람에게 해를 끼치는 악령이 된다고 한다.

한국어와 태국어의 죽음 표현

한국어와 태국어에 나타난 죽음을 표현을 보면 양국의 국민들이 가지고 있는 죽음관을 바탕으로 형성된 언어 문화의 특징을 엿볼 수 있다. 두 나라는 불교 문화를 상당 부분 공유하고 있으면서 각자가 가지고 있는 유교와 힌두교 그리고 토속 신앙을 바탕으로 서로 다르게 나타나는 죽음 표현을 특징짓고 있다.

한국어는 한자의 영향을, 그리고 태국어는 팔리어와 산스크리트어의 영향을 많이 받은 터라 토박이 말이 차지하는 비중이 상대적으로 높지 않다. 또한 언어적 특성상 외국어를 차용해오는 경우에 차용어가 토박이 말보다 상대적으로 우월한 지위를 차지하므로 토박이 말에 의한 죽음 표현은 주로 예삿말이나 비속어 등에 사용되는 경우가 많다.

한국어

죽다	잠들다	돌아가다	가다
숨지다	숨을 거두다	목숨을 버리다	숨이 끊어지다
고꾸라지다	뻗다	눈을 감다	눈에 흙이 들어가다
넋이 되다	하늘나라로 가다		

태국어

따이 ตาย	죽다	캇짜이 ขาดใจ	숨이 끊기다
쫍씬 จบสิ้น	다하다	짝빠이 จากไป	떠나가다
빠이디 ไปดี	잘 가다	답 ดับ	꺼지다
롬 ล้ม	쓰러지다	씬짜이 สิ้นใจ	숨이 끝나다
씬롬 สิ้นลม	숨이 끝나다	못롬 หมดลม	숨이 다하다
못롬하이짜이 หมดลมหายใจ	숨이 끊어지다		

한국어의 토박이 말에 의한 죽음 표현을 보면 "숨" "목숨" "넋" 등과 같이 '삶'이나 '죽음'과 관련된 명사들이 "거두다" "버리다" "끊어지다" "가다" 등과 같은

'종결'의 의미를 지닌 동사들과 결합하여 나타내는 경우가 많다. 또한 "돌아가다"나 "넋이 되다" 등과 같은 표현에서 사후 세계 또는 내세관을 등을 엿볼 수 있다. 이 밖에도 "고꾸라지다" "뻗다" "눈을 감다" 처럼 사람이 죽었을 때의 몸의 형상을 단순하게 표현하기도 하고 "눈에 흙이

매장을 선호하는 중국계 태국인의 무덤

들어가다" 등과 같은 표현에서는 한국의 매장 문화를 나타내기도 한다.

태국어의 경우에도 토박이 말에 의한 죽음 표현에서 '심장'이나 '숨'을 뜻하는 "ใจ(짜이)", '바람'이나 '호흡'을 뜻하는 "ลม(롬)" 등의 낱말과 '가다'를 의미하는 "ไป(빠이)", '꺼지다'를 의미하는 "ดับ(답)", '다하다' '끝나다'를 뜻하는 "สิ้น(씬)", "หมด(못)" 등이 사용되는 것을 볼 수 있다. 또한 '쓰러지다'를 뜻하는 "ล้ม(롬)"과 '작별하다'의 의미를 지닌 "จาก(짝)"이 사용되는 경우도 있다.

한국어와 태국어의 토박이말에 의한 죽음 표현은 눈을 감고, 호흡이 멈추고, 몸이 쓰러지는 등의 단순한 동작성 동사를 통해 죽음을 나타내며 그 안에 이 세상을 떠나 저 세상으로 떠나가는 별리別離의 의미를 담고 있음을 알 수 있다.

차용어에 의한 죽음 표현

한국어에 차용된 한자와 태국어에 차용된 팔리 산스크리트어는 다양한 죽음의 의미를 표현한다. 대개는 사회적 신분과 따른 차별성을 나타내고 격식체로 사용되는 경우가 대부분이다.

한국어

| 승하(昇遐) | 붕어(崩御) | 열반(涅槃) | 입적(入寂) |
| 작고(作故) | 타계(他界) | 천붕(天崩) | 사망(死亡) |

태국어

싸완콧 สวรรคต	승하하다	티웡콧 ทิวงคต	승하하다
치웡콧 ชีวงคต	죽다	빠리닙판 ปรินิพพาน	열반에 들다
머라나깜 มรณกรรม	죽음	아싼야깜 อสัญกรรม	별세하다

한국어의 한자어에 의해 나타나는 죽음 표현은 주로 왕이나 승려 등에게 사용하는 표현이 따로 정해져 있으며 일반인 중에서도 사회적 지위의 높낮이에 따라 엄격하게 구분하여 사용하였다. 임금의 죽음은 승하 또는 붕어 등을 사용하고 승려가 죽는 것은 입적이라 한다. 또한 아버지가 죽는 것을 천붕天崩 즉, '하늘이 무너짐'이라 하였는데 이를 통해 군신유의君臣有義나 장유유서長幼有序, 부자유친父子有親 등의 유교 사상에 기반한 한국의 언어 문화와 불교 문화의 일부분을 들여다볼 수 있다.

태국어의 경우에는 왕의 죽음을 표현하는 데 있어서 싸완콧สวรรคต이나 티웡콧ทิวงคต에서 보는 바와 같이 '하늘로 가다'로 표현되는데 이는 아유타야 시대 들어 신권주의가 들어오면서 왕의 위상이 인간이 아닌 신의 존재로 격상되면서 사용된 표현으로 보인다. 또한 붓다의 죽음을 '열반'을 뜻하는 "빠리닙판

ปรินิพพาน"이라 하고 일반 죽음 표현에서도 '업보'를 의미하는 "กรรม"이 많이 사용되는 것을 통해 불교 문화에 기반한 죽음관과 언어 문화를 들여다볼 수 있다.

차용어에 의한 두 나라의 죽음 표현을 보면 한국어의 한자어는 유교 문화에 의한 언어 문화를, 그리고 태국어의 경우에는 팔리어와 산스크리트어를 통한 불교 문화에 기반한 언어 문화를 강하게 드러내고 있다.

토박이말과 차용어의 결합

죽음 표현에 사용되는 한자어는 명사의 속성을 지니고 있어서 다른 문법 요소와 결합하여 사용된다. 태국어의 경우에는 토박이말과 차용어가 결합하는 것은 흔히 있는 일이다.

한국어의 경우에는 명사인 한자어에 일반적으로 "하다"를 붙여 사용한다. 이때 주된 의미는 선행 성분이 한자어에 있고 "하다"는 단지 앞의 성분을 술어로 기능할 수 있도록 해주는 경동사의 역할을 한다. 한자어 죽음 표현에는 이렇게 "하다"와 결합하는 낱말이 가장 많다. 이 밖에 동사구 형태로 한자어 뒤에 결합하는 문법 요소로는 ─에 들다, ─이 되다, ─을 떠나다, ─을 맞다, ─을 다하다 등이 있는데 앞의 한자어로 인해 대부분 격식체로 사용된다.

운명하다	작고하다	서거하다
저승에 가다	영면에 들다	귀신이 되다
세상을 떠나다	최후를 맞다	명이 다하다

내용적인 측면에서 보면 앞의 한자어 등에 의해 표현되는 바에 따라 죽음이 이 세상에서 삶의 끝이기는 하지만 그 뒤에 다시 저승으로 가거나 귀신이 되는 등의 죽음관이 드러나기도 하고 화자나 청자 또는 망자와 관련하여 적합한 표현을 선택해서 사용해야 하는 언어 문화를 드러내 주기도 한다.

한편 태국어의 경우에는 '끝나다'의 의미를 지닌 "쫍จบ", '꺼지다'의 의미를 지닌 "답ดับ", '도달하다'의 의미를 지닌 "틍깨ถึงแก่", '끝내다'의 의미를 지닌 "쁠롱ปลง", '버리다'의 의미를 지닌 "라ละ", '끝나다'의 의미를 지닌 "와이วาย", '다하다'의 의미를 지닌 "씬สิ้น", "씨아เสีย", "못หมด", '취하다'의 의미를 지닌 "아오เอา" 등이 차용어와 결합한다. 이들 토박이말들은 '이동' 또는 '종결'의 의미를 나타내는 것이 대부분이며 차용어의 경우에는 '삶'과 '죽음' 또는 '몸', '세상', '업보', '공덕' 등을 나타내는 말들이 많아서 내세관을 바탕으로 한 불교적 죽음관을 드러내 준다.

쫍치윗 จบชีวิต	삶을 끝내다	와이치윗 วายชีวิต	생이 다하다
답칸 ดับขันธ์	숨이 끊어지다	와이쌍칸 วายสังขาร	죽다
틍깨깜 ถึงแก่กรรม	운명하다	씬분 สิ้นบุญ	죽다
쁠롱쌍칸 ปลงสังขาร	죽음을 받아들이다	씨아칲 เสียชีพ	목숨을 잃다
라록 ละโลก	세상을 버리다	못웬 หมดเวร	죽다
와이춘 วายชนม์	수명이 다하다	쁠롱아유쌍칸 ปลงอายุสังขาร	죽음을 맞이하다
와이치와 วายชีวา	삶이 다하다	아오치윗 เอาชีวิต	목숨을 취하다

사회적 지위와 신분에 따른 죽음 표현

한국은 고려 말까지 불교를 숭상해오다 조선 시대 들어 불교를 배척하고 유교를 숭상해왔다. 정치적으로는 근대에 이르기까지 절대 군주제를 유지하다가 1910년 일본에 병탄되었고 1945년 해방을 거쳐 현재는 자유민주주의를 채택하고 있다. 한편 태국은 일찍이 13세기부터 소승불교를 숭상해왔으며 오늘날까지 국민의 대다수가 불교 신자인 불교 국가이다. 정치 제도는 아유타야 시대 들어 신권주의가 생겨나고 법왕주의적 요소가 함께 혼합된 절대 군주제를 지켜왔다. 랏따나꼬신 시대 들어와 1932년 입헌혁명을 통해 오늘날 입헌 군주제의 정치 제도를 채택하고 있다. 이러한 정치와 종교 그리고 역사적인 배경은 두 나라의 죽음 표현에 적지 않은 영향을 미쳤다.

왕과 왕족에게 사용하는 죽음 표현

한국어의 왕이나 왕족에게 사용하는 죽음 표현이 상당히 제한적인 데 비해 태국어의 경우에는 상대적으로 매우 여러 기준에 의해 상세하게 세분되어 있다. 이는 태국은 현재 왕실이 존재하는 까닭에 왕실 용어가 아직까지 사용되고 있기 때문으로 보인다. 한국의 경우 사극이나 역사 소설에서 부분적으로 왕실 용어가 사용되기는 하나 실생활에서는 거의 사용되지 않고 있다. 태국의 왕실에서 사용되는 죽음 표현에서 보면 '하늘'의 의미를 지닌 "싸완สวรรค์"과 '가다'의 의미를 지닌 "콧คด"이 자주 사용된다. 이를 통해 태국인들이 국왕과 왕실에 대해 갖는 신권주의 사상을 드러낸다.

한국어

승하(昇遐)하다 붕어(崩御)하다 훙거(薨去)하다

졸거(卒去)하다 서거(逝去)하다 사거(死去)하다

태국어

싸완콧 สวรรคต		씬프라촌 สิ้นพระชนม์	
싸뎃싸완콧 เสด็จสวรรคต	승하하다 붕어하다	틍칩딱싸이 ถึงชีพตักษัย	(왕족) 서거하다
싸뎃싸완카라이 เสด็จสวรรคาลัย		씬칩딱싸이 สิ้นชีพตักษัย	

푸미폰 국왕의 다비식

종교와 관련한 죽음 표현

한국의 종교별 인구 비율을 보면 개신교 19.7%, 불교 15.3%, 천주교 7.9% 순이다. 종교를 가지고 있지 않는 사람이 절반을 넘는다. 이에 비해 태국은 93.5%의 국민이 불교 신자이며 태국 전역에 3만 5천여 개의 불교 사원이 있는 불교 국가이다. 이러한 종교 현황은 죽음 표현에서도 드러난다.

한국어의 불교관련 죽음 표현은 한자어로 되어 있고 불교 외에 가톨릭의 '선종하다', 개신교의 '소천하다' 그리고 천도교의 '환원하다' 등이 사용되면서 각 종교의 교리에 따른 사후 세계나 죽음관을 드러내준다. 이에 대해 태국어에서는 불교 관련 죽음 표현은 붓다와 아라한 그리고 승왕과 일반 승려들에게 사용하는 죽음 표현이 매우 세분되어 나타난다.

한국어

| 열반(涅槃)하다 | 적멸(寂滅)하다 | 입적(入寂)하다 |
| 선종(善終)하다 | 소천(召天)하다 | 환원(還元)하다 |

태국어

싸뎃답칸 เสด็จดับขันธ์, 답칸 ดับขันธ์	(붓다) 열반에 들다
빠리닙판 ปรินิพพาน	(붓다, 아라한) 열반에 들다
씬프라촌 สิ้นพระชนม์	(승왕) 입적하다
틍깨머라나팝 ถึงแก่มรณภาพ	(승려) 입적하다

태국 사원의 화장터

죽음과 관련된 한국과 태국 두 나라의 언어를 살펴보면 오늘날 두 나라 국민은 같은 인간의 삶을 살면서 어떻게 보면 다른 세상을 살아간다. 죽음을 대하는 태도가 다르고 사후 세계에 대한 인식이 다르다. 오랜 시간 믿고 신봉해온 종교가 다르다 보니 사고와 의식 체계가 다르게 된 것이다. 그렇다 하더라도 죽음에 대한 두려움과 죽음 이후의 세계에 대한 인식을 바탕으로 선하게 살아가고자 하는 의지는 크게 달라 보이지 않는다.

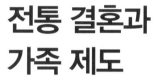

제18장

전통 결혼과
가족 제도

전통 결혼

결혼은 사람이 살아가면서 치르는 가장 크고 중요한 일 중의 하나이다. 그래서 예로부터 결혼을 인륜지대사人倫之大事라고 했다. 그래서 가급적 가장 좋은 날을 선택해서 약혼을 하고 결혼을 해서 가정을 이룬다. 태국의 결혼 연령은 시골에서는 좀 빠르고 도시에서는 좀 늦다. 시골에서는 보통 나이 20세에 결혼하기 시작하는데 도시에서는 좀 늦어서 28~35세에 결혼한다.

우리와 마찬가지로 태국 전통 사회에서는 결혼 당사자의 의견에 상관 없이 양가 부모의 뜻대로 혼인이 이루어지는 경우가 많았다. 서로 얼굴도 못 보고 결혼한다고 해서 이를 "클룸퉁촌คลุมถุงชน"이라고 불렀는데 '봉지로 사람의 얼굴을 가린다'는 뜻이다. 태국 사람들의 믿음에 따르면 이렇게 결혼하게 되는 것은 전생의 업보 때문이라고 한다. 예컨대 전생에 자신의 이해 관계에 따라 자손을 계약 결혼시켰다든가 또는, 동물을 임의로 교배시킨 경우 같은 것이다. 혹은 전생에 사랑을 이루지 못하고 다음 생에서 부부로 인연을 맺기로 언약한 경우도 이에 포함된다. 그러나 오늘날에는 젊은이들은 스스로 결혼 상대를 선택한다. 어른들이 배우자를 정해주는 결혼은 그리 많지 않다.

결혼 상대자를 구하는 데 있어 옛날에는 중매 결혼을 많이 했다. 중매쟁이가 두 집안의 남녀를 연결시켜 주면 대개 남자 쪽 부모가 날을 잡아 여자 쪽 부모를 찾아가 청혼 또는 약혼을 했다. 서로 혼인할 뜻이 있으면 여자 쪽 부모가 남자 쪽 부모에게 카씬썻ค่าสินสอด이라고 부르는 양육 사례금을 요구하게 된다. 양육 사례금은 대개 돈과 금으로 액수를 부르는데 때로는 토지나 주택으로 요구하기도 했다. 양육 사례금이 합의가 되면 결혼식 날짜를 잡게 된다. 남자 쪽에

카씬썻-양육 사례금

서 양육 사례금을 준비해야 하는 관계로 결혼 날짜 택일은 주로 남자 쪽에서 했다. 그래서 약혼하고 나서 결혼이 이루어지기까지 사정에 따라 다소 시간이 걸리기도 했다. 양육 사례금을 지불하는 풍습은 아직도 남아 있다.

택일

태국은 불교 국가이긴 하지만 점성술에 대한 믿음이 적지 않다. 그래서 결혼을 앞두고 가장 먼저 하는 것이 택일하는 것이다. 시기는 보통 6월, 9월, 10월 그리고 4월을 선호한다. 성인 남녀 두 사람이 짝을 지어 새로운 가정을 꾸리는 일이므로 짝수에 의미를 부여하기 때문이다. 비록 홀수 달이기는 하지만 9월도 선호하는데 이는 태국에서 숫자 아홉을 뜻하는 "까우ᵍᵃᵘ"가 '앞으로 나아가다' '발전하다'의 의미를 가진 "까우ᵍᵃᵘ"와 동음이의어이기 때문이다. 8월은 짝수 달이긴 하지만 불교에서 승려들이 우기에 석 달간 두문불출하고 수행에 정진하는 우안거가 시작되는 달이라서 9월로 미루는 것이 보통이다. 만약 8월에 결혼하게 되면 우안거일에 앞서 날을 잡아 한다. 가장 선호하는 달은 6월인데 그 이유는 우기가 시작되는 철이어서 날씨가 덥지 않기 때문이다. 또한 씨 뿌리고 작물을 경작하는 시기라서 새로운 삶을 시작하는 신랑과 신부에게 의미하는 바가 큰 까닭도 있다. 한편, 12월은 짝수 달이기는 하지만 개가 발정하고 교미하는 시기라고 해서 선호하지 않는다. 또 다른 이유는 비가 많이 와서 집이 침수되기 쉽고 오가기에도 불편하기 때문이다. 그리고 이 시기에는 음식도 그다지 풍족하지 못한 편이다. 그러나 산업화되고 편리함을 추구하는 현대 사회에서 이러한 믿음은 점차 사라져 가고 있다.

결혼 예물

길일을 보는 점성술 교범

태국의 전통 결혼은 주로 여자 쪽 집에서 거행되었다. 그래서 남자 쪽 사람들이 결혼 예물을 나누어 들고 긴 행렬을 지어 여자 쪽 집으로 간다. 옛날에는 약혼을 먼저하고 나중에 결혼을 하는 경우가 많아 약혼 예물 행렬과 결혼 예물 행렬을 따로 나누어 했지만 요즘에는 같은 날 한꺼번에 한다. 예물은 "칸막 ขันหมาก"이라고 하는데 칸막엑ขันหมากเอก과 칸막토ขันหมากโท 두 가지가 있다.

칸막엑에는 막플루หมากพลู와 콩, 깨, 벼, 은박, 금박 등이 담겨 있다. 막플루는 옛날에 태국인들이 빈랑나무 열매를 구장나무 잎새로 싸서 껌처럼 씹던 것이다. 심심할 때 입을 놀리지 않고 이것을 씹으면 입안이 개운해지면서 충치를 예방해주고 나아가 입술을 붉게 해주는 미용 효과도 있었다. 또한 이웃과 나누어 씹으면서 인간관계에서 친화력을 높여주기도 한다. 그래서 막플루는 아주 중

칸막엑(왼쪽)과 막플루(오른쪽)

요한 생활 식품으로 이를 예물로 보내는 것은 양가의 우정을 상징한다. 여러 가지 곡물은 부유함과 번성을 기원하는 의미가 들어 있다. 또한 양육 사례금이 들어 있는데 금과 현금, 약혼 예물, 약혼 반지, 향과 초 등이 같이 들어 있다.

칸막토는 이바지 음식을 두 벌로 장만한다. 삶은 계란, 삶은 삼겹살, 바나나, 야자 열매, 생선 살과 고추장 등을 넣어 찐 허목ห่อหมก, 소면에 소스를 부어 만든 카놈찐ขนมจีน 같은 음식을 넣는다. 바나나 나무와 사탕수수 나무도 가져간다. 이들 나무는 신부 집 앞에 뿌리째 옮겨 심는데 싹을 내고 번성하는 것처럼 결혼 생활이 발전해 나가기를 기원하는 의미가 있다.

결혼식을 거행하기 위해 신랑 측 친인척과 하객들이 예물을 나누어 들고 신부 측 집으로 향한다. 이때 징과 꽹과리를 치고 피리를 불면서 춤을 춘다. 잔치의 흥겨움을 더해주기 위해서다. 신랑을 앞세워 신부 집에 가서 예물 행렬이 도착했다고 큰소리로 신부 측에 고하게 된다. 그러면 보통은 신부 측에서 바로 집 안으로 들이지 않는다. 신부 집에 들어가기 전에 은문銀門과 금문金門을 통과해야 한다. 모두 여섯 명이 지키고 있는 이 문을 지나가려면 통행료를 지불해야 하는데 대개는 흰 봉투에 돈을 넣어 건네준다.

혼례 의식

신랑 신부가 준비를 마치면 결혼식이 시작된다. 스님을 초청하는데 대개는 9명을 초청한다. 스님이 자리에 앉으면 신랑 신부가 향과 초에 불을 붙이고 오계를 암송한다. 스님이 팔리어로 오계를 염송하고 신랑 신부는 오계를 지킬 것을 다짐하는 의식이다. 이어서 스님이 신랑 신부와 양가 하객들에게 법수를 뿌리며 축원해 준다. 그런 다음에 친인척들이 준비해온 음식과 물건을 시주하고 스님들이 시주한 음식을 공양하고 돌아가면 다음 예식이 진행된다.

혼인 예식은 신랑 신부가 정식으로 결혼하는 의식이다. 신랑 신부가 나란히 앉고 결혼 예물을 진열한 뒤에 양가 부모가 양쪽에 앉는다. 신랑 부모가 양가 친척들을 증인으로 하여 정식으로 혼인하여 줄 것을 신부의 부모에게 청한다. 그러면 신부 측에서 양육 사례금이 맞게 왔는지 확인한다. 보통은 신랑 측에서 신부 측에 약속했던 것보다 9자가 들어가는 액수를 얹어 온다. 예컨대, 약정된 사례금이 50만 바트였으면 50만 9백 9십 9바트를 준비해오는데 이는 새로 가정을 꾸리는 신랑 신부가 더욱 발전하고 번영하기를 기원하는 의미가 있다. 확인 절차가 끝나면 신부 측에서 예물을 보자기에 싸서 인수한다. 이어서 신랑이 신부에게 결혼 반지를 끼워준다. 이로써 혼인 의식이 끝난다.

성수 의식

신랑 신부가 혼인 의식을 통해 부부가 되고 나서 행하는 의식이 성수 의식이다. 성수 의식은 대개 오후에 치러진다. 우선 신랑 신부가 나란히 앉아 두 손을 모아 앞으로 내민다. 그리고 나서 하객들이 신랑 신부의 손이나 머리에 성수를 부으며 행복하고 원만한 결혼 생활을 기원하는 덕담을 하고 축원을 한다. 이때 성수는 소라 껍데기에 담는데 이는 브라만교에서 백색은 기운을 상징한다고 믿기 때문이다. 나라이 신은 "카타ᄀᄐᄀ"라고 부르는 지휘봉과 차크라ᄀᄀᄀ, 연꽃 그리고 소라 껍데기 등 네 가지의 성물聖物 을 들고 있다.

일련의 의식이 끝나면 신랑 또는 신부 집에서 저녁 식사를 대접하는 피로연이 있다. 도시에서 결혼식을 하는 경우에는 레스토랑이나 호텔에서 하기도 한다. 저녁식사를 대접한 후에 마지막 의식은 신랑신부를 신방으로 보내는 일이다. 신방에 있는 침대는 시트 위에 꽃잎을 뿌려 아름답게 장식해 놓는다. 이 의식은 어르신의 덕담과 조언으로 마무리되고 이로써 모든 결혼식이 모두 끝나게 된다. 과거에는 결혼식이 끝나면 신랑은 대개 신부집에서 살았다. 사정에 따라 내내 처가에서 살기도 하고 혹은 일정 기간 살다가 독립해 나가기도 했다.

소라 껍데기

가족 제도

젊은 남녀가 결혼하면 새 가족이 들어와 새로운 가정을 꾸리게 된다. 가족을 태국어로 "크립-크루아ᄀᄐᄀᄀᄐᄀ"라고 한다. 크립은 '덮다', '보호하다'라는 의미이고 크루아는 '부엌'이란 뜻이다. 의역하자면 '한 부엌의 음식을 먹는 식구'라는 뜻일 것이다. 가족의 기본 구성원은 부모와 자녀이다. 만약 조부모와 외조부모와 같이 산다면 가족의 규모가 커져 대가족이 된다. 소가족은 부모와 형제가 같이 살지만 대가족이 되면 조부모나 외조부모 외에도 아버지 형제나 어머니 형제 또 그들의 배우자나 자녀 등이 더해져 가족 수가 많이 늘어난다.

태국은 전통적인 농경 국가였다. 오랜 옛날부터 쌀과 생선을 주식으로 하는 태국인에게 있어서 농부는 매우 중요한 존재였다. 그래서 우리가 농사를 천하의 큰 근본으로 여긴 것처럼 태국 사람들도 농부는 국가의 중추라고 했다. 농경 사회에서 절대적으로 필요한 것이 바로 노동력이었다. 따라서 대가족의 형태로 살면서 자녀들이 결혼하여 분가하게 되더라도 집을 넓혀 증축하거나 가까운 곳에 따로 집을 짓고 살림을 냈다. 분가하여 살림 난 자녀가 소가족을 이루고 살다가 그들의 자녀가 결혼하고 그 자녀가 또 자녀를 낳게 되면 다시 대가족이 된다. 전통 사회에서는 비록 자녀가 분가하여 따로 산다 하더라도 같은 마을에 함께 살면서 서로 돕고 의지하면서 부모를 보살폈다. 비단 농사일뿐만 아니라 출가 수행이나 결혼 또는 장례와 같은 대소사가 일을 때 함께 일손을 보탰다. 그래서 태국의 마을 자체가 하나의 커다란 대가족이었고 집성촌의 성격을 띠게 되었다. 간혹 유산으로 받은 땅을 판다 하더라도 대개는 형제들에게 팔아서 부모가 준 땅은 그대로 보존하는 경향이 강했다.

전통적으로 태국인들은 부계나 모계 양쪽 친인척들과 동등하게 교류하면서 살았지만 그래도 모계 쪽과 좀더 가까이 지냈다. 딸들이 결혼하면 대개 사위가 들어와 함께 살았다. 딸이 시집가는 것이 아니라 사위가 장가 오는 형태 แต่งลูกเขยเข้าบ้าน의 결혼 문화 때문이다. 그래서 부모 봉양의 문제도 전통적인 태국가정에서 그 책임이 우선은 딸에게 있었다. 맏딸이 결혼하여 부모와 함께 살다가 둘째 딸이 결혼하면 맏딸이 자신의 가족을 데리고 분가한다. 둘째 딸이 부모를 모시고 살다가 셋째 딸이 결혼하게 되면 둘째 딸 가족이 분가하고 셋째 딸이 부모를 모시고 함께 산다. 그래서 결국 늙은 부모는 대개가 막내딸과 함께 살게 된다. 이런 과정을 통해 아이들은 친가 쪽보다는 외가 쪽에 더 친숙해지고 하나의 마을은 모계사회를 이루게 되었다.

태국의 가족 호칭어

태국어에서 친인척의 호칭어는 한국어만큼은 아니더라도 서양의 인구어들보다는 훨씬 더 발달해 있다. 이런 호칭어들은 어휘 자체에 그 사람의 사회적 지위와 의무, 그리고 책임 등이 담겨 있다. 퍼พ่อ(아버지)와 매แม่(어머니)는 자녀를 낳고 기르며 교육시키는 사람이고 룩ลูก(자식)은 부모의 가르침을 받고 성장하여 부모가 늙었을 때 봉양하는 사람이다. 또한 친가 쪽과 외가 쪽의 구분이 확실하다. 뿌ปู่ 야ย่า는 아버지의 부모이며 따ตา 야이ยาย는 어머니의 부모를 가리킨다. 아อา는 아버지의 형제자매들이며 나น้า는 어머니의 형제자매들이다. 또한 피พี่와 넝น้อง이 접두어처럼 붙어서 손위와 손아래 관계를 확실하게 나태내 준다. 피차이พี่ชาย는 손위 남자 형제로 오빠나 형을 말하며 넝차이น้องชาย는 손아래 남자 형제로 남동생을 가리키는 말이다.

태국인은 모두 부모형제지간

친인척의 호칭어는 가족 관계에서만 사용되는 말이 아니다. 태국 사회에서는 서로 간의 관계를 규정짓기 위해 친인척 호칭어를 타인에게 즐겨 사용하

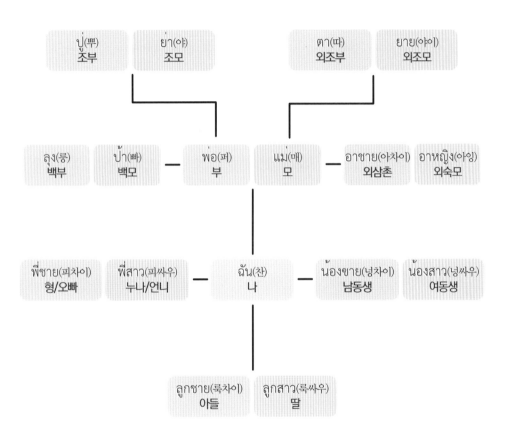

태국의 가족 호칭어

는 경향이 있다. 예컨대 같은 직장에 근무하는 사람들간에 나이가 많은 사람을 "피^{พี่}"라고 부르고 나이가 적은 사람에게 넝^{น้อง}이라고 부르는 경우가 많다. 피라고 불리는 사람은 은연 중에 아랫사람을 돌보는 형의 역할이 주어지게 되고 넝이라고 불리는 사람은 윗사람을 섬기는 동생의 지위를 갖게 된다. 이렇게 하여 상호 관계가 밀접해지고 신뢰감을 주게 된다. 룩피룩넝^{ลูกพี่ลูกน้อง}은 사촌을 가리키는 말인데 직장에서 상사를 "룩피^{ลูกพี่}"라고 하고 부하직원을 "룩넝^{ลูกน้อง}"이라고 하는 것도 여기서 연유한 것이다. 친인척 간의 호칭어는 아주 짧은 시간에 형성되는 관계에서도 사용된다. 물건을 파는 사람은 "퍼카^{พ่อค้า}" 또는 "매카^{แม่ค้า}"로 부르고 물건을 사는 사람을 "룩카^{ลูกค้า}"라고 부른다. 식당에 가면 종업원의 나이를 짐작하여 피^{พี่}라고 부르기도 하고 넝^{น้อง}이라고 부르기도 한다. 길을 묻기 위해서 지나 가는 행인을 룽^{ลุง}이나 빠^{ป้า} 또는 야이^{ยาย}라고 부르기도 한다. 그래서 어떻게 보면 태국인은 서로 친인척 간인 커다란 대가족처럼 보인다. 실제로 한국어에 "친애하는 국민 여러분"은 태국어에서 '퍼매–피넝–차우타이–툭콘^{พ่อแม่พี่น้องชาวไทยทุกคน}'으로 대응된다. '모든 태국인 부모형제'라는 뜻이다.

친인척 호칭어 중에서 특히 퍼^{พ่อ}와 매^{แม่}는 광범위한 의미를 갖는다. 퍼^{พ่อ}는 아버지란 기본 의미 외에 주로 권력을 가진 사람이나 후원자 또는 존경하는 사람에게 붙는다. 쑤코타이 시대 초기에는 왕 이름 앞에 퍼쿤^{พ่อขุน} 또는 퍼므앙^{พ่อเมือง}이 접두어처럼 쓰였다. 이는 군주라는 의미이다. 또한 나이가 좀 있는 존경하는 승려는 루앙퍼^{หลวงพ่อ}라고 불렀다. 매^{แม่}는 더욱 다양한 용법으로 사용되었다. 기본적으로 '낳아 주신 분'이라는 뜻 말고 '집안을 돌보는 사람'이나 '가족을 돌보는 사람'이란 의미를 지니고 있다. 또한 풍요의 상징으로도 쓰였다. 태국어에서 "매남^{แม่น้ำ}"(물의 어머니)은 강이라는 뜻이다. 농경 국가에서 물은 많으면 농사 짓기 쉬운 까닭에 물이 많은 강은 '풍요로움'의 의미를 지니게 되고 따라서 강을 '물의 어머니'라고 불렀다. 그리고 매는 '안정'과 '견고함'의 의미를 지니고 있어 자물쇠를 "매꾼재ㅡㅡㄱㄲㅠㅔㅋ"라고 열쇠를 "룩꾼재ㅇㄱㄱㄲㅠㅔㅋ"라고 불렀다. 어떤 일을 할 때 주도적인 역할을 하는 여성을 "매랭ㅡㅡㄹㅉ"이라고 하고 군부대의 사령관은 남자임에도 불구하고 "매탑ㅡㅡㅉㅉ"이라고 하는데 이 모두가 같은 이유에서다.

전통적으로 농경 사회였던 태국 사회가 산업화 과정을 겪으면서 가족 제도에도 변화를 가져왔다. 농한기에 남자들은 도시로 돈 벌러 나갔다. 자녀를 돌보는 일은 노부모에게 돌아갔다. 그리고 젊은이들은 아예 고향을 버리고 일자리를 찾아 도시로 떠났다. 그래서 시골엔 노인과 아이들만 남게 되었다. 태국의 농림·수산업의 대對 GDP 비중이 1950년대에 47% 이상을 차지하였으나 점차 감소하여 2016년에 8.3%까지 하락하였다. 1980년대 인구 대비 68%였던 농가 인구는 최근 31.74%로 줄어들었다. 이농 현상이 심화되면서 전통적인 가족 제도의 변화를 가져왔다. 사위가 들어와 한 가족을 이루고 대가족의 형제와 자매들이 서로 품앗이를 하면서 농사를 짓던 풍경이 서서히 사라져 갔다. 농촌은 더 이상 과거와 같이 풍요롭고 낭만적인 곳이 아니고 햇볕을 등지고 힘겹게 살아도 미래에 꿈과 희망을 안겨주지 못하는 곳으로 바뀌어 가고 있다. 그래도 늙은 부모를 봉양해야 한다는 태국 전통 사회의 효에 대한 가치는 어느 정도 남아 있어 도시로 나간 자식들이 노부모에게 돈을 부쳐 오는 것이 그나마 다행스런 일인 것 같다.

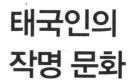

제19장

태국인의
작명 문화

이름 짓기와 이름 부르기

태국인을 처음 만나 서로 알게 되면 통성명을 하게 되는데, 그때 서로 어려워하는 것중에 하나가 이름을 기억하는 것이다. 두 나라 언어가 서로 음운 체계가 다르고 발음이어려운 까닭에 한 번 듣고 따라 발음하거나기억해 두는 것이 쉬운 일이 아니다. 태국인도 한국인 이름이 어렵게 느껴지겠지만 한국인에게 태국인의 이름은 음절 수가 많아서 더욱더 발음도 어렵고 기억하기도 어렵

작명법 설명 도식

다. 태국인들은 대부분 좋은 의미를 가진 팔리어나 산스크리트어로 이름을 짓는다. 한국인들이 이름을 지을 때 의미를 따져가며 한자어로 짓는 것과 유사하다. 태국인들이 이름을 짓는 작명 문화를 살펴보면 그들의 삶의 일부를 들여다볼 수 있다.

이름은 다른 것과 구별하기 위하여 사물, 단체, 현상 따위에 붙어서 부르는말이다. 그러나 이름은 단순히 부르는 말을 넘어서서 다름 아닌 존재 가치나 의의意義를 뜻한다. 이름이 주어짐으로써 사물은 비로소 의미를 얻게 되고, 의미를 얻게 됨으로써 존재 가치를 지니게 된다. 동양 사회에서 이름의 중요성은 옛날부터 강조되어 왔다. 공자는 "이름이 바르지 못하면 말이 순하지 아니하고,말이 순하지 않으면 일을 이루지 못한다"고 하였다.

작명은 어떻게 보면 복된 삶을 살고자 하는 사람들의 욕구에서 비롯된 것으

로 특정 시대의 문화를 반영한다. 태국인의 이름 짓기에는 독특한 특징이 있다. 매우แมว(고양이), 무หมู(돼지) 까이ไก่(닭)는 언뜻 보면 동물의 이름을 나열한 것으로 보이지만 태국인들이 흔히 사용하는 닉네임이며 단음절어로 되어 있다. 위찐 파누퐁วิจินตน์ ภาณุพงศ์, 나와완 판투메타นววรรณ พันธุเมธา, 탁씬 친나왓ทักษิณ ชินวัตร 등은 팔리 산스크리트어 계통의 어휘로 이루어진 사람들의 본명인데 모두 다음절어이다. 현대 태국인들의 이름은 보통 팔리 산스크리트어 계통의 어휘를 사용하여 짓는다. 그러나 이러한 이름들은 대개 다음절어라서 태국인들에게는 발음하는 데 있어서 적지 않은 부담을 느낀다. 따라서 일상 생활에서는 대개 닉네임을 많이 사용한다. 지명의 경우도 대부분 팔리어나 산스크리트어 계통의 차용어가 많이 사용되는데 방콕의 경우 아마도 세계에서 가장 긴 이름을 가진 도시일 것이다. 랏따나꼬신 왕조를 세우면서 새로 옮긴 도읍의 이름에 가급적 좋은 의미를 많이 담아 싶었던 모양이다. 그 풀네임은 다음과 같다.

กรุงเทพมหานคร อมรรัตนโกสินทร์ มหินทรายุธยา มหาดิลกภพ นพรัตนราชธานีบูรีรมย์
อุดมราชนิเวศน์มหาสถาน อมรพิมานอวตารสถิต สักกะทัตติยวิษณุกรรมประสิทธิ์
(꾸룽텝마하나컨 아먼랏따나꼬신 마힌트라유타야 마하디록폽 높파랏차타니부리롬 우돔라
차니웻마하싸탄 아먼피만아와딴싸팃 싹까라탓띠야위싸누깜쁘라씻)

천사의 도시, 광대한 수도, 에메랄드 불상이 안치되어 있는 곳, 그 누구도 이길 수 없는 위대한 도시, 견고한 아름다움과 번영이 있는 도시, 아홉 가지의 보석으로 풍요로운 수도, 행복한 도시, 거대한 왕궁이 많은 도시, 나라이신이 강생하여 거주하는 천국, 제석천이 하사하여 천상의 건축가 비슈바카르만이 창조한 도시

방콕의 정식 명칭이 새겨진 돌 표지석

이름 짓기의 변천사

태국인들이 언제부터 오늘날의 이름과 성을 가지고 살게 되었는지는 명확하게 나타나지 않는다. 쑤코타이 시대 이름에는 고대 국가 성립 시기의 시대상을 반영하는 이름이 많았다. 쑤코타이 시대 비문에서 발견된 사람들의 이름을 분석해보면 모두 단음절어였으며 당시의 상황을 반영하여 콩คง, 찟จิด 쩟จอด, 파껑ผากอง 뭉หมั่ง 등과 같이 멈춤, 안정, 또는 번영을 뜻하는 이름들이 많이 사용되었다. 사회가 가족과 마을 중심의 소규모 사회라서 사람의 이름에 친인척 관계를 나타내거나 형제 중 몇 번째로 태어났는지를 나타내는 아이อ้าย, 이อี่, 싸이ใส 등과 같이 첫째, 둘째 셋째와 같은 서수사를 이름으로 사용하는 경우도 많았다.

아유타야 시대 태국인의 이름은 단음절어 또는 2음절어가 사용되었다. 대부분의 이름은 순수 태국어로 되어 있었다. 일부 팔리어와 산스크리트어로 된 이름도 나타나고 이들 외래어와 태국어의 합성어 형태로 된 것도 있었다.

의미적인 특징을 보면 짠จัน, 텅ทอง, 부아บัว, 파이ไผ่, 싸머สมอ, 매우แมว, 라이ไร่, 누암นวม, 쎔แสม 등과 같이 나무 이름, 금, 연꽃, 대나무, 닻, 고양이, 이끼, 욧속과 같은 의미를 지닌 물질 명사나 마มา, 푹ผูก, 푼พูน 르안เลื่อน 등과 같이 오다, 묶다, 쌓다, 밀다의 의미를 지닌 동작성 동사를 이름으로 사용하였다. 또 짜룬จรูญ, 짬릇จำรัส, 차이ชัย와 같이 번성하다, 번영하다, 승리하다 등의 의미를 지닌 상태성 동사를 이름으로 사용하는 경우도 있었다.

랏따나꼬신 왕조의 절대 군주제 시대에는 남성의 이름에 3음절어, 그리고 여성의 이름에 3~4음절어가 소수 발견되었다. 이는 팔리어와 산스크리트어의 영향을 받은 것으로 보이고 부분적으로 크메르어 영향을 받은 흔적도 보이기 시작했다. 의미적 특징을 보면 프라아팃พระอาทิตย์, 쌩싸왕แสงสว่าง, 프라짠พระจันทร์, 쌩짠แสงจันทร์, 옌เย็น, 춤ชุ่ม 등과 같이 태양, 광명, 달, 달빛, 시원하다, 촉촉하다와 같은 의미를 지닌 자연계 혹은 자연 현상과 관련된 이름이 많았다. 이런 이름은 대개 다음절로 순수 태국어가 아닌 팔리어나 산스크리트어 계통의 어휘가 대부분이었다. 텅ทอง, 깨우แก้ว, 닌นิล, 플러이พลอย 등과 같이 금, 구슬, 흑요석, 사파이어와 같은 의미를 지닌 물질의 이름과 동ดง, 나นา, 프라이ไพร, 르안เรือน 패แพ 등과 같이 숲, 논, 밀림, 집, 뗏목과 같은 의미를 지닌 장소 명이 사람의 이름으로 사용되었다. 마มา, 푹ผูก, 루엄รวม과 같이 오다, 묶다, 합하다와 같은 의미를 지닌 동작성 동사, 또는 찰루아이ฉลวย, 처이ช้อย, 찌암เจียม, 빼แป้น, 찌우จิว, 누이นุ้ย 등과 같이 날씬하다, 유연하다, 겸손하다, 우러러보다, 토실토실하다와 같은 의미를 지닌 상태성 동사가 사람의 이름으로 사용된 경우도 있었다. 꿈, 생년

월일, 또는 주요 사건과 관련된 이름도 생겨났다. 이때쯤 해서 이름을 잘 지으면 삶의 위기나 갈등을 지혜롭게 헤쳐나갈 수 있다는 믿음이 생겨난 것으로 보인다.

민주주의 시대 초기(1851~1935)에는 팔리어와 산스크리트어 계통의 이름이 증가하면서 4~5음절어 이름이 생겨났다. 비율로 보면 순수 태국어 이름이 가장 많으나 전 시대에 비해 감소하였다. 이 세대의 이름을 보면 신체 부위를 나타내는 끌래แกละ(머리댕기), 삐아เปีย(땋은 머리), 찐จอน(구레나룻), 장소를 나타내는 니콤นิคม(큰 마을), 찻ชาติ(국가), 싸얌สยาม(싸얌), 사람 이름인 나라นรา, 쁘라차ประชา, 도구 이름인 싸뭇สมุด(노트), 쁨แฟ้ม(문서철) 등이 사용되기도 하고 아름다움의 의미를 가진 추상 명사 쑤탓สุทัศน์, 쏘파โสภา, 씨쁘라파이ศรีประไพ, 쌍응이암씨เสวียมศรี, 자세를 나타내는 말인 끌래우แกล้ว(용감하다), 끌라กล้า(과감하다), 옹앗องอาจ(씩씩하다), 브라만신의 이름인 나린นรินทร์, 인อินทร์, 빠라멧ปรเมศร์, 팟차리พัชรี 등이 사용된 것을 볼 수 있다. 의미적으로 권력, 승리, 전쟁과 관련된 찰름폰เฉลิมพล, 나롱ณรงค์, 끄릿กริช 또는 지식, 지혜, 교육과 관련된 꼬윗โกวิท, 쁘리차ปรีชา 윗เวทย์ 등도 많이 사용되었다.

민주주의 시대(1932~현재) 들어와 작명 문화는 새 시대를 살아가는 사람들의 다양한 욕구를 충족시키기 위한 변화가 불가피했다. 특히 팔리어와 산스크리트어 이름이 늘어나면서 음절 수가 증가하고 서양 문화의 영향으로 닉네임을 영어 이름을 사용하는 사람들이 많이 늘어났다. 또한 점성술에 기반하여 이름을 짓는 경우가 많았다. 예컨대, 특정 요일에 태어난 사람의 이름을 지을 때 특정 자음과 모음을 사용하면 복을 가져다 준다는 믿음을 가지고 있었다.

길이에 있어서는 6음절어 이름이 등장하는 등 음절 수가 많이 증가하였다.

왓치라롱껀 국왕

아팃 깜랑엑-전직 육군대장의 이름은 '태양-최고의 힘'
이라는 의미

이는 대부분 팔리어나 산스크리트어 계통의 어휘를 사용하여 이름을 지었기 때문이다. 현재 법적으로 본명의 경우 5음절을 넘지 못하도록 되어 있다. 그러나 국왕의 경우에는 그 이름이 매우 길다. 현 라마 10세의 공식 명칭은 '쏨뎃-프라짜오 유후아 마하왓치라롱껀 버딘트라-텝파야-와랑꾼'이다.

의미적인 측면에서 남자는 '권력'과 '승리' 여자는 '길복'의 의미가 감소하고 명예, 축원, 선행, 지혜, 지식의 의미 증가하였다. 작명에 있어서 현대식 이름의 특성을 갖게 되었는데 형태적으로는 표기 체계 및 어법에 맞게 짓고 성별과 시대에 맞는 의미를 부여하게 되었다. 그리고 자신만의 고유함과 독특함을 드러내고자 하는 경향이 나타났다. 예컨대 티라싹ธีรศักดิ + 깐라야กัลยา = 깐티다กัลยธีรา와 같이 부모의 이름을 합성하거나 중복을 회피하고 색다름을 추구하기 위해 라란라รรรรา 또는 다디다ฎีฎา와 같은 특이한 이름을 짓기도 한다.

태국인의 닉네임

일반적으로 태국인은 두 개의 이름을 가지고 있다. 하나는 "츠찡ชื่อจริง"이라고 하는 본래의 이름과 "츠렌ชื่อเล่น"이라고 하는 닉네임이다. 태국인이 태어나면 출생 신고를 하고 법적 지위를 획득하기 위해 짓는 이름이 쯔찡인데 이는 대개가 팔리어나 산스크리트어 계통의 다음절어이다. 태국어의 기초 어휘는 대부분 단음절로 되어 있어 이름이 다음절어인 경우에 발음하기도 힘들고 기억하기도 쉽지 않다. 그래서 일상생활에서는 대부분 간단하고 부르기 쉬운 츠렌을 사용한다. 태국인들의 닉네임은 아유타야 시대 초기부터 사용하기 시작한 것으로 추정된다. 공식적인 기록으로는 라마 4세 때

유명 여류작가 덕마이쏫─생화(生花)라는 의미

국왕의 이름이 너무 길어 부르기 불편하니 짧고 쉽게 부를 수 있는 이름이 필요하다고 기록한 문서가 있다. 오늘날 태국인들의 닉네임은 성별과 생시生時 등을 고려하여 지으며, 청각적으로는 듣기 좋고 의미적으로는 좋은 뜻이 담긴 이름을 짓는다.

음절 수

태국인의 닉네임은 나이가 많을수록 단음절에 가깝고 10세 이하의 어린이는 대부분 2음절어인 닉네임을 사용 한다. 닉네임은 종교와도 어느 정도 상관성을 보인다. 불교도는 평균 1.24음절인 데 비해 기독교는 1.39음절, 그리고 무슬림은 2.21음절로 나타났다. 이는 종교에 따라 닉네임을 지을 때 사용하는 언어가 다르기 때문인데 무슬림들의 경우 대부분 아랍어를 사용하고 부분적으로 말레이어를 사용한다. 이들 언어는 다음절어이기 때문이 보통 3~4음절로 된 닉네임을 사용하는 사람도 있다.

사용 언어

닉네임을 지으면서 사용하는 언어는 과거 태국어에서 팔리어와 산스크리트어를 선호하다가 최근 들어 태국어 이름과 중국어 이름은 감소하고 영어 이름이 증가하는 경향이 뚜렷하게 나타났다. 닉네임을 분석한 한 연구 결과를 보면 총 16개 언어 중에서 태국어가 가장 많고 그 다음이 영어 그리고 팔리어와 산스크리트어, 중국어, 아랍어 순으로 나타났다. 한국어 이름도 13위를 차지하고 있는데 2000년도 들어 상륙한 한류의 영향으로 보인다. 남성과 여성을 나누어 보면 남성은 팔리어나 산스크리트어를 선호하고 여성은 순수 태국어를 선호하는 것으로 나타났다. 그리고 무슬림들의 경우에는 아랍어를 사용하는 경우가 많다. 전체적으로 작명 시 언어 선택은 나이나 연령대보다는 종교가 중요한 변수로 보인다.

의미

닉네임이 지닌 의미를 살펴 보면 남성의 경우는 지식, 능력, 유일함, 서수, 위대함, 승리, 뛰어남 등의 의미를 지닌 어휘가 많이 사용되었고 여성의 경우에는 화초, 음식, 신체적 특징, 사랑과 행복 등과 관련된 어휘가 많이 사용되었다. 이 가운에는 동물의 이름을 사용하는 경우가 매우 많은 편인데 이러한 경향은 신세대로 갈수록 점차 감소하는 것으로 나타났다. 또, 사람, 문자, 숫자, 서수, 신체적 특징 관련 의미도 젊은 세대로 갈수록 감소하는 데 비해서 음식, 과일, 화초, 부유함, 등의 의미는 젊은 세대에서 많이 사용되고 있다.

작명에 나타난 태국의 사회와 문화

자아 의식 부각

태국인의 닉네임은 비교적 단순하고 부르기 쉽게 짓는 까닭에 다른 사람의 이름과 중첩되는 경우가 많다. 그러나 젊은 세대로 갈수록 자아 의식이 부각되면서 자신만의 고유한 이름을 갖고 싶어하는 욕구가 생겨났다. 최근 한 조사에 따르면 닉네임에서도 이런 변화가 보이는데 가장 나이가 어린 세대에서 특정 닉네임을 사용하는 사람의 비율이 1.08%로 나타났다. 이는 대부분의 어린 아이들이 다른 사람과 중복되지 않는 자신만의 고유한 닉네임을 사용하고 있다는 것을 의미한다. 또 3 인 이상이 사용하는 닉네임을 가진 사람이 가장 어린 세대에서는 14% 정도인데 가장 나이가 많은 세대에서는 거의 50%로 나타났다. 전체적인 흐름을 보면 과거에는 단순하게 부르기 쉬운 이름을 선호하다가 근래 들어 개인의 자아 의식이 성장하면서 타인과 구분을 지을 수 있는 자신만의 고유한 이름을 갖고 싶어하는 경향이 뚜렷하게 나타난다.

외국 문화의 유입

태국은 역사적으로 가장 먼저 인도의 영향을 받았다. 이 과정에서 팔리어와 산스크리트어의 영향을 받게 되었다. 그 다음에 크메르의 영향을 받으면서 왕실 용어를 비롯한 일부 크메르어 어휘가 태국어에 유입되었다. 이후에 중국 문화의 영향을 받았으며 근대에 이르러는 영어를 비롯한 일부 서구어의 영향을 받게 되었다. 최근에 보면 젊은 세대의 경우에 태국어 이름이 감소하고 영어 이름이 많이 증가한 것을 볼 수 있다. 어떤 사람은 각기 다른 두 개의 언어를 합성한 이름을 사용하기도 하고 외국어의 동음이의어를 이름으로 사용하기도 한다. 예컨대, 똔옥ต้นโอ๊ค이라는 이름은 태국어의 나무를 뜻하는 똔ต้น과 오크โอ๊ค, Oak를 뜻하는 영어의 합성이이다. 또, 티안เทียน이라는 닉네임을 사용하는 사람이 있는데 태국어의 티안은 '초'라는 뜻이지만 중국어에서는 '하늘'이란 뜻이다. 사실 태국의 국가 명칭에 들어가는 타이랜드ไทยแลนด์ 역시 태국어 타이ไทย와 영어 랜드แลนด์: Land의 합성이다.

중국계 태국인의 동화 현상

중국인은 태국 사회에 가장 잘 적응하면서 자연스럽게 동화된 민족이다. 중국인들은 13세기부터 태국에 유입되기 시작했고, 톤부리 시대 딱신의 중국계 이민 및 중국과의 교역 장려 정책에 힘입어 대거 태국에 정착하기 시작했다. 중

앙정부의 동화 정책이 이어지고 라마 6세 때 이르러서는 당시 제정된 법령에 따라 중국인들은 태국식 성씨를 써야만 했다. 그러자 중국인들은 대부분 개명을 통해 태국인이 되는 길을 선택했다. 이런 과정을 반영하듯이 중국계 태국인들의 이름을 보면 노년층에서 13.6%를 차지하고 있던 중국식 이름이 어린 세대에서 보면 3.5%로 감소했다. 또 이름을 지으면서 혈통을 고려했다고 응답한 사람의 비율도 노년 세대에서는 86%인 데 비해 아동 세대에서는 20%를 밑돌았다.

길복의 개념 변화

태국인들은 이름을 지을 때 그 이름을 사용할 당사자에게 알맞은 어휘가 가장 복을 가져다 준다고 믿었다. 즉, 이름의 주인이 행하는 언행이나 성품 등과 관련된 어휘가 가장 알맞은 이름이라는 것이다. 그래서 옛날에는 그냥 단순한 어휘를 이름으로 사용하는 경우가 대부분이었다. 그러다가 나중에는 삶에 있어 행복을 가져다 줄 수 있는 의미를 지닌 추상 명사, 예컨대, 선함과 아름다움 그리고 번영을 의미를 가진 어휘가 이름으로 많이 사용되었다. 그리고 현대 사회에 이르러서는 지식과 능력의 의미를 나타내는 어휘를 선호하고 있다.

물질주의와 소비 사회 그리고 자연에 대한 갈망

태국 사회가 물질주의와 소비 사회로 변화되고 있다는 것은 작명 문화에서도 나타난다. 태국인의 이름에서 마음의 행복을 나타내는 추상명사보다는 실제로 소비할 수 있는 물질명사가 많이 늘어 나고 있으며 또 다른 한편으로 웰빙을 추구하는 경향도 드러나고 있다. 작명에서 보면 꽃과 음식 그리고 자연과 관련된 실체성 명사가 어린 세대의 이름에서 노년층보다 2~5배 정도로 많이 나타난다.

모계 중심 사회와 남녀의 역할

태국인의 작명 문화에서 모계 사회적 요소가 보이고 남녀의 역할이 구분되어 있음을 알 수 있다. 하나 설문 조사에 따르면 불교도의 이름을 지을 때 작명을 하는 사람은 부계보다 모계가 많다. 그러나 무슬림 사회에서는 부계가 더 중심 역할을 하고 있다. 불교도의 경우 45%: 26%로 어머니나 외가 쪽 어른들이 이름을 많이 지어준다고 답했다. 그러나 무슬림의 경우에는 9.8%: 60.9%로 아버지나 친가 쪽 어른들이 이름을 많이 지어준다고 답했다. 이는 외가 쪽 중심으

타이 무슬림 학생들

로 성장하는 태국의 가족제도와 여성의 역할이 상대적으로 미미한 이슬람 사회를 반영하고있는 것으로 보인다.

태국 사회에서도 이름의 중요성을 오래 전부터 인식하고 있었다. 각자의 삶은 선택의 여지 없이 주어지는 운명적인 것이지만 이름은 스스로 선택하여 자신의 삶에 행복과 번영, 그리고 발전을 도모할 수 있는 가장 좋은 방법으로 여겼다. 나쁜 의미의 이름을 갖게 되면 다른 사람들이 우리를 부를 때 저주하는 것과 마찬가지이지만 반대로 좋은 의미의 이름을 갖게 되면 부르는 사람이 우리의 삶을 축복해주는 것과 같다. 그래서 태국인들은 누구나 좋은 의미를 가진 이름을 짓고자 노력해왔다.

제20장

태국의
국민성과
가치관

굶주림을 모르는 풍요로움

태국인을 만나면 가장 인상 깊은 것이 그들의 해맑은 미소이다. 걱정이나 근심거리는 하나도 없는 듯 밝게 웃는 그들의 얼굴에서 특유의 태국적 평온함을 느낀다. 그래서 태국을 미소의 나라라고 부르는 사람도 있다. 그들의 미소는 어디에서 왔을까? 아마도 불교를 바탕으로 한 업보와 윤희 사상 말고도 농경사회를 인해 얻어지는 풍요로움과 느긋함 때문이 아닐까 하는 생각이 든다. 태국인들은 아주 오랜 옛날부터 물가에 살면서 농사를 지어왔다. 18세기경 서양인들의 기록에 보면 "자연은 이 지역 사람들에게 별로 일을 하지 않아도 되는 삶

태국인의 미소

의 편안함을 제공해주었다. 단지 땅을 갈고 씨만 뿌리면 되었다. 우기가 되면 물이 흘러 내려와 작물을 키워주었다. 기후도 온화하여 벼도 빨리 자랐다. 이런 기후 조건이 되레 사람을 게으르게 만들었다"고 적고 있다. 곳간에서 인심 난다는 말이 있다. 태국의 이런 풍요로움은 사회 구조를 느슨하게 만들었고 사고방식을 낙천적으로 만들어 항상 여유와 미소를 갖고 살게 했다. 태국인의 국민성은 한국인과 닮은 점도 있지만 다른 점도 많다.

태국인의 국민성

1. 낙천적이고 낭만적이다.

태국인들은 풍부한 자연의 혜택 속에서 살아왔다. 또 역사적으로 전쟁이나 자연 재해가 적었다. 따라서 고난과 극복의 역사를 살아 온 경험이 많지 않다. 태국 사람의 삶에는 언제나 여유와 미소가 있었다. 태국인들의 언어 생활에서 "마이뻰라이ไม่เป็นไร"(괜찮다)라는 말이 있다. 일상생활 속에서 가장 많이 사용하는 말이라고 한다. 태국 사람에게 웬만한 실수를 해도 보통은 웃으면서 "마이뻰라이" 하고 넘어간다. 불교의 업보 사상으로 현실을 수용하고 낙천적으로 살아가는 태국사람들은 그래서 가난하지만 행복하게 살아간다. 우리나라가 가난하고 어렵게 살던 옛날을 돌이켜 보면서 보통은 '가난하고 찌들었던 시절'이라고 표현한다. 오늘날 태국의 소외된 지역에 사는 사람들을 보면 가난한 것은 맞는데 찌든 모습은 찾아보기 힘들다. 태국 사람들은 평소에 늘 여유와 미소 속에서 살아가지만 그러나 한번 크게 화를 내면 여간해서는 쉽게 풀어지지 않는다. 쉽게 화내고 쉽게 풀어지는 한국인과는 대조적이다. 평소에 화내지 않고 감정을 잘 추슬러 가며 사는 사람들이지만 반면에 극한 상황에 처하게 되면 자기 통제 능력을 상실하고 큰일을 저지르는 경우가 많다. 태국의 애정 영화를 보면 삼각관계의 말로가 대개 버림받은 여주인공이 변심한 남자를 총으로 쏴서 죽이는 것으로 끝나는 경우를 종종 본다. 같은 상황에서 한국 영화의 여주인공이 외국 유학을 떠나거나 모든 것을 체념하고 수녀원으로 들어가는 것으로 처리되는 것과는 대조적이다.

2. 자존심이 강하고 명예를 존중한다.

흔히 태국 땅에 살고 있는 타이족은 명예를 존중하고 이슬람교도는 종교를 따라 살고 중국인은 돈을 바라보고 산다고 한다. 이러한 명예욕 때문에 태국인은 오래전부터 공무원이 되는 것을 선호해 왔다. 한번 공무원이 되면 그들은 자부심이 대단하다. 근래 산업화가 진행되면서 공무원에 대한 선호도는 많이 바뀌어 가고 있다. 아마도 박봉 공무원이 가져다 주는 안정된 삶보다는 상대적으로 급여가 높은 민간 기업에 다니는 것이 더 낫다고 생각하기 때문인 것 같다. 태국인들의 자존심이 어디서 생겨 났는지는 모르지만 남달리 강한 것은 사실이다. 아마도 굴욕의 역사가 없었기 때문인지도 모른다. 그래서 태국 사람들 앞에서 그들을 흉보는 것은 금물이다. 대신 칭찬해주거나 추켜세워 주면 굉장히 흡족해 한다. 태국인의 자존심을 이해하면 실제로 사귀기 쉽고 함께 일을 도모하기 쉬운 사람들이라는 생각이 든다.

3. 기회주의적이고 도박성이 강하다.

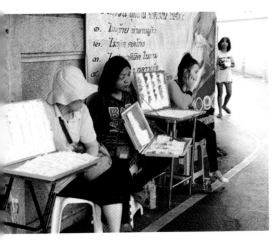

복권을 파는 상인들

위기를 많이 경험하지 못한 역사와 일 년 내내 더운 기후적 배경은 태국인들을 기회주의와 도박성을 갖게 한 요인으로 작용한 것 같다. 옛날부터 닭싸움으로 도박을 즐겼고 오늘날 축구나 무에타이 경기에서도 내기를 통한 판돈이 엄청나게 오간다. 태국인의 사행성은 엄청나게 잘 팔리는 복권과 이를 변조한 "후아이"라고 부르는 불법 지하 복권에서도 엿볼 수 있다. 심지어 젊은이들의 병역 문제도 제비뽑기로 결정한다. 이따금 시청 앞에 징집 연령이 된 청년들이 소집되어 제비뽑기하는 것을 볼 수 있는데 운이 좋으면 면제되고 운이 나쁘면 군에 가는 것이다. 태국의 정치판도 예외는 아니다. 정치하는 사람들 대부분이 정치적 철학이나 소신을 갖고 나랏일을 하고자 하는 자세보다는 정치적 유불리를 따져 가며 밀고 당기는 기회주의적 성격이 짙다는 인상을 갖게 된다. 다당제의 의회 정치속에서 쉽게 이합집산이 이루어지고 어제의 적이 오늘의 동지가 되는 경우가 허다하다.

4. 미워할 줄 모르고 쉽게 잊어버린다.

태국인의 성격 중에 빼놓을 수 없는 것은 쉽게 잊어버린다는 것이다. 태국인

중에 많은 이들이 한국 사람이 왜 일본을 싫어하는지를 묻는다. 식민지 역사와 일제의 만행을 이야기 해주면 이미 지난 일이 아니냐고 반문한다. 또 한국의 여러 전직 대통령들이 임기가 끝난 후에 재판을 받고 감옥에 가는지에 대해서 묻는 사람들이 많다. 그 이유를 나름대로 알아듣게 설명을 해주어도 그들은 고개를 갸우뚱한다. 모두 재임 기간의 공과가 있을 터인데 왜 그렇게 궁지에 몰아넣는지 이해하기 힘들다고 한다. 한국인에게는 당연한 일이 태국인들에게는 이상하게 보이는 모양이다. 그리고 보면 태국에게는 적대국이 거의 없는 것 같다. 역사상으로 전쟁을 했던 이웃 나라들에게 악감정이 그리 많이 남아 있는 것 같지 않고 근대에 이르러 서양의 여러 나라들에게 이권을 빼앗기고 억압받았던 과거가 있었지만 나름대로 모두 사이 좋게 지내고 있다.

1990년대 초반 군부 쿠데타 이후 군부 퇴진과 민주주의를 부르짖던 군중을 향해 군부가 발포하고 이로 인해 수십 명의 사상자를 냈던 사건이 있었다. 이른바 '잔인한 5월'이라고 불렀던 정치적 사태를 지켜보면서 몇 가지 예상을 빗나간 것들이 있다. 사태가 종결되고 나서 당시 집권하고 있던 쿠데타의 실세들 중 처벌을 받거나 법의 심판대에 오른 사람이 없다. 쿠데타를 주도한 장군들은 골프를 즐기고 정치 활동을 하면서 자주 TV 에 얼굴을 내밀었다. 당시 군중을 이끌고 독재를 물리치는 데 중심 역할을 하고

『마띠촌』 표지에 실린 짬렁 씨므앙의 모습

나중에 막사이사이상까지 받았던 짬렁 씨므앙보다도 쿠데타 집단이 더 당당한 듯이 보였다. 그 당시 총탄도 두려워하지 않고 항거하던 태국인의 분노는 어디로 간 것일까? 그 이전에도 태국은 두 차례 이상 죽음을 무릅쓰고 군부 독재에 항거한 역사를 갖고 있다. 지금까지 태국은 스무 번의 쿠데타를 겪었다. 이렇게 비운의 역사가 자꾸 반복되는 것은 미워할 줄 모르고 쉽게 잊어버리는 국민성 때문인지도 모른다.

5. 심성이 착하고 부드럽다.

어려서부터 절에 다니며 불교의 가르침에 따라 살아가는 태국인들의 심성은 착하고 부드럽다. 작은 벌레 한 마리 죽이는 것조차 망설이는 사람들이 많다. 태국에 다녀온 사람들에게 태국의 인상에 대해 물어보면 대부분 사람들이 착하다고 대답한다. 물론 전부는 아니더라도 대부분의 태국인들은 몸에 배인 미소와 친절, 그리고 부드러운 심성으로 이방인을 대한다. 방콕의 거리를 보면 몇 미터 밀려 있는 자동차 사이로 오토바이들이 비집고 들어간다. 그러나 자동차 운전사들이 이를 보고 화내는 경우가 없다. 태국 대학에서 수 년간 한국어를 강의한 적이 있지만 교수에게 불손하게 굴거나 버릇없이 행동하는 학생을 본 적이 없다. 한국인과 태국인이 함께 지낼 때 이따금 조그만 갈등이 발생하는데 그 이유 중의 하나는 태국인들에게 한국사람들이 직선적이고 거칠게 느껴지기 때문이다. 태국 속담에 '장소가 좁은 곳에서는 살 수 있지만 마음이 좁은 곳에서는 살기 어렵다'는 말이 있다. 태국인을 폭넓게 이해하고 애정을 가지고 대할 때 그들은 우리의 좋은 친구가 될 수 있다. 더욱이 그들은 한국인에게서 많은 것을 배우고 싶어한다.

6. 단순하고 느긋하다.

흔히 열대 지역에 사는 사람들이 성격이 단순하고 느긋하다고 한다. 태국사람들도 예외는 아니다. 그러나 태국에서 살다 보면 서둘러야 하는 이유가 별로 없다. 어떻게 보면 태국인이 느긋한 것이 아니고 한국인이 너무 조급한 것이라는 생각이 든다. 태국의 여러 지방에서 대중 교통수단으로 사용하는 "뚝뚝"을 이용할 때 보면 앞에 가는 뚝뚝을 보고 손을 들어 세워 놓은 다음에 뛰어가서 타는 경우가 없다. 느긋하게 걸어가고 있으면 오히려 뚝뚝 운전사가 후진하여 승객을 태우러 온다. 또 지방에 운행되는 합승 택시의 승객들을 보면 큰길에서 내려 몇 발자국 걸어가면 될 것을 가만히 앉아서 차 돌리기 어려운 골목을 들어가 자기 집 대문 앞에서 내린다. 한국인의 시각에서 보면 그런 느긋한 승객이나 고분고분 가자는 데까지 가주는 운전사나 모두 이해하기 어렵다. 서두를 줄 모르는 태국인들의 성격은 종종 한국인들과 갈등을 빚는다. 태국의 한국 회사에서 흔히 일어나는 문제 중의 하나는 태국인 직원들이 급한 일을 그때그때 맞추어 해내지 못한다는 것이다.

태국의 뚝뚝

태국인의 이러한 느긋함은 단순함과도 연결된다. 어떤 일을 생각하고 사고思考하는 데 복잡한 것을 싫어한다. 한국인은 쉽게 하는 암산을 태국인들은 잘하지 못하는 경우를 흔히 본다. 시장에서 35바트치 물건을 사고 100바트짜리 지폐를 내면 물건을 파는 상인은 꼭 전자계산기를 두드린 다음 거기서 나온 답에 따라 65바트를 거슬러 준다. 65바트를 거슬러 줄 때도 그냥 한 번에 65바트를 주는 것이 아니다. 지불할 가격 35바트에서 10바트씩 더해서 100바트를 채워주는 방식으로 거스름 돈을 내어준다. 음식점에서 계산을 하거나 물건을 살 때는 항상 영수증을 꼼꼼하게 살펴 봐야 한다. 계산이 틀리는 경우가 종종 있다. 처음에는 바가지 요금 아닌가 의심해보기도 하지만 어떤 때는 실제 거슬러 주어야 하는 돈보다 많이 거슬러 주는 경우도 적지 않은 걸 보면 고의성은 없는 것 같다.

7. 부모에 대한 효도를 중요시한다.

태국은 오래전부터 불교를 숭상해왔고 현재까지 태국인 대부분이 불교 신자이다. 따라서 태국인이 부모에게 행하는 효도도 불교와 관계가 깊다. 태국인들에게 있어 가장 큰 효도는 머리를 깎고 절에 들어가 불교의 가르침을 배우고 실천하는 출가 수행이다. 태국인들의 믿음 속에는 자식이 출가 수행을 하게 되면 그 공덕이 부모에게로 돌아간다고 믿기 때문이다. 그래서 누가 출가 수행하게 되면 이를 가장 기뻐하고 반기는 사람은 곧 그의 부모이다. 현재 태국의 어머니의 날은 씨리낏 왕비의 생일인 8월 12일이다. 그리고 아버지의 날은 푸미폰 국왕의 생일인 12월 5일이다. 이러한 어머니의 날과 아버지의 날은 비교적 최근에 정해진 것으로 그 이전의 어버이날은 따로 정해진 날이 없었다. 대개는 우리의 설날과 같은 쏭끄란 기간을 어버이날처럼 생각해왔다. 쏭끄란 기간이 되면

객지에 나가 있던 자식들이 모두 고향의 부모를 찾아 간다. 이때 주로 비단옷 한 벌씩을 어버이에 대한 감사의 선물로 드리는 것이 상례였다. 부모가 삶을 다하고 사망하게 되면 태국인은 최소한 100일 동안은 검은색의 상복을 입는다. 또, 초와 향을 준비하고 절에 가서 수시로 부모님의 명복을 빈다. 또한 매년 음력 8월 30일은 조상의 넋을 기리는 날로 음식을 장만하여 제를 지낸다. 우리나라에서 추석에 차례를 지내는 것과 흡사하다.

8. 국왕에 대한 충성심과 애정이 각별하다.

태국인들의 국가에 대한 개념은 우리나라와 차이가 있다. 우리나라가 민족이라는 수직적 관계와 국가라고 하는 수평적 관계로 되어 있다면 태국인들의 민족이라는 수직적 관계가 상당히 취약하다. 우선은 태국이 다종족 국가이기

국왕을 가장 사랑하고 국가를 가장 염려한다는 글귀가 써져 있는 차량 스티커

때문이다. 상당수의 중국계가 있고 남부 지방에는 언어와 종교가 다른 이슬람교도들이 모여 산다. 그리고 북부 지방의 여러 소수 민족들도 그들의 고유한 언어와 문화를 가지고 살아간다. 이렇게 국민들 간의 일체감이 결여된 상태에서 태국인들의 국가관은 인위적으로 형성된 것일 수밖에 없다. 그런 가운데 태국의 왕실은 국민들의 정신적 지주 역할을 해왔다. 태국에서 왕실에 대한 비판은 법으로 금지되어 있으며 이를 어길 경우 지위고하를 막론하고 법의 심판을 받는다. 그러나 태국인들의 왕실에 대한 충성은 단지 법에 의해 강제된 것은 아니다. 태국은 전통적으로 군주는 어버이가 자녀를 다스리듯이 백성을 따뜻하게 돌보는 온정주의적 국왕이었다. 또한 불교의 가르침을 근간으로 한 십정도를 국왕의 중요한 덕목으로 여겼다. 라마 9세인 푸미폰 국왕은 재위 기간 중 선정을 베풀어 국민들의 존경과 사랑을 한 몸에 받았다. 푸미폰 국왕의 왕실 사업으로 소외된 지역의 주민들의 삶을 보듬어 주었다. 또한 빈번한 군부 쿠데타로 정치적 갈등이 고조될 때마다 중심추 역할을 하면서 태국의 안녕과 질서를 유지하는 데 힘썼다. 태국의 그 어느 관공서에 가도 왕과 왕비의 사진이 붙어 있다. 개인회사의 사무실이나 거리의 식당은 물론 일반 가정에도 왕실의 사진을 걸어둔다. 사실 푸미폰 국왕의 삶을 돌아보면 태국인들이 국왕을 어버이처럼 여기는 이유를 짐작하기는 그리 어려운 일이 아니다.

조급한 한국인과 느긋한 태국인

한국인과 태국인은 살아온 역사적 배경과 기후 조건들이 매우 다르다. 그래서 그만큼 서로 다른 국민성을 가지고 있다. 한국인은 잦은 전쟁을 치르고 사계절이 있는 기후 조건 속에서 살다 보니 시간적인 제약이 많은 상황에서 살아왔다. 전쟁이 나면 피난을 가야했고 농사를 짓는 데에도 봄에 꼭 때를 맞춰 씨를 뿌리고 가을에 제때에 추수를 해야 했다. 그렇지 않으면 생존 자체가 어려웠다. 그러다 보니 한국인에게는 조급성이 생겨났다. 그래서 "빨리빨리"라는 부사어를 빈번하게 사용한다. 이에 비해 태국은 한국보다 상대적으로 풍요롭고 평온한 삶을 살아왔다. 그러다 보니 자연 느슨한 사회 속에서 살 수 있었다. 그래서 태국인들은 서둘러야 하는 상황이 별로 없어 "짜이옌옌ใจเย็น ๆ"(서두르지 마라)이라는 부사어를 자주 사용한다.

모든 것에 시간적인 제약이 많고 서두르다 보니 한국인들은 쉽게 화를 내는 성격을 가지게 되었다. 정해진 시간에 맡은 일을 해내기 위해서는 고함도 지르고 화를 내는 상황이 생겨나기 마련이다. 그리고 일을 수습하기 위해서 다시 힘을 모아야 하다 보니 빨리 화를 풀어야 했다. 한국인들이 쉽게 화 내고 쉽게 풀어지는 성격은 어찌 보면 생존을 위한 것일 수밖에 없다. 그러나 늘 여유를 갖고 느긋하게 살아온 태국인들은 쉽게 화를 내지 않는다. 태국인들이 일상생활에서 마이뻰라이ไม่เป็นไร(괜찮다)를 자주 사용하는 것도 이 때문이다.

한국은 역사적으로 식민지를 경험한 나라이다. 조선 시대 말 외세의 침략을 막기 위해 쇄국 정책을 펴기도 했지만 국론이 분열되고 당파 싸움이 치열했다. 그러다가 밀려오는 외세를 이기지 못하고 끝내 일본의 식민지로 참담한 생활

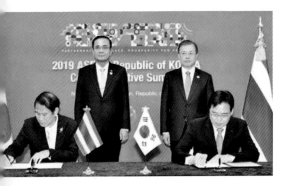

한태 신기술 및 디지털 분야
협력 MOU 체결 장면

을 해야 했다. 그리고 해방이 되고 나서 남북한으로 갈라지면서 동족상잔의 비극을 겪어야 했다. 이러한 역사를 살아 오면서 한국인들은 뭉치면 살고 흩어지면 죽는다는 교훈을 얻게 되었다. 그러다 보니 개인보다는 사회나 국가와 같은 공동체를 우선하는 전체주의적 성향을 갖게 되었다. 그러나 태국의 경우는 두 번의 세계대전 속에서도 양다리 외교를 통해 동남아에서 유일하게 식민지로 전락하지 않는 역사를 갖고 있다. 그래서 상대적으로 공동체보다는 개인의 가치를 존중하고 남에게 간섭하고 간섭받기 싫어하는 개인주의적 성격이 강하게 나타나게 되었다. 21세기 한국과 태국은 동반 성장을 위한 협력관계가 필요한 시기이다. 성격이 다르다는 것은 상호 보완적이라는 의미도 된다. 서로 상대방의 역사와 문화에 대한 탐방이 필요하고 상호 존중과 이해를 바탕으로 한 상생의 지혜가 필요한 오늘이다.

제21장

태국인
금기

삶의 안전장치

한국 사람은 시험 전날 미역국을 먹지 않는다. 또한 빨간 글씨로 이름을 쓰지 않고 건물에 4층은 숫자 대신 F로 표기한다. 이 모두가 한국인이 금기시하는 일이다. 사람이 모여 사는 곳이면 어느 사회나 안전을 도모하고 위험에서 벗어나 편안한 삶을 추구하기 마련이다. 그런 과정에서 생겨난 것 중의 하나가 바로 금기이다. 금기는 어떤 형태로든 간에 시대와 민족을 구분하지 않고 다양하게 존재한다. 태국의 경우에 왼손으로 물건을 건네거나 발로 물건을 가리키는 것은 금물이다. 또, 토요일에 입주하지 않고 금요일에 시신을 화장하지 않는다. 그리고 화요일에는 머리를 깎지 않으며, 수요일에 결혼하지 않는다.

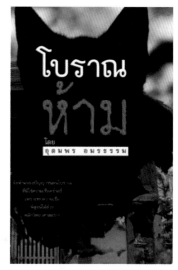
태국의 금기를 설명한 책

이러한 금기는 그 사회의 종교 및 신앙과 깊은 연관성을 지니게 마련이다. 그래서 금기는 신성과 부정不淨에 대해 꺼리고, 피하고, 금하는 것이 많다. 이를 어길 시에는 초자연적인 어떤 힘이 작용하여 벌을 받거나 불행한 결과를 초래한다고 믿는다. 따라서 금기를 통해 자신은 물론 가족과 사회를 정화하는 한편, 불길하고 위험한 사태를 미연에 방지하고 차단하고자 하는 의도가 숨어 있다. 태국은 수백 년 동안 소승불교를 신봉해온 불교 국가이지만 본래의 토착 신앙과 융합하여 일상생활에서 터부시하는 많은 금기들이 생겨났다.

식생활 관련 금기

태국의 식생활은 주로 쌀과 생선을 주식으로 한다. 풍부한 강수량과 비옥한 토지로 비교적 풍요한 식생활을 누려왔다. 그러나 절약과 검소한 식생활을 강조하는 금기도 적지 않다.

바닥에 떨어진 음식을 먹지 말라 ห้ามกินของกินที่ตกหล่นบนพื้น

태국인의 믿음 속에서 바닥에 떨어진 음식은 귀신의 몫이라고 생각한다. 음식이 바닥에 떨어지는 것은 배고픈 귀신이 먹고 싶어 식탁 밖으로 밀어낸 것이기 때문에 이를 사람이 다시 먹으면 귀신이 괴롭히거나 앙갚음을 한다고 믿는다. 그러나 실제로는 바닥에 떨어진 음식은 불결하기 때문에 위생상 먹지 못하게 하는 것이다.

밥은 남기지 말고 다 먹어라 ห้ามกินข้าวเหลือ

밥을 다 먹지 않고 남기게 되면 논 귀신이나 쌀의 여신이 노하게 되고 내생에 굶주리고 가난한 사람으로 태어나도록 저주를 받는다고 한다. 이는 아끼고 절약하는 습관을 갖도록 하는 한편, 쌀 한 톨을 만들기까지 어렵게 수고해야 하는 농부의 노고를 생각하도록 가르치기 위한 것이다.

식사할 때 식기를 두드리지 말라 ห้ามเคาะชามเวลากินข้าว

태국인들은 식사할 때 식기를 두드리면 귀신이 자신들을 부르는 소리로 여기고 달려와 사람이 먹고 있는 밥을 나누어 먹는다고 믿는다. 그래서 보통 때보다 밥이 빨리 줄어든다고 한다. 그러나 사실은 접시나 대접을 두드리게 되면 쉽게 깨지고 점잖지 못한 행동이므로 예의를 지키게 하기 위한 것이다.

국자로 음식 맛을 보지 말라 ห้ามชิมอาหารด้วยทัพพี

국자로 음식 맛을 보게 되면 신체가 기형이거나 불구인 아이를 낳게 된다고 한다. 이는 국자로 맛을 보게 되면 남은 음식물이 도로 국솥이나 냄비로 들어가기 때문에 비위생적이며 예의에도 어긋나기 때문에 금한 것이다.

주거 문화 관련 금기

태국은 연평균 기온이 높고 수로가 발달한 지형적 조건으로 인하여 주로 물가에 집을 짓는 것을 선호한다. 또, 더운 나라다 보니 집 주변에 나무를 많이 심고 지신地神을 모시는 사당을 짓는다. 이런 주거 문화와 관련된 금기도 많이 있다.

란톰 나무를 집 주위에 심지 말라 ห้ามปลูกต้นลั่นทมหรือต้นรักบริเวณบ้าน

란톰 나무의 꽃

란톰ลั่นทม 나무는 협죽도과에 속하는 나무로 pagoda tree라고 부른다. 태국인은 집 주변에 이 나무를 심게 되면 집안 사람들에게 고통과 슬픔을 가져다 준다고 믿는다. 이는 란톰이라고 하는 나무 이름이 주는 어감이 좋지 않기 때문이다. 란톰은 '슬픔'이나 '고통'의 의미를 지닌 라톰ระทม과 음이 유사하다. 그래서 나중에 이름을 릴라와디ลีลาวดีี로 바꾸었다. 태국어에서 ลีลาวดีี는 '미인' 또는 '미녀'라는 의미를 가지고 있다.

집의 그림자 아래 지신 사당을 짓지 말라ห้ามตั้งศาลพระภูมิใต้เงาเรือน

태국의 지신 사당 싼프라품

집의 그림자 밑에 사당을 짓게 되면 그 집안은 발전하지 못하고 불운이 따르게 된다고 한다. 그리고 일이 잘 풀리지 않고 가족들은 몸이 아파 몸져 눕게 된다고 믿는다. 예로부터 태국에서는 지신이 그 집안에 액운이나 불행이 깃들지 못하도록 막아준다고 믿었다. 그런데 지신 사당을 집 그늘 아래 짓게 되면 집에 있는 사람이 지신보다 높다는 것을 의미하므로 철저히 금하고 있다. 따라서 지신 사당을 너무 집 가까이에 세우지 못하게 하는 것이다.

대들보 쪽에 앉아 자지 말라ห้ามนั่งนอนตรงขื่อบ้าน

태국인들은 대들보 쪽에 앉게 되면 귀신 들리기 쉽고 까닭 모르게 머리가 아프거나 온몸이 쑤시게 된다고 믿는다. 이는 대들보의 역할이 큰 무게를 지탱하는 것이기 때문에 그 밑에 앉게 되면 심리적으로 압박감이나 부담감을 갖게 되고 만약 무너져 내릴 경우 그 아래 있는 사람이 크게 다칠 수 있어 금하는 것이다.

동물 관련 금기

태국인들에게 가장 존중받는 동물은 코끼리일 것이다. 예로부터 코끼리는 사람이 하는 힘든 일을 거들어 주고 전쟁터에서 유용한 공격 및 이동 수단이었다. 가축 중에서는 소와 물소가 농사일을 도와주는 동물이었다. 그러나 금기에 등장하는 동물은 주로 생활 주변에서 자주 접하는 애완 동물이나 반딧불이, 또는 찡쪽이라고 부르는 도마뱀 등이다.

도마뱀이 울 때 여행을 떠나지 말라ห้ามเดินทางเมื่อจิ้งจกร้องทัก

예로부터 태국 사람들은 집 밖을 나설 때 도마뱀이 울면 좋지 않은 일이 닥쳐올 것을 알리는 징조로 여겼다. 그래서 도마뱀이 울게 되면 경계심을 갖고 꼭 필요한 일이 아니면 외출이

태국의 도마뱀 찡쪽

나 여행을 자제하였다. 태국은 어디를 가나 도마뱀이 있고 도마뱀이 우는 소리를 일상적으로 자주 들을 수 있다. 실제로 도마뱀이 우는 것과 사람이 하는 일과는 연관성을 찾기 어렵다. 따라서 옛날 사람들이 여행을 떠나는 사람들로 하여금 항상 조심하고 경계를 게을리하지 않게 하도록 만들어 낸 금기일 것이다.

반딧불이를 잡아와 놀지 말라ห้ามจับหิ่งห้อยมาเล่น

태국인들의 믿음에 따르면 반딧불이는 일시적으로 나쁜 귀신들의 영혼이 씌

워진 동물이다. 이 반딧불이가 사람들 눈에 예쁘게 보여 자신을 잡아다 놀게 한다는 것이다. 그런데 이 반딧불이가 귀나 코 또는 입 속으로 들어가게 되면 그 사람은 빠우귀신ผีน้ำ 또는 퐁귀신ผีพง이 된다고 한다. 그래서 한밤중에 개구리나 두꺼비를 잡아 먹는다고 믿는다. 반딧불이는 밤에 나와 먹이를 찾는 동물이다. 그러므로 이를 잡기 위해 밤중에 돌아다니게 되면 넘어지거나 발을 다치기에 십상이다. 또한 독이 있는 뱀이나 지네 등에 물릴 수도 있다. 이런 위험 요소가 존재하므로 밤중에 반딧불이를 잡지 못하게 금하는 것으로 보인다.

종교와 신앙 관련 금기

태국에 소승불교가 수용되기 이전부터 있었던 힌두 사상과 여러 가지 정령 신앙은 자연스레 불교와 융합하게 되었다. 오늘날 태국에는 불교 사원과 불상 외에도 힌두 사상에서 유래된 여러 가지 의식과 신상神像들을 볼 수 있으며 지신을 모시는 정령 신앙적 요소가 다채롭게 어우러져 있음을 볼 수 있다.

승려를 손가락으로 가리키지 말라ห้ามชี้นิ้วไปที่พระ

태국인들은 불상이나 승려를 손가락으로 가리키게 되면 손가락이 잘려져 나간다고 믿는다. 이는 불상이나 승려는 불교도에게 있어서 높이 받들어야 할 공경의 대상이므로 붓다나 승려에 대한 존경심을 고취시키기 위해 만들어진 금기일 것이다.

설법할 때 졸지 말라ห้ามหลับขณะฟังเทศน์

태국인들의 믿음에 따르면 설법할 때 졸거나 잠을 자면 내생에 뱀으로 태어
난다고 한다. 한달에 네 번 있는 예불드리는 날วันพระ에 절에 가서 법회에 참석
하고 설법을 듣는 것은 불교 신자가 행하여야 하는 중요한 의무 중의 하나이다.
법회 중에서 설법을 듣는 것은 곧 불교의 가르침을 전해 듣는 것이므로 졸거나
다른 생각을 하는 것은 바람직하지 않은 행실이다. 그러므로 정신 차리고 스님
의 설법을 듣게 하기 위해 만들어낸 금기로 보인다.

예불드리는 날이나 금요일에 시신을 화장하지 말라ห้ามเผาผีวันพระหรือวันศุกร์

태국인의 믿음 속에서 금요일은 귀신들이 풀려나 밥을 먹는 날이다. 그래서
고인의 귀신이 다른 귀신들에게 괴롭힘을 당할 수도 있다. 태국에서 시신 화장
은 거의 대부분 절에서 이루어진다. 그런데 주말인 금요일에 시신을 화장하게
되면 다른 사람들을 불편하게 하고, 예불드리는 날에 시신을 화장하면 불자佛子
나 승려들에게 폐를 끼치게 되는 것이기 때문에 이를 금하는 것으로 해석된다.

예불 드리는 모습

예불드리는 날에 쟁기질하지 말라ห้ามทำไถนาในวันพระ

태국인의 믿음에 따르면 예불드리는 날은 기가 센 날이다. 모든 귀신이 풀려 나와 먹을 것을 찾아 돌아다니게 되므로 이날 하루는 밤과 낮을 막론하고 농사일을 하지 않는 것이 좋다. 만약 이를 어기고 농사일을 하게 되면 그 일이 허사가 되어 그 논의 벼가 죽게 된다고 한다. 이는 예불드리는 날에 농부들이 하루 쉬면서 보시와 시주를 하도록 하기 위함일 것이다. 그리하여 불교를 존속 유지해 나가는 한편 아울러 힘들게 일하는 가축들도 쉴 수 있게 하기 위한 것으로 해석된다.

결혼 생활 관련 금기

태국은 전통 사회에서는 흔히 중매결혼을 하였으며 오늘날의 자유 연애결혼이 시작된 것은 그리 오래된 일이 아니다. 결혼할 상대자가 누구인지 제대로 알지 못하고 결혼하는 경우가 많았다. 금기에서 보면 결혼과 출산에 관련된 여러 가지 흥미로운 사실을 발견할 수 있다.

홀수 달에 결혼하지 말라ห้ามแต่งงานเดือนคี่

태국인들은 홀수 달은 짝이 맞지 않는 숫자이므로 홀수 달에 결혼하면 나중에 불행이 생기거나 헤어지게 된다고 믿었다. 그래서 예로부터 홀수 달에는 결혼을 하지 않았다. 그러나 9월은 예외로 했는데 이는 숫자 아홉 까우กาว가 '앞으로 나아가다' 또는 '발전하다'의 의미를 지닌 까우กาว와 동음 이의어이기 때문이다. 결혼은 둘이 만나 가정을 이루며 사는 것이다. 그러므로 짝수와 연관성이 있다. 그런데 이를 강조하고 유념하도록 하기 위해 결혼도 짝수 달에 하도록 권장한 것이다.

임신한 여자는 시신 화장식에 가지 마라 ห้ามผู้หญิงตั้งท้องไปงานเผาศพ

임산부가 시신을 화장하는 곳에 가게 되면 죽은 사람의 영혼이 배 속의 아이를 속여 데려가거나 아이 에게 해를 끼쳐 불구자로 태어나게 된다는 속설이 있다. 만약 꼭 가야 한다면 허리띠를 단정히 매고 가야 한다. 이는 임산부의 정신 건강을 위해서 만들어진 금기이다. 너무 슬 퍼하거나 비통해 하는 것은 임산부 의 정신 건강에 해롭고 태아에까지 영향을 줄 수 있다. 또한 향이나 초 그리고 향수 등이 임산부에게 해로 울 수도 있기 때문이다. 따라서 이 금기는 임산부는 화장식에 가는 것 을 자제하고 만약에 가더라도 일을 마치는 대로 집에 돌아와 휴식을 취 하도록 가르치기 위한 것이다.

태국 불교 사원의 화장식

일생 생활 관련 금기

일상 생활에서 추구하는 것은 보통 생활의 안전을 도모하고 가족 간의 기본적인 예절을 가르치고자 하는 목적을 둔 것이 많다.

집 안에서 발뒤꿈치로 걷지 말라 ห้ามเดินลงส้นเท้าบนบ้าน

집 안에서 발뒤꿈치로 걷게 되면 집을 지켜주는 귀신이 놀라 다른 곳으로 도망가게 된다고 한다. 그렇게 되면 집을 지켜주는 귀신이 없어져 집안사람들이 나중에 화를 입거나 고통을 받게 된다. 그러나 사실은 발뒤꿈치로 걸으면 아무래도 소리도 많이 나고 보기에도 단정한 걸음걸이가 아니므로 금한 것으로 보인다.

부엌에서 노래 부르지 말라 ห้ามร้องเพลงในครัว

여자가 부엌에서 노래를 부르게 되면 늙은 남편을 얻게 되고, 남자가 부엌일을 하게 되면 늙은 아내를 얻는다고 한다. 이는 부엌에서 요리할 때 침이 튀는 것을 방지하고 불을 다루면서 방심하지 않도록 하기 위한 것이다.

시신을 화장하는 날 빨래를 하거나 널지 마라 ห้ามซักผ้าตากผ้าในวันที่เผาศพบ

예로부터 태국인들은 사람이 입는 옷에 그 사람의 영혼이 머물고 있다고 믿었다. 그래서 시신을 화장하는 날 빨래를 하거나 세탁물을 널게 되면 고인의 영혼이 옷 주인의 영혼을 데려간다고 한다. 그러나 사실은 화장할 때 날리는 재가 빨래에 묻는 것을 방지하기 위한 것이다. 아울러 가급적 많은 사람들이 장례식에 참석하도록 독려하기 위한 방편이기도 하다.

울 때 시신이나 관 위에 눈물이 떨어지지 않게 하라 ห้ามร้องให้น้ำตาถูกศพหรือโลงศพ

장례 시에 유족의 눈물이 시신 위에 떨어지면 고인의 영혼이 저세상으로 가서 다시 태어나지 못한다고 한다. 태국 사회에서 눈물은 유족과 고인의 영혼이 소통하는 수단으로 여겼다. 그래서 시신에 눈물이 떨어지면 고인의 영혼이 유족들에 대한 슬픔과 걱정으로 저세상으로 가지 못하고 인간의 세계를 맴돌게 된다고 믿었다. 그러나 이는 시신의 병균이 유족에게 감염되지 않도록 하고 유족들이 과도하게 슬퍼하는 것을 막기 위한 것이다.

발로 물건을 가리키지 말라 ห้ามใช้เท้าชี้สิ่งของ

발로 물건을 가리키게 되면 발가락이 잘려 나가거나 발에 부상을 입게 된다고 한다. 태국 문화에서는 '낮은 곳'과 '높은 곳'의 구분이 확실하다. 발은 대표적인 낮은 곳을 의미하므로 발로 물건을 가리는 것은 예의에 어긋나는 일이다. 이런 금기는 머리와 같이 '높은 곳'과 발과 같이 '낮은 곳'을 구분할 줄 아는 예의범절을 가르치기 위한 것이다.

노인보다 먼저 밥을 먹지 말라 ห้ามกินข้าวก่อนคนแก่

노인보다 먼저 밥을 먹게 되면 내생에 개로 태어나게 된다고 한다. 이는 어른을 공경하는 미덕과 식사 예절을 가르치기 위해 생겨난 금기로 보인다. 태국도 전통적으로 농경 사회여서 웃어른에 대한 공경을 중요한 덕목의 하나로 여겼다.

태국은 전통적인 농경 국가이며 불교 국가이기도 하다. 태국의 금기는 여러 가지 태국의 사회와 문화적 특징을 드러내는 한편, 기후와 지형을 비롯한 생활 환경 속에서 보다 평온하고 안전하게 살고자 하는 삶의 지혜를 엿볼 수 있게 해준다. 오늘날 과학과 기술이 발달하고 농경 사회에서 산업 사회로 발전하면서 인간의 삶과 문화도 적지 않게 변화되었다. 그러나 시대가 달라져도 옛 조상들이 만들어낸 금기는 쉽게 변하지 않는다. 그 이유는 금기는 단순하게 인간의 무지나 어리석음에 바탕을 둔 미신적 산물이 아니라 인간이 더불어 살아가는 공동체 속에서 그 공동체의 가치를 부여하고 성스러운 영역을 보호하면서 나름대로의 질서를 유지 시켜 나가는 삶의 지혜이며 방편이기 때문이다.

제22장

명절과
축제

태국인의 설날 쏭끄란

어릴 적 누구나 설날이나 추석을 손꼽아 기다리던 추억이 있을 것이다. 과거 어렵고 궁핍하게 살던 시절에도 이런 명절에는 고깃국에 흰쌀밥을 먹으면서 설빔이나 추석빔과 같은 새 옷을 입고 짧은 풍요로움을 즐겼었다. 그래서 "더도 말고 덜도 말고 한가위만 같아라" 하는 말도 생겨났다. 보통은 해가 바뀌거나 추수가 끝나는 시기를 그 나라 특유의 명절로 정하고 다 함께 좋은 옷을 입고 맛난 음식을 먹으며 즐기는 축제가 있다. 쏭끄란은 태국은 물론 일부 동남아 국가에서 중요한 명절로 삼는 날이다. 태국에서는 4월 13~15일이 쏭끄란 명절로 묵은 해를 보내고 새해를 맞이하는 전통 설날이다. 4월 13일은 마하쏭끄란มหาสงกรานต์이라고 해서 태양이 열두 달 동안 황도를 한 바퀴 돌아서 다시 양羊자리로 들어서는 날이다. 최근에는 자손들이 집안의 어르신의 중요성을 인식하도록 하기 위해 어르신의 날로 정했다. 4월 14일은 완나오วันเนา라고 하는데 이는 태양이 온전히 양자리에 들어가 있는 날이라는 의미를 담고 있다. 최근에는 태국 정부에서 가정의 날로 정했다. 4월 15일은 새해가 시작되는 날이다.

쏭끄란의 유래

왓포 사원에 팔리어로 기록된 쏭끄란과 관련된 전설이 있다. 이 전설에 따르면 아주 오랜 옛날에 한 부자가 살았다. 재물은 많아 부자가 되었지만 슬하에 자식이 없었다. 인근에는 아들이 둘 있는 술주정꾼이 살고 있었다. 하루는 술주정꾼이 와서 부자에게 빈정대며 말했다. "당신은 돈만 있지 자식이 없으니 얼마나 불행하오? 죽고 나면 그 많은 재산을 가지고 갈 수도 없고 남겨 줄 자식도 없으니 무슨 소용이란 말이오." 부자는 갑자기 속상하고 서러운 마음이 생겨 부인과 함께 해와 달에게 자식을 낳게 해달라고 정성껏 빌었다. 그리고 3년이 지났지만 자식이 생길 것 같은 조짐이 없었다. 그러다 하루는 태양이 숫양자리에 있는 날에 가족을 데리고 강가의 뱅골 보리수 나무 아래로 갔다. 쌀을 강물에 일곱 번 씻어 밥을 짓고 음식을 마련하여 보리수나무 신에게 빌었다. 보리수나무 신은 부자를 딱하게 여겨 천상의 제석천에게 가서 사정을 이야기 하였다. 제석천은 탐마반이라고 부르는 한 남신男神을 내려 보내 부자의 아내에게서 아들로 태어나게 했다. 부자는 아들 이름을 탐마반꾸만이라고 짓고 뱅골 보리수나무 아래 신전을 지어 그곳에서 기거하게 하였다.

아이는 총명하여 자라나서 일곱 살이 되자 새들의 언어를 알아듣고 베다의 삼부 경전을 익혔다. 그리고 모든 사람에게 길운을 알려주는 현자가 되었다. 하루는 범신이 나타나 아이에게 세 가지 문제를 냈다. 그 내용은 첫째, 아침에 사람의 길함은 어디에 있는가? 둘째, 점심 때 사람의 길함은 어디에 있는가? 셋째, 저녁 때 사람의 길함은 어디에 있는가? 하는 물음이었다. 그리고 약속하기를 7일 후에 다시 올 터이니 그때 답을 맞히면 범신이 목을 바치고 맞히지 못하면 아이가 목을 바치기로 하였다.

범신이 돌아가고 나서 아이는 문제의 답을 생각해 보았지만 도무지 정답을 알 수 없었다. 엿새가 지나고 나서도 떠오르는 게 없자 저녁에 설탕야자나무 아래에 가서 누웠다. 그때 나무 위에서 서식하고 있던 한 쌍의 독수리가 나누는 대화 소리가 들렸다. 내일 먹을 거리에 대해서 암컷이 수컷에게 묻자 수컷은 간단하게 답했다. 내일 탐마반꾸만이 답을 맞추지 못해 목이 잘릴 것이니 그의 몸뚱어리를 먹자는 것이었다. 암컷이 다시 수컷에게 문제의 정답을 아느냐고 묻자 수컷이 암컷에게 첫째, 사람의 길함은 아침에는 얼굴에 있는 것이니 얼굴을 씻는 것이요. 점심에는 가슴에 있는 것이니 향수를 가슴에 뿌리는 것이요, 셋째 저녁에는 발에 있는 것이니 잠자리에 들기 전에 발을 씻는 것이라고 답했다. 아이는 무릎을 탁 치고는 다음 날 범신에게 그대로 답을 말했다.

범신은 아이가 올바른 답을 말하자 약속대로 자신의 목을 바쳐야 했다. 그래서 목을 베기 전에 제석천의 시중을 들고 있는 자신의 일곱 딸을 불렀다. 그리고 말하기를 "내가 아이와 약속한 대로 머리를 잘라야 하는데 자른 머리를 땅 위에 놓아두면 이 세상이 불에 탈 것이요, 하늘에 놓아두면 비가 제때에 내리지 않을 것이요, 바다에 던져 버리면 바다가 말라버릴 것이다. 그러니 내 머리를 들고 수미산을 60분 동안 돌고 나서 동굴 안에 놓아 두거라" 하였다. 그로부터 일곱 딸들은 해마다 돌아가면서 수미산 동굴 속의 아버지 머리를 꺼내 수미산을 60분 동안 돌고 제자리에 놓아 두게 되었다. 바로 이날이 쏭끄란 날이 된 것이라고 한다.

쏭끄란 행사

쏭끄란이 다가오면 대부분의 사람들이 명절을 지내기 위해 고향을 찾는다. 그래서 기차와 버스는 특별 수송 기간으로 정하고 증편을 통해 귀성객을 실어 나르기 바쁘다. 사람들은 집안 대청소를 하고 절에 시주하고 가족이 나누어 먹을 음식을 마련한다. 부모님이나 친척 어른께 드릴 선물을 사고 모두가 새 옷으로 갈아입는다. 쏭끄란 날이 되면 아침 일찍 스님에게 시주하고 집이나 사원에 모셔놓은 불상을 물로 씻어내는 관불 의식을 거행한다. 그리고 나서 물고기나 새를 방생하여 공덕을 쌓는다. 이를 통해 갇혀 있던 모든 짐승들이 풀려 나와 자유롭게 된다.

집에서는 부모님과 웃어른을 찾아 선물을 드리고 새해 인사를 올린다. 그리고 나서 어른들이 합장한 손위로 물을 뿌리며 해주는 덕담을 듣는다. 사원과 집에서 하는 행사가 끝나면 서로 물을 뿌리는 물 축제가 벌어진다. 가족과 이웃은 물론 지나가는 행인들한테도 물을 뿌린다. 이는 정화의 의미로 묵은 해의 모든 액운을 씻어내고 몸과 마음을 정결하게 한 후 새해를 맞이한다는 의미를 담고 있다.

쏭끄란 행사는 지역마다 다른 특색을 가지고 있다. 북부 지방의 경우에 4월 13일에는 집안에 복이 들도록 깨끗이 청소하고 4월 14일에는 누구를 비난하게 되면 일 년 내내 불운하다고 믿기 때문에 특별히 언행을 조심한다. 4월 15일에는 아침 일찍 절에 가서 시주하고 설법을 듣는다. 그리고 머리를 물에 담그고 지난 한 해의 죄업을 씻어낸다. 북동부 지방에서는 비교적 조용하고 단순하면서도 온정이 넘치는 쏭끄란을 보낸다. 신년 행사는 승려가 북을 치면서 새해를 열고 주민들이 물을 가져와 불상을 씻어 내는 관불 의식을 한다. 그리고 나서 속죄를 위해 부모와 집안 어르신들이 자녀의 머리를 잡고 물에 담그는 정화 의식을 행한다. 끝으로 서로 물을 뿌리는 물 축제가 흥겹게 이어진다. 남부 지방에서는 쏭끄란을 나라의 운명을

치앙마이의 쏭끄란 축제 모습

관불 의식

시민들이 서로 물을 뿌리는 광경

돌보는 수호신이 바뀌는 날이라고 믿는다. 그래서 4월 13일은 옛 신神을 보내는 날이므로 액막이 의식을 거행하고 4월 14일은 절에 가서 관불 의식을 한다. 그리고 4월 15일은 새 신神을 영접하는 날로 예쁜 옷으로 치장한다. 끝으로 중부에서는 13일부터 15일까지 절에 가서 시주하고 새와 물고기를 방생한다. 그리고 나서 돌아가신 조상에게 법수를 뿌리며 명복을 빌고 모래성 쌓기 등의 행사를 거행한다.

쏭끄란은 태국 전통의 설날이 종교적 행사와 결합되면서 화려하고 열광적인 축제로 변신하여 외국인의 관심을 끌고 있다. 그러나 일부 과격한 물 뿌리기와 지나친 음주 및 가무로 미풍양속을 해친다는 지적이 나오고 있다. 특히 매해

쏭끄란 기간 거리의 풍경

음주 운전으로 수백 명이 죽고 수천 명이 다치는 사고가 반복되고 있다. 이제는 한 번쯤 쏭끄란 본래의 전통적 의미를 되새겨 볼 일이다.

러이끄라통 축제

끄라통

러이끄라통은 우기가 끝난 11월 초에 열리는 태국의 전통 축제이다. 태국의 11월은 우기에 내린 비로 강이나 운하의 수위가 올라가고 날씨가 청명한 호시절이다. 러이 ลอย라는 말은 '띄우다'는 뜻이고 끄라통กระทง은 바나나 나무 잎으로 만든 연꽃 모양의 조그만 배를 의미한다. 따라서 러이끄라통은 '끄라통을 띄우다'는 뜻이다. 보통 이 작은 배 안에 초와 세 개의 향, 꽃, 그리고 동전을 넣는다.

러이끄라통 축제가 언제부터 시작되었는지 정확한 유래는 알 수 없다. 그러나 몇 가지 사료에 부분적으로 나타난 사실을 근거로 추정해 보면 갠지스강의 여신에게 감사를 드리기 위한 브라만교 의식에서 비롯된 것으로 보인다. 이 의식이 태국을 비롯한 인근 동남아 국가로 전래되었는데 라오스는 음력 11월 15일 출안거일에 거행되는 행사로 발전하였다. 캄보디아의 경우에는 두 차례 행사가 있는데 첫 번째는 음력 11월 중순에 왕실에서 배를 띄우는 행사가 있고 두

러이끄라통 축제

번째는 일반 국민들이 음력 12월 중순에 조그만 배에 음식을 넣어 띄어 보내는 행사가 있다. 왕실에서 띄우는 배는 규모가 크지만 일반 국민들이 띄우는 배는 크기가 작다. 작은 배에 음식을 실어 보내는데, 그 이유는 굶주린 귀신들에게 먹게 하여 공덕을 쌓기 위함이다. 축제 기간에는 강가에서 배 경주 대회가 열리기도 하고 불꽃 놀이도 한다. 미얀마에서는 만개한 연꽃 모양의 조그만 배를 만들고 그 안에 초와 향, 동전, 그리고 손발톱과 머리카락을 잘라 넣는다. 그리고 나서 강이나 바다에 띄워 보내는데 이로서 액운을 쫓아 버리고 갠지스강 여신에게 속죄하는 것이라고 믿는다.

낭높파맛

태국의 러이끄라통은 음력 12월 15일이지만 란나ล้านนา의 음력 달력으로는 양력 11월 초 또는 10월 말에 닿는다. 러이끄라통은 갠지스강 여신에게 속죄하는 행사이기도 하지만 일부 사료에 의하면 붓다의 족적을 기리기 위한 행사이기도 하다. 태국의 러이끄라통은 지역의 지리적 조건과 특색에 맞게 거행된다. 보름달이 뜬 밤에 주민들이 마음을 가다듬고 조그만 배를 강이나 운하 또는 작은 연못에 흘러가도록 띄우는데 이 조그만 배가 지난 일 년 동안의 악업과 불운을 다 실어간다고 믿는다. 아울러 다가오는 새해의 소원을 빌기도 한다. 또한 낭높파맛 미인대회도 열리는데 전국 도처에서 기관이나 단체를 대표하는 미인들이 나와 아름다움을 겨룬다. 낭높파맛은 쑤코타이의 전설에 나오는 여인의 이름이다. 전설에 따르면 낭높파맛은 리타이왕의 후궁이었는데, 최초로 작은 배를 예쁘게 만들어 강에 띄워 보낸 사람이라고 전해진다. 이를 기리기 위해 미인 대회를 개최하고 그 대회에서 최고의 미인으로 뽑힌 사람을 낭높파맛이라고 부른다 이 미인대회와 더불어 끄라통 경연 대회도 함께 개최한다. 또한 가장 아름답게 만든 끄라통을 뽑아 상을 주기도 한다.

끈쩨 축제

태국의 불교에서는 육식을 허락한다. 오계를 지키는 일반인이나 227계를 지키는 승려들도 육식을 한다. 그러나 그러한 태국인들이 특정한 경우에 채식을 하는 경우가 있다. 꼭 이루고 싶은 소원을 빌거나 또는 간절히 원하던 일이 이루어졌을 때 일정기간 육식을 금하고 채식만을 한다. 이를 '끈쩨'라고 한다. 글자 그대로 옮기면 '쩨에 따라 먹는다'는 뜻인데 여기서 '쩨'는 한자로 재계할 재齋를 쓴다. 즉 계율을 지킨다는 뜻이

끈쩨 안내 포스터

다. 태국 남부의 푸껫에서 열리는 끈쩨축제에서 보면 음식점에 노란색 바탕에 붉은 글씨로 '齋'라고 쓴 깃발을 달아 놓은 것을 많이 볼 수 있다. 중국인들에게

붉은 색은 생명에게 복을 준다는 의미이며 노란색은 계율을 지키는 사람을 의미한다. 또한 평소 건강이나 신앙에 따른 채식을 하는 사람을 대상으로 음식을 파는 음식점에서도 이런 깃발을 흔히 볼 수 있다.

보통 태국의 불교에서 재가 신도들이 법회가 있는 예불일에 지키는 계율이 8계인데 이 중에 정오 이후 금식하는 것이 포함되어 있다. 그래서 오후에는 음식을 섭취하는 못하므로 결국 두 끼만을 먹는다. 태국의 모든 승려는 육식을 하지만 정오 이후에는 식사를 하지 못한다. 그러나 대승불교에서의 계율은 이와 달리 하루에 세 끼를 먹으면서 육식을 금하므로 이를 낀쩨라고 한다. 그래서 태국인들에게 낀쩨라고 하는 것은 특정 기간 육식을 금하는 것을 말한다. 낀쩨라고 하는 것은 단지 고기를 먹지 않는 채식만을 의미하지 않는다. 이 기간에 마음을 정화하고 불교의 가르침을 실천하고자 노력한다. 나아가 이웃에게 자비를 베풀면서 자신의 공덕을 쌓는 한편, 모든 생명체들이 살아가는 세상에 평온을 가져다 주는 것이다.

낀쩨 축제는 중국의 음력 9월 1일부터 9일까지 아흐레 동안 개최된다. 양력으로는 대개 10월 경이 된다. 태국인들이 낀쩨를 행하는 데에는 여러가지 이유가 있다. 첫 번째는 이 세상에 더불어 살아가는 동물을 해치지 않으므로 마음이 평온해지고 평화를 얻게 된다. 두 번째는 육식으로 인한 악업을 쌓지 않는다. 육식을 하게 되면 직접적으로나 간접적으로 생명을 해치게 되고 이로 인한 악업을 쌓을 수 밖에 없다. 그리고 세 번째로 육식을 금하고 채식만 함으로써 건강에 도움이 된다. 또한 몸에 영양의 균형을 가져온다. 보통 고기는 음성 음식이며 채소와 과일은 양성 음식으로 분류한다. 따라서 채식을 통해 몸에 섭취하는 음식의 음양 간의 조화를 이룰 수 있다. 낀쩨는 태국인에게 몸과 마음을 건강하고 맑게 해주는 삶의 지혜이기도 하다. 불심을 통해 살생을 금하고 마음을 정화하는 한편, 채식을 통한 영양의 균형과 건강 증진을 도모할 수 있기 때문이다.

　인간은 누구나 살아가면서 즐거움을 추구하고 행복을 염원한다. 그래서 대개는 묵은 해를 보내면서 지난 날의 과오를 씻어내고 새로운 마음가짐으로 새해를 맞이하고 싶어한다. 또한 고된 농사일을 마치고 추수에서 오는 기쁨을 만끽하면서 풍요로움을 가져다 준 자연과 신에게 감사를 드리기도 한다. 태국인은 물과 더불어 살면서 자신들의 삶에 종교적 요소를 더해 여러 가지 축제를 만들어 냈다. 이러한 축제를 통해 삶의 고달픔을 덜어내고 즐거움을 더한다. 그런 까닭에 그들의 삶에는 늘 여유와 미소가 함께하는 것인지도 모른다.

제23장

영화
〈홈롱〉 속의
사회와 문화

〈홈롱〉 속의 사회와 문화

영화 속에는 한 시대의 사회와 문화가 고스란히 녹아 있다. 영화를 통해 그 시대의 사람 사는 이야기와 더불어 다양한 사회 문화적 현상들을 볼 수 있다. 그러므로 영화는 그 나라의 전통과 가치관, 민족의 꿈과 두려움 등을 반영하는 문화적 거울이 된다. 나아가 등장인물들을 통해 어떻게 살아가야 하는가를 보여주기도 한다. 태국이라는 나라를 총체적으로 이해하는 방법 중의 하나는 영화를 통해 태국의 사회와 문화를 들여다보는 것이다.

영화 홈롱의 포스터

영화 〈홈롱〉의 제목은 '전주곡'이라는 뜻이다. 2004년에 제작된 영화로 태국의 전통 음악가인 루앙쁘라팃 파이러의 생애를 다룬 작품이다. 라마 5세인 쫄라롱껀왕 때부터 절대 군주제가 막을 내린 1930년대를 배경으로 하고 있다. 태국의 전통 음악은 1930년대 후반부터 문명화되지 않았다는 이유로 연주가 금지되는 등 위기를 맞이하고 있었다. 당시 피분쏭크람은 문화 개혁 정책을 통해 태국을 근대화시키고자 했다. 이 영화는 변화와 혼란의 시대를 살아가는 한 전통 음악가의 생애를 통해 예술인의 고난과 역경, 그리고 새것으로 바꾸려는 자와 옛것을 지키려는 자의 갈등을 그려내고 있다.

줄거리

주인공 썬은 음악가 집안에서 태어나 어려서부터 "라낫엑ระนาดเอก"이라고 부르는 태국식 목금 연주에 타고난 소질과 재능을 보인다. 아버지는 크루썬이라고 불리는 음악 선생이다. 그러던 어느 날 형이 동네 불량배들에게 살해되자 아버지는 아들 썬에게 더 이상 연주를 못하도록 음악 활동을 금지시킨다. 그러나 썬은 밤중에 몰래 라낫엑을 가지고 나가 폐허 된 사원에서 연습한다. 이 사실을 알게 된 아버지는 크게 노하여 썬을 나무라지만 마을의 큰스님의 권고로 아들의 연주를 허락한다. 그리고 마침내 아들을 정식 제자로 받아 들이는 욕크루 ยกครู 의식을 치르고 라낫엑을 수련하게 한다. 아버지이자 스승인 크루썬의 가르침으로 썬은 일취월장하면서 암파와에서 이름을 떨치게 된다.

다소 오만해진 썬은 어느 날 견문을 넓히기 위해 아버지를 따라 방콕으로 간다. 거기서 쿤인을 만나 라낫엑 연주 경쟁에서 패배하게 된다. 실망한 썬은 집에 돌아와 재기를 위한 수련을 한다. 오랜 고생 끝에 자신만의 독특한 스타일로 연주하게 되고 능력을 인정받아 궁중 음악가로 성장한다. 그리고 쿤인과 다시 경쟁하여 이기고 난 뒤 존경받는 전통 음악의 거장으로 자리 잡는다. 그러나 격변하는 국내 정세에

아버지의 제자가 되는 썬

쿤인과 겨루는 장면

따라 태국 전통 음악에 대한 핍박이 시작되자 이에 맞서 대항한다. 썬의 제자가 군부와 마찰을 빚고 도망치자 군의 대령이 집으로 들어와 수색을 하게 되었다. 썬은 대령과 정부의 문화 정책에 대해 언쟁을 한다. 대령과 군인들이 돌아가자 썬은 라낫엑을 연주한다. 영화는 주인공이 오선지 위에 악보를 그리면서 조용히 숨을 거두는 장면으로 마무리 된다.

시대적 배경

썬이 살던 시대는 태국의 근대화가 한창 진행 중이던 격변의 시기였다. 라마 5세는 시대착오적인 제도를 폐지하고 새로운 교육 제도를 도입하는 한편 행정 기구를 개혁하였다. 이어서 라마 6세는 제 1차 세계대전을 치르면서 민족주의의 기치를 내세웠다. 왕에 대한 충성을 강조하고 이를 태국인의 의무로 규정하였다. 또한 삼색기를 국기로 삼았다. 라마 7세 시기에 이르러서는 입헌혁명으로 절대 군주제에서 입헌 군주제로 바뀌고 제 2차 세계대전을 치르면서 양다리 외교를 펼쳤다.

입헌혁명 이후에 들어선 피분쏭크람 정부는 군주제 대신 군부의 중요성을 강조하였다. 태국인들은 '왕의 백성'에서 '국가의 시민'으로 바뀌었다. 군사 정부는 군부만이 태국의 존재를 보장할 수 있다고 하면서 군사정권과 국가를 동일시하였다. 피분쏭크람은 문명화되고 진보적인 나라로 만드는 것을 국정 목표로 삼았다. 그래서 광범위한 사회 문화적 변화를 추

전통 음악 연주를 단속하는 장면

구하였다. 군부는 새로운 국가 건설과 국민의 의식 개혁을 위해 랏타니욤을 정책을 발표하였다. 총 12개의 정책으로 된 랏타니욤은 태국인을 진정한 태국인으로 만들어 줄 행동 양식과 개념이라고 정의하고 지도자를 따르면 국가는 구원된다고 강조하였다. 이러한 개혁 정책으로 국민들의 일상생활에 많은 변화를 가져 왔다. 하루에 두 번 국기에 대한 경례를 하고 학교에서는 학생들에게 국가를 외워 부르게 했다. 공공장소에서는 방언을 사용하지 못하도록 금지했다. 문자 개혁으로 간소화된 철자법이 시행되고 대명사도 1인칭 "찬ฉัน"과 2인칭 "탄ท่าน"만을 사용하게 했다.

의복 문화에서는 서구식 단정한 복장을 장려하고 남자는 모자를 쓰고 양말과 구두를 신게 하였다. 또한 긴 바지를 착용하도록 하였다. 여자는 모자에 치마와 블라우스를 입고 장갑을 끼고 하이힐을 신도록 권장했다. 이렇게 서구식 복장을 강요하고 1942년에는 이를 위반시 벌금형 또는 체포하여 징벌을 가했다. 또 다른 한편으로는 국민 총화를 위해 중국인, 이슬람교도, 라오족에게 태국어 교육을 강요하는 한편, 태국인의 정체성을 강조하고 태국식 교육 제도를 확대하여 중국어 학교를 폐쇄시켰다.

군사 정부의 간섭은 가정에까지 파고들었다. 가정의 중요성을 강조하고 남편이 출근하기 전에 부인의 볼에 입맞춤을 하면서 "당신의 국가의 꽃이야" 하고 인사하도록 규정했다. 서양 달력을 도입하고 포크와 스푼으로 식사하도록 권장했다. 빈랑나무 열매를 씹지 못하게 하고 거리나 길바닥에 침을 뱉거나 앉는 행위도 금했다. 국호를 싸얌에서 쁘라텟타이로 바꾸었다. 이런 일련의 정책들은 1944년 7월 피분쏭크람이 실각하면서 중단되었다.

지키려는 자와 버리려는 자

영화 속의 주인공이 연주하는 악기는 라낫엑이다. 주인공은 태국 정체성의 수호자이며 라낫엑은 상징적 저항 도구이다. 라낫엑으로 상징되는 태국의 전통 음악은 기쁠 때는 축하 연주를 통해 즐거움을 더해주고 장례식과 같이 슬플 때는 화장 의식에서 연주함으로써 위로와 명복을 빌어 준다. 영화 속에서 태국의 전통 음악은 주인공의 유년 시절부터 황금 시대 그리고 몰락기까지 같은 궤적을 그리며 운명을 같이한다.

영화 속에는 주인공 썬의 아들이 피아노를 들여오는 장면이 나온다. 썬과 그의 아들이 각각 라낫엑과 피아노를 합주하는 모습이 나오는데 이를 통해 피아노가 들어온다고 해도 라낫엑이 설 자리가 있음을 시사한다. 태국의 전통 음악과 새로운 서양 음악이 서로 평등함을, 그리고 함께

썬이 아들과 합주하는 장면

어우러지며 공존할 수 있음을 보여 준다. 영화는 서구 문화를 비판하고자 하는 것이 아니라 당시 군부의 전통 음악 폄하와 통제를 비판하고 있는 것이다. 그러면서 영화는 이분법적 구조를 지니고 있다. 영화를 통해 문화적 침략과 이에 대한 주인공의 대응 또는 저항을 보여준다. 썬의 집을 수색하기 위해 들이 닥친 대령과 썬의 대화에서 군인 집단과 음악가 집단의 대립되는 속성이 여실히 드러난다.

대령　　규정이 발표된 건, 지도자가 우리나라를 문명화해서 다른 나라들처

럼 만들고자 하기 위함입니다.

썬　우리 자신의 뿌리를 멸시해야 문명화된단 말인가, 대령?

대령　정부는 구식의 낡은 가치를 훌륭한 구조로 만들고자 하는 것입니다. 모든 것은 통제를 위해 규정이 필요한 법입니다.

썬　나는 당신이 수십만 명의 군인을 통제할 수 있다고 믿네. 그리고 통제하에서 군인들의 대형은 멋진 모습이 될 거야. 그러나 음악과 예술은 다르다네. 예술에 대한 정확한 이해가 없는 사람들에 의해 규정이 만들어진다면 그것은 더 많은 해를 끼칠 수도 있네.

대령　당신은 우리 지도자를 비난하는 겁니까? 우리나라는 여러 서구의 열강 세력과 싸우고 있어요. 이런 상황하에서는 생존을 위해 우리 지도자를 믿어야 합니다.

썬　어떤 생존을 말인가, 대령? 큰 나무는 힘을 지탱할 길고 깊은 뿌리만 있다면 코끼리가 들이받아도 그대로 버티고 서 있을 수 있네. 뿌리를 돌보지 않고 우리가 어떻게 생존한단 말인가?

대령　사실 제가 더 이상 설명할 필요는 없을 것 같습니다. 규정은 법이고, 일단 제정되면 모든 사람이 지켜야 합니다. 귀족이든 승려든 당신 같은 위대한 선생님이든. 이해하시겠습니까?

대령과 논쟁이 끝나고 군인들이 집을 나서자 썬은 그들이 들으라는 듯이 라낫엑을 연주한다. 부대 복귀를 위해 집 앞에서 출발하려던 군인들과 마을 주민들이 나와 그 연주를 듣는다. 아마도 썬은 군인들의 야만성을 나무라는 의미에서 라낫엑을 연주했을 것이다. 그러나 대령은 썬을 체포하지 않고 그대로 철수

한다. 대령과 같은 완고한 사람들도 음악
을 통해 변화될 가능성이 있다는 것을 시
사하고 있다. 주인공 썬이 어린 시절 아버
지의 정식 제자가 되기 위해 욕크루 의식
을 치렀다. 그때 아버지 크루썬이 아들 썬
에게 들려주는 가르침 속에도 그러한 메시
지가 담겨있다.

대령과 논쟁하는 장면

> 도덕적인 행동 규약에 따라 살 거라고 약속해라.
> 나쁜 방식으로 너의 음악적 재능을 발휘하지 마라,
> 혹은 강제적으로 다른 사람들을 능가하려고 하지 마라,
> 그리고 일단 음악의 길을 이해하게 되면
> 너는 전에 결코 보지 못한 것을 보게 될 것이다.
> 결코 가보지 못한 곳에 가고, 매우 신성한 것을 느낄 것이다.

어느 사회든 간에 시대가 바뀌고 역사
가 진보하면서 문화의 변동은 뒤따르기 마
련이다. 그러나 그 변화에 있어서 중요한
것은 버릴 것과 지킬 것을 구분하는 일이
다. 한 그루의 나무가 자라면서 너무 많은
가지를 뻗으면 적당히 잘라내야 한다. 그
렇지 않으면 큰 재목으로 성장하지 못한

아버지의 가르침을 받는 썬

다. 그러나 지나치게 많은 가지를 쳐내면 그 나무는 죽기 마련이다. 문화 변동도 마찬가지이다. 바꾸어야 할 것은 버리되 지켜야 할 것은 보존해야 한다. 영화 〈홈롱〉에서는 태국의 개화기에 버리려는 자와 지키려는 자의 대립과 갈등을 통해 이런 점을 잘 짚어주고 있다.

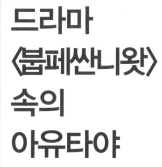

제24장

드라마
〈붑페싼니왓〉
속의
아유타야

시대적 배경

드라마 〈붑페싼니왓〉은 소설을 드라마로 각색한 퓨전 사극이다. 아유타야 왕국의 나라이왕 시대(1633~1688)를 배경으로 하고 있다. 이 시기에 아유타야는 정치적으로 가장 융성하여 영토를 확장하고 귀족과 관료의 권한이 강화되어갔다. 이에 왕권을 강화하고 중앙집권 체제를 이루고자 했던 나라이왕은 서양 세력을 이용하여 귀족과 관료에 대한 보호막을 삼고자 했다. 아유타야는 경제적으로는 비옥한 토지에 벼농사의 소출이 좋아 백성들이 풍요를 누렸다. 또한, 중국과 이웃나라는 물론 서양 여러 나라들과 교역을 통해 국부를 창출하고 이를 통해 나라의 번영을 꾀하던 시기이기도 했다. 사회적으로는 신분 사회였

〈붑페싼니왓〉의 포스터

다. 왕족과 귀족 그리고 관료와 평민으로 신분이 나뉘어 있었고 최하위 계층으로 노예가 있었다. 이들은 법적으로 제각기 그 신분을 보장 받았다. 경제적 풍요를 바탕으로 문학과 예술이 발달하고 여러 가지 축제와 놀이 문화가 생겨났다. 드라마 속에는 당시 태국인의 불교적 세계관과 의식주를 비롯한 생활상이 반영되어 나타나고 여러 종족과 문화가 어우러져 살아가는 다문화 사회의 모습도 그려져 있다.

줄거리

〈붑페싼니왓〉은 역사학을 전공하는 께쑤랑이라는 한 여성의 이야기다. 께쑤랑은 착하고 낙천적이며 발랄한 성격의 소유자로 어머니와 외조모와 함께 살고 있다. 께쑤랑에게는 짝사랑하는 르앙릿이라는 남성이 있었다. 어느 날 두 사람은 아유타야의 옛 사원에서 일하다가 귀신을 만나게 된다. 그 귀신은 아유타야 시대 살고 있던 까라껫이라는 여인이 몬끄릿싸나깔리 의식으로 죽어 그녀의 영혼이 나타난 것이었다. 몬끄릿싸나깔리 의식은 잘못을 저지른 자에게 저주를 청하는 의식이다. 두 사람은 놀라움에 서둘러 차를 타고 귀가하지만 까라껫의 영혼이 두 사람이 탄 차에까지 따라붙어 교통사고가 나고 께쑤랑이 죽게 된다.

께쑤랑이 까라껫을 만나는 장면

까라껫은 아유타야 시대에 살고 있던 여성인데 얼굴은 예쁘나 성격이 포악하여 자주 폭언을 일삼고 하녀를 폭행하여 주변에 좋아하는 사람이 없었다. 어느 날 까라껫은 데리고 있던 두 명의 하녀를 시켜 짠왓이 타고 있는 배를 전복시켰다. 짠왓은 귀족 집안의 딸이다. 이 사고로 짠왓은 살아 남았지만 같이 타고 있던 하녀 하나가 물에 빠져 죽게 되었다. 많은 사람들이 이 사건의 배후자로 까라껫을 의심하자 집안의 가장인 호라티버디는 아들 퍼뎃에게 몬

아유타야 시대의 까라껫

끄릿싸나깔리 의식을 준비하도록 한다. 퍼뎃은 까라껫의 정혼자이기도 했다. 몬끄릿싸나깔리 의식을 행하자 까라껫은 죽게 된다. 죽은 까라껫의 영혼이 께쑤랑을 찾아 간 것이다.

이렇게 하여 21세기를 살아가던 께쑤랑의 영혼과 17세기를 살아가던 까라껫의 영혼이 시공을 초월하여 서로 만나게 된다. 까라껫은 자신의 과오를 뉘우치고 참회하면서 께쑤랑에게 자신의 잘못된 업보를 씻어 달라고 애원하고 사라진다. 께쑤랑은 눈을 뜨자 333년을 거슬러 올라가 아유타야 시대 까라껫의 육신 안에 있는 자신을 발견한다. 아유타야에서 까라껫으로 살아가던 어느 날 께쑤랑의 영혼은 까라껫 몸에서 빠져나와 21세기 현실 사회로 돌아오게 되었다. 다시 돌아온 께쑤랑은 교통사고 이후 출가 수행하고 있는 남자 친구 르앙릿을 보고 그 안에서 퍼뎃의 모습을 발견하게 된다. 르앙릿이 전생에는 퍼뎃이었던 것이다. 께쑤랑은 다시 아유타야로 돌아가 퍼뎃이 자신의 천생연분임을 알고 결혼한 후에 자식을 낳고 행복하게 살아간다.

드라마 속의 아유타야 사회와 문화

언어 문화

드라마에서 300여 년의 시간을 거슬러 올라간 께쑤랑이 겪는 첫 번째 문제는 언어 소통이다. 언어는 끊임없이 생성되고 변화하며 소멸하는 과정을 겪는다. 아유타야 시대 말기의 언어는 현대 태국어와 많은 차이점을 지니고 있다. 께쑤랑과 소통이 되지 않자 주변 사람들은 까라껫의 고향에서 쓰는 방언일 것이라고 생각한다. 주인공의 언어 사용의 오류는 언어 문화적 측면에서도 자주 일어난다. 예컨대, 짠왓을 처음 만났을 때 "싸왓디카"라고 인사하는 실수를 저지르기도 하고 감사 표시할 때도 "컵쿤카"라고 하여 사람들을 어리둥절하게 만든다. 싸왓디라고 하는 인사말은 현 랏따나꼬신 시대 피분쏭크람 정부 시절에 사용하기 시작한 인사말이다. 그리고 아유타야 시대 때의 감사 표현은 "카와이 ขาไหว้"라고 말하면서 합장을 하는 것이었다.

나라이왕 시대에는 서양과의 빈번한 접촉과 교역으로 당시 외국 선교사들에 의한 서양식 교육이 선을 보이고 기독교의 전교가 이루어지고 있었다. 이에 태국인들이 태국어를 체계적으로 배울 수 있도록 문법 교재인 『찐다마니』가 저술되었다. 드라마 속의 께쑤랑은 호라티버디가 저술한 찐다마니 속에 자음이 37자밖에 없는 것을 발견하게 된다. 타이 문자는 아유타야

『찐따마니』를 빌려 보는 께쑤랑

시대 이전까지는 자음이 37자 모음이 13자였으나 나중에 자음 7자와 모음 8자가 첨가되고 현 짝그리 왕조에 들어서면서 성조 부호도 1성과 4성 부호에서 2성과 3성 부호가 더 추가 되었다.

정치와 경제

드라마에 주요 인물로 등장하는 콘스탄틴 파울콘Constantine Phaulkon은 실제 존재했던 인물이다. 그는 그리스인으로 아유타야에 드나드는 상선 직원이었는데 아유타야가 살기 좋은 곳이라 여기고 정착했다. 그는 귀족들과 친분을 쌓아 나중에는 꼬사티버디렉 밑에서 일하게 된

콘스탄틴 파울콘의 몰락 장면

다. 두뇌가 명석하고 순발력이 있어 태국어를 빨리 익히고 승승장구한다. 나중에는 꼬싸티버디렉이 나라이왕에게 천거하여 나라이왕의 측근으로 성장하였다. 그리고 급기야는 언제라도 국왕 알현이 가능한 지위까지 오르게 되었다. 그는 나라이왕의 명을 받아 성곽과 망루를 짓는 일을 맡아 했다.

드라마 속에서 보면 나라이왕이 콘스탄틴 파울콘을 신뢰하는 장면이 자주 등장한다. 나라이왕은 실제로 왕위에 오르는 과정에서부터 외국인의 도움을 많이 받았다. 콘스탄틴 파울콘은 나라이왕의 신임을 얻어 재정 및 대외 무역을 도왔다. 나중에 수상으로 임명되기까지 했는데 상업적 재능에 종교적 사명감도 강한 인물이었다. 나라이왕 시대에는 프랑스 선교사들과의 접촉이 빈번하였다. 콘스탄틴 파울콘은 프랑스와의 외교관계를 수립하고 이를 바탕으로 아

유타야의 나라이왕과 프랑스 루이 14세 사이에 외교 사절이 오가도록 주선했다. 그러나 귀족 관료와 갈등이 심해 나라이왕 사후에 처형당하게 된다.

드라마 속의 아유타야 모습

드라마 속에서 당시 수로를 통해 교역을 활발하였음을 나타내주는 대목이 몇 군데 나온다. 수많은 배가 오가는 아유타야의 전경이 나오고 모임에 늦은 퍼뎃의 친구인 르앙나롱이 왓차이왓타나람 사원 앞에서 배가 많아 지체되었다고 토로하는 장면이 나온다. 드라마 속에서 께쑤랑은 퍼뎃에게 아유타야가 외국에 수출하는 품목이 무엇이냐고 묻는다. 이에 대한 답변은 향신료, 후추, 침향나무, 안식향, 밀봉수지, 인디고 물감, 면직물, 쌍칼록 도자기 등이었다. 또 다른 대목에서는 상아, 코끼리, 가죽 등도 수출품이라고 나온다. 께쑤랑은 호라티버디에게 교역 방법에 대해 묻는데 그에 대한 답은 백성들이 왕실에게 팔고 왕실은 다시 외국에게 파는 방식이라고 설명한다. 당시 모든 교역은 왕실이 독점하고 있었다는 것을 알 수 있다.

신분 제도

드라마에서 보면 노예나 하인의 경우에 있어서 주인과 엄격한 구분이 있었다. 목욕도 같은 부두에서 하지 않고 각기 다른 부두에서 했으며 앉는 자리도 높이가 달랐다. 께쑤랑은 시장에 가서 과자를 사서 하녀들과 나누어 먹다가 퍼뎃에게 책망을 듣는다. 주인과 노예의 관계는 후견인과 피후견인 관계였다. 그래서 주인을 잘 섬기면 주인은 그 노예를 평생 거두어 주었다. 그래서 노예는 주인을 잘 만나면 그런대로 살 수 있었지만 주인을 잘못 만나면 힘든 생활을 해야 했다. 드라마 속에서 자원하여 스스로를 노예로 팔려고 하는 사람들이 나온다. 주인의 삶이 궁핍해지면서 거기에 딸린 하인들이 궁지에 몰린 것이다. 이에 비해 호라티버디

드라마 속의 노예들

집안의 하녀들은 자신들이 운이 좋아 후덕한 주인을 만난 것이라고 말하는 대목이 나온다.

아유타야 시대의 남녀 구분은 께쑤랑의 시각에서 보면 불평등적 요소가 많았다. 여자가 하는 일은 부엌일, 집안일, 바느질, 꽃, 화환 만들기 등에 한정되어 있었다. 그러나 드라마 속에서 보면 안주인인 짬빠가 하인들을 체벌할 때 남편 호라티버디가 관여하지 않는 것을 볼 수 있다. 집안의 식솔들을 통제하고 다스리는 것은 안주인의 역할이었던 것이다. 귀족 관료들의 경우에 본 부인이 있고 첩이 있는데 본 부인은 정식 절차를 거쳐서 혼인한 관계로 집안을 돌보고 재산을 관리하는 책임과 의무, 그리고 권리를 가지고 있었다. 드라마 속에서 께쑤랑이 많은 아이들을 보고 누구의 자녀들이냐고 묻는 장면이 나오는데 대부분 노예의 자녀들이고 머리에 화환을 두른 아이들이 호라티버디와 여종 사이에서 태어난 아이들이라고 설명해준다. 이들 중 사내 아이들은 절에 보내 교육받을 수 있었다. 호라티버디는 임종을 앞두고 본부인과 첩 그리고 그 자녀들을 잘 돌보아 줄 것을 부탁한다.

놀이 문화

모래탑 쌓기하는 장면

드라마 속에 배 경주 대회를 보러 가는 장면이 나온다. 배 경주 대회가 끝나고 께쑤랑이 모래탑 쌓기하는 것을 볼 있다. 이는 불교 풍습으로 절에 드나들면서 발에 묻어 나온 흙을 되돌려 준다는 의미로 모래로 불탑을 쌓는 것인데 불탑을 쌓으면서 소원을 빌었다. 기본적으로는 불심佛心과 도 관련이 있지만 사원에 행해지는 여러 가지 행사에 참여를 유도하는 기능을 하기도 했다.

또, 공연하는 장면이 나오는데 퍼뎃이 께쑤랑에 상세히 내용을 설명해준다. 그에 따르면 궁중에서 공연하는 라컨나이ละครใน는 여자 배우로만 공연을 하며 라마끼안이나 이나우, 그리고 우나룻 등의 공연은 금지되었다. 그래서 주로 씽텅이나 마노라, 또는 카리 같은 것을 공연했다. 이에 비해 궁 밖에서 공연하는 라컨넉ละครนอก은 남자 배우로만 공연을 한다.

결혼 제도

남녀가 결혼할 때는 본인의 의사와 상관없이 부모가 적합하다고 생각하는 짝을 골라 주었다. 드라마 속에서 짠왓은 사랑하는 르앙나룽과 결혼이 어렵게 되자 병을 핑계로 누워있는 것을 볼 수 있다. 또한 결혼식에서 남자는 여자 측에 양육 사례금을 지불해야 했다. 께쑤랑이 퍼뎃과 결혼할 때 보면 꼬싸티버디 빤이 께쑤랑 보호자로 결혼식을 치른다. 그 과정에서 보면 호라티버디 집안에

서 은자로 지불하는 양육 사례금을 면전
에서 확인하는 장면을 볼 수 있다. 부부 관
계에서 있어서도 퍼뎃이 깨쑤랑에게 설명
하는 대목을 보면 부인은 남편의 재산으로
치부되며 절대 남편에게 복종해야 했다.
또 부인 재산도 남편 재산에 속했고 부인
이 잘못하면 때리거나 매질을 할 수 있었

깨쑤랑의 양육 사례금

다. 심지어 매매도 가능했다. 만약 여자가 바람을 피우게 되면 그에 대한 처벌
은 아주 혹독했다. 사형을 내리거나 다른 집에 노예로 매매할 수 있었다. 나아
가 사창가에 팔아 넘기거나 극심한 경우에는 말을 시켜 강제로 수간을 시킬 수
도 있었다. 깨쑤랑이 이런 여성에 대한 형벌이 너무 가혹하다면서 남자가 외도
하는 경우에는 어떻게 하느냐고 묻자 마침 귀가하던 호라티버디가 이를 듣고
대노하며 아유타야에 그런 생각을 하는 사람은 아무도 없다고 일갈한다.

종교와 신앙

드라마 붑페싼니왓에서 보면 업보와 윤회 사상을 바탕으로 구성되고 전개
된다. 주인공 깨쑤랑과 퍼뎃은 전생에서뿐만 아니라 그 이전의 생부터 부부의
연을 맺게 되는 천생연분이었으며 까라껫은 전생의 여동생이었다. 깨쑤랑이
교통사고로 죽자 그녀의 외조모는 "그 애가 공덕을 그만큼만 쌓은 게지" 하면
서 자신의 딸이자 깨쑤랑의 어머니에게 자조적인 위로를 한다. 드라마를 보면
당시 아유타야는 아침에 시주하는 탁발 문화가 있었고 예불을 드리는 완프라
วันพระ에는 절에 가서 법문을 듣는 법회 의식이 있었다. 공덕은 자신을 위해서는

물론 특정인을 위해 쌓을 수도 있는 공덕 지향의 불교 모습이 보인다. 깨쑤랑은 죽은 하녀를 위해 시주도 하고 까라껫을 위해 공덕을 쌓는다. 깨쑤랑의 남자친구 르앙릿은 죽은 깨쑤랑을 위해 종신 출가 수행을 한다.

태국에 불교가 들어오고 세월이 흐름에 따라 자연스럽게 브라마니즘과 자연신 숭배, 조상신 숭배, 귀신 숭배 등의 토착 신앙과 뒤섞이게 되었다. 그래서 태국인들의 생활에서는 미신적인 요소도 쉽게 찾아 볼 수 있다. 드라마 속에는 깨쑤랑이 임신을 하고 바느질을 하자 그러면 언청이를 낳는다고 못하게 한다. 또, 짠왓의 배가 뒤집혀 하녀가 죽자 몬끄릿싸나깔리 의식을 한다. 끄릿싸나깔리는 힌두교에서 비슈누신이 다른 모습으로 나타난 크리슈나신을 일컫는 말이다. 몬끄릿싸나깔리는 잘못된 악행을 저지른 사람에게 저주를 내려달라고 크리슈나신에게 비는 의식이다. 보통은 피해자의 옷자락이나 사용하던 물

드라마 속의 몬끄릿싸나깔리 의식 장면

건을 매개체로 해서 저주를 빌게 되면 가해자가 미쳐버리거나 죽음에 이른다고 믿는다. 또한 깨쑤랑은 주문을 걸어 외부 출입을 통제하는 아콤을 뚫고 들어가서 무술을 연마하는 젊은이들과 그들의 스승을 만난다. 그리고 스승으로부터 주문을 외워 몸을 사라지게 하는 경을 받아 온다. 이는 모두 힌두교에 기반한 신앙으로 볼 수 있다.

"붑페싼니왓บุพเพสันนิวาส"은 전생부터 있었던 부부의 연緣을 말한다. 〈붑페싼니왓〉은 태국의 불교 사상을 바탕으로 전생에서 현생으로 이어지는 한 남녀의 천생연분을 그린 드라마이다. 그러나 이 드라마 속에는 남녀 간의 사랑 이야기만

있는 것이 아니다. 300년 전의 아유타야의 언어와 사회, 그리고 역사와 문화가 고스란히 담겨 있다. 또한 과거에서 현재로 거듭하여 이어지는 업보와 윤회, 그리고 그 속에 묻어 가는 사람들의 삶이 녹아 있다. 그래서 태국인들에게 죽음은 삶의 끝이 아니라 내세로 이어지는 통로라는 생각이 든다. 그래서인지 드라마 〈붑페싼니왓〉을 보면, 사람이 죽음을 앞두고 갖는 공통된 감정이 한국인에게는 현세에서 이루지 못한 것에 대한 한恨이라면 태국인에게는 내세에 이루어지기를 바라는 원願 아닐까 하는 생각을 하게 된다.

제25장

태국의
전통 무술
무에타이

무에타이의 유래

한국인들이 처음 태국을 접하면서 갖
는 이미지 중의 하나가 킥복싱이라고 알
려진 무에타이일 것이다. 주먹을 쓰는 권
투에 비해 발까지 사용하면서 강한 파괴
력으로 조금은 거칠게 보이는 무에타이
는 최근 〈옹박〉이라는 영화로 한국인들
에게 새롭게 다가온 것 같다. 무에타이는
태국의 가장 오래된 호신술이다. 유래는
정확히 알 수 없지만 천 년 넘게 이어진
무술로 좀더 구체적으로 알려진 것은 아

무에타이 경기 모습

유타야 시대부터이다. 무에타이는 전쟁 시에 적에 대한 공격술이면서 실상 무
기였다. 양손에 끄라비-끄라벙이라고 부르는 검을 들고 싸우기도 하고 무기를
잃었을 때 맨손으로 적군을 격파하던 것이 무에타이의 원조라고 볼 수 있다. 따
라서 초기 무에타이는 전장에서 용감히 싸우는 전사였다. 특히 나레쑤안왕이
버마군을 물리칠 때 무에타이 병사들을 선봉에 세우고 싸웠다는 이야기가 전
해진다.

무에타이의 유래에 관한 좀 더 확실한 내용은 1767년 아유타야가 멸망하게
되면서 알려지게 되었다. 아유타야가 버마에 패하고 수천 명의 아유타야 병사
와 백성들이 포로가 되어 버마의 수도로 압송되었다. 포로 중에는 카놈똠이라
는 사람이 있었다. 그는 부모와 누이가 버마군에게 죽음을 당하고 혼자 남아 절

카놈똠의 동상

에서 지내다가 버마군에게 끌려온 사람이었다. 버마에서 포로로 지내던 어느 날 버마의 왕은 아유타야군 포로와 버마군 간의 복싱 경기를 열었다. 버마군의 사기를 올려주고 싶은 생각에서였다. 이때 카놈똠이 출전하여 버마군의 선수 열 명을 차례대로 이겼다. 이를 지켜본 버마왕은 카놈똠을 극찬하면서 관직을 주려 했으나 카놈똠은 이를 사양하고 대신에 수많은 야유타야 포로를 데리고 고국으로 돌아왔다고 한다.

무에타이는 단순히 신체를 단련시키는 운동이 아니다. 전통 예술과 음악, 그리고 운동이 적절하게 조화를 이룬 스포츠 경기이면서 무술이기도 하다. 또한 관중에게는 크고 작은 판돈이 오가는 도박성의 오락이다. 태국 곳곳에 있는 6,000개가 넘는 무에타이 경기장에서는 매번 경기가 열릴 때마다 거액의 판돈이 오간다. 보통 1라운드가 시작되면 관중들은 선수의 기량과 판세를 파악하고 내기를 한다. 그런데 관중이 내거는 돈은 역설적으로 경기를 흥행에 성공시킴으로써 선수를 양성하고 무에타이를 발전시키는 원동력이기도 하다.

무에타이의 특징

"무아이ᄆ᾿ᄋᆼ"는 태국어로 '권투'라는 뜻이다. "무아이타이ᄆ᾿ᄋᆼ후ᄋ"는 태국식 권투라는 뜻인데 한국에서는 "무에타이"라고 발음한다. 무아이의 본래 의미는 '묶다'라는 뜻이다. 과거 무에타이 경기에서 선수들이 머리에는 실을 엮어 만든 몽콘ᄆᄀᄋ을, 팔에는 끈으로 만든 쁘라찌앗ᄑ᾿ᄀᄋᄋ을, 손에는 천을, 그리고 끝으로 마음을 묶고 경기했기 때문에 붙여진 이름이다. 옛날에는 주먹의 파괴력을 더하기 위해 손에 밧줄을 묶기도 하고 때로는 유리조각을 잘게 부수어 아교와 섞은 다음에 천에 발라서 묶기도 했다. 오늘날에는 안전을 위해 권투 글러브를 착용한다.

무에타이 선수

무에타이는 스포츠이면서 동시에 자신을 방어하는 호신술이다. 선수는 주먹과 발 그리고 무릎과 팔꿈치를 사용하여 상대방의 전신을 가격할 수 있다. 이렇게 신체의 거의 모든 부분을 사용하도록 허락되지만 일부 금기 사항도 있다. 예컨대 상대방을 이빨로 물거나 껴안지 못하고 넘어뜨리는 것도 허용되지 않는다. 보통 주먹으로는 목덜미를 치고 팔꿈치로는 눈 부위를 가격한다. 그리고 무릎으로는 하복부를 중요한 공격 지점으로 삼는다.

무에타이는 태국의 지역마다 조금씩 차이가 있다. 특히 태국의 북동부와 남부 지역에서 그 특징이 두드러지게 나타난다. 북동부 지역의 무에타이는 다른 지역에 비해 동작이 크고 파괴력이 강하다. 몸을 보호하기 위해 팔꿈치에서 손목까지 밧줄로 감는다. 또한 시합에서 머리에 몽콘을 쓴다. 남부 지역의 무에타이는 몸을 둥글게 하여 상대방의 공격으로부터 자신을 효과적으로 방어한다. 신체의 여러 부분을 사용하여 상대방을 가격하며 이를 위해 손목까지만 밧줄을 감는다. 또 시합 중에 머리에 몽콘을 쓰고 팔뚝에 쁘라찌얏을 감는다.

와이크루 의식

경기를 앞둔 선수는 링 위에 오르기 전에 "와이크루"라고 부르는 의식을 치러야 한다. 약 5분에 걸쳐 선수는 전통 음악에 맞추어 춤을 추듯 움직이는 동작을 한다. 이는 경기에 앞서 지금까지 가르쳐 준 스승에 대한 감사와 존경을 표하는 의식이다. 또한 와이크루는 신에게 승리를 기원하는 의식이기도 하다. 와이크루에서 선수는 머리에 몽콘을 쓴다. 몽콘은 주술적 의미가 담긴 글과 부적 등을 적은 천을 밧줄과 함께 땋아 만든 고리인데 선수를 위험으로

와이크루 장면

무에타이 경기장

부터 보호해 준다고 믿는다. 이는 오로지 스승만이 선수에게 씌워줄 수 있다. 또한 팔에는 쁘라찌앗이라고 부르는 끈을 팔뚝에 감는다. 이 또한 시합 중에 선수가 다치지 않게 해준다고 믿는다. 그리고 와이크루를 하면서 움직이는 동작이 선수의 근육을 풀어주는 효과도 있다. 경기를 앞두고 하는 와이크루 의식 말고 해마다 각 수련장에서 거행하는 와이크루 의식이 있다. 이 의식에서는 불상 앞에 돌아가신 스승의 사진을 놓고 명복을 빌기도 하고 생존한 스승에게 감사와 존경을 표하는 행사로 모든 제자들이 모여 함께 거행한다.

무에타이는 서양인들로부터도 각광을 받는다. 오래 전부터 국제적으로 알려져 많은 사람들이 관심을 갖고 있다. 현재 세계적으로100여 개의 나라에 80

여만 명의 무에타이 수련자가 있다고 한다. 방콕에는 외국인만을 위한 수련장도 있다. 이런 추세를 반영하여 앞으로 수련장을 더 늘려나갈 필요가 대두되고 있다. 무에타이 경기는 어떤 때는 실제로 경기를 하지만 어떤 때는 단지 보여주기 위한 경기를 하는 경우도 있다. 실제 경기는 방콕과 지방의 대형 무에타이 경기장에서 거의 매일 열린다.

왕들도 즐기던 무에타이

무에타이는 왕들도 즐기던 운동 경기였다. 역사적으로 보면 아유타야 시대의 나레쑤안왕과 짜오쓰아왕, 그리고 톤부리 시대의 딱신왕 등은 매우 용감한 복서였다. 특히 짜오쓰아왕과 딱신왕은 종종 변복을 하고 여러 행사장에 다니며 무에타이 경기에 출전하곤 했다. 현재 사용되고 있는 무에타이 교범도 짜오쓰아왕에 의해 편찬된 것이라고 한다. 태국은 이를 기리기 위해 2012년부터 매년 2월 6일을 무에타이날로 정하였는데 이날은 프라자오쓰아왕이 왕위에 오른 날이다.

랏따나꼬신 시대 들어와 쭐라롱껀왕도 무에타이를 연구하고 수련도 하였다. 또한 각 지방에서 우수한 선수들을 선발하여 어전 앞에서 경기를 벌이기도 했다. 나아가 교육부에 명하여 무에타이를 학교에서 필수 과목으로 지정하고 이를 가르치는 교사를 양성하도록 하였다. 어전 앞에서 하는 무에타이 경기는 라마 6세까지 이어졌으며 태국인 선수끼리의 경기는 물론 외국인 무에타이 선수 또는 중국인 쿵푸 선수와의 경기도 이루어졌다.

전통 무에타이는 매우 과격한 운동이므로 목숨을 잃거나 신체에 부상을 입을 확률이 높다. 라마 7세 때 경기 중 선수가 사망하는 사고가 발생하자 표준 무대와 링을 설치하고 국제적인 기준을 근간으로 해서 새로운 규정을 마련하였다. 새로운 규정에 따라 각 경기는 5회로 한정하고 매회 3분이 주어지며 각 회 중간에 2분의 휴식 시간을 갖는다. 새 규정에 따라 선수는 보호 장비를 착용한다. 손에는 글러브를 끼고 반바지를 입는다. 발에도 천을 감도록 하였는데 신발을 신지는 못한다.

무에타이 선수가 되는 길

무에타이는 오랜 기간의 수련을 거쳐야 한다. 선수로 성장하여 챔피언이 되면 부와 명예를 거머쥐게 된다. 그러나 챔피언이 되기 위해서는 극심한 경쟁을 치러야 한다. 현재 태국에서는 6만 명의 선수가 있지만 복서로 성공하기는 무척이나 힘들고 어려운 일이다. 그래서 보통은 시골의 가난한 아이들이 어린 나이에 훈련을 시작한다. 그들의 꿈은 무에타이 선수로 성공하여 가족을 부양하기 위한 것이다. 최근 통계에 따르면 15세 미만의 선수가 2만 명에 달한다고 한다.

무에타이를 수련하기 위해서는 여러 해 동안 수련장에서 고된 훈련을 받아야 한다. 좋은 스승을 만나 일정 기간 훈련을 받다가 가능성을 인정받으면 욕크루 의식을 거치게 된다. 욕크루는 '스승을 높이다'라는 뜻이다. 욕크루 의식을 통해 정식으로 사제 관계가 되고 스승은 이때부터 제자에게 모든 무에타이 기술을 전수해 준다. 방콕이 아닌 지방에서 훈련받는 선수들은 수십 번의 크고 작

무에타이 훈련 모습을 나타낸 조형물

은 경기를 거쳐야 방콕으로 진출할 수 있다. 매번 링 위에 오를 때마다 선수들은 죽기를 각오하고 싸워야 한다. 인정받는 프로 선수가 되기 전까지 이들은 매우 불안한 생활 속에서 살아가야 한다. 그들은 스스로 자신들이 치르는 경기를 "지옥의 사투"라고 부른다.

무에타이의 미래

무에타이는 특성상 20대 중반에 은퇴해야 한다. 나름대로 성공한 사람은 지도자의 길을 가기도 하지만 그렇지 못한 대부분의 사람들은 선수 생활을 마감하고 다른 직업을 찾아 떠난다. 그러나 아직까지도 무에타이를 가난의 굴레에서 벗어나 세상과 소통할 수 있는 유일한 통로라고 생각하는 헝그리 복서가 적지 않다. 다른 한편으로 무에타이는 생활 체육으로 발전하고 있다. 적지 않은 사람들이 선수가 되기보다는 건강을 돌보고 체력을 키우기 위한 목적으로 수련하는 사람들이 늘어나고 있다. 또한 소심하거나 자신감이 없는 청소년들이 정신 수련과 체력 단련을 목적으로 수련장을 찾기도 한다. 무에타이는 수백 년의 전통을 가진 태국의 국기이다. 과거에는 전장에서 적을 무찌르기 위한 필살기였지만 이제는 국민 스포츠이며 전통 무예이기도 하다. 앞으로 여러 국제 스포츠 대회에서 정식 종목으로 채택되기 위해 여러 가지 노력을 경주하고 있다.

생활 체육으로 수련하는 무에타이

제26장

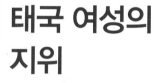

태국 여성의
지위

남존여비

우리나라도 예전에 삼종지도三從之道라고 해서 여자가 따라야 할 세 가지 도리가 있었다. 어려서 아버지에게 순종하고, 시집가서는 남편에게 순종하고, 남편이 죽은 뒤에는 아들을 따르는 것이 도리였다. 결혼한 여자는 '안주인'이었고 남자는 '바깥양반'이었다. 전통적인 태국 사회에서도 남녀 간의 역할과 지위는 우리와 크게 다르지 않았다. 남자는 결혼하여 가장이 되면 식구를 먹여 살려야 했다. 그래서 주로 집 바깥에서 일하거나 관리로 진출할 수 있었다. 또는 출가하여 승려가 될 수 있었다. 반면에 여자는 살림을 돌보는 일을 맡아 집사람이라 불리면서 부엌과 논밭에서 노동을 하거나 시장에서 장사를 했다. 전근대 시기의 태국 사회에서는 남녀 차별이 매우 심했다. 태국 속담에 보면 '남자는 코끼리 앞발 여자는 코끼리 뒷발'이라고 하여 여자는 남자를 따라야 한다는 여필종

소떼를 돌보는
시골 아낙의 모습

부의 사고방식이 매우 강했다. 또, 과거 전통 사회에서 태국의 여성들은 남편이 사망하면 홀로 남아 재혼할 수 없었다. 태국에서 흔히 남자는 벼에 비유되고 여자는 쌀에 비유되었다. 벼는 다시 뿌리를 내리고 싹을 틔울 수 있지만 쌀은 재생산이 불가능한 것을 빗대어 만들어진 표현이다.

그러나 다른 한편으로 보면 태국을 비롯한 동남아 사회에서 여성의 지위가 결코 낮지 않다는 시각도 적지 않다. 여성들이 사회적으로나 경제적으로 활발한 역할을 수행하고 혼인과 상속, 그리고 농업과 상업 같은 경제 분야에서도 활동성이 높았다고 한다. 사실 태국 역사에서 보면 구국救國의 여성들이 많이 등장한다. 그중에서 가장 대표적인 사람이 쑤리요타이일 것이다. 짝끄라팟왕 (1548~1564) 시대에 버마와의 전쟁에서 당시 왕비인 쑤리요타이는 코끼리를 타고 전장에 나가 적장과 싸우다 장렬히 전사했다. 실제로 아유타야 시대 말기에 여성들의 의복 문화를 보면 전쟁을 할 때 민첩한 몸동작을 위해 장신구들이 간편해지고 머리를 짧게 잘랐다. 이런 것을 보면 당시 여성들 역할이 집안일에만 한정되어 있던 것 같지는 않다.

불교와 여성의 지위

종교적인 측면에서 보면 거의 모든 종교에서 여성의 지위는 매우 낮은 것이 일반적이다. 아마도 종교가 처음 창시되던 고대 사회의 사회상을 그대로 반영하고 있기 때문일 것이다. 불교 경전에 보면 간음을 저지른 남자는 500번을 동물로 태어나고 다시 500번을 여자로 태어나야 비로소 남자로 태어난다고 한

영화 〈쑤리요타이〉의 한 장면

다. 태국의 불교에서 보면 여자는 남자를 위해 봉사하는 사람으로 규정되어 있다. 이에 비해 남자는 재가 신도로 집에서 불교를 신봉하거나 비구승으로 출가하여 아라한에 이르는 길을 걸을 수 있었다. 사료에 보면 1339년 쑤코타이 왕실의 한 왕비가 사원을 짓고 보시를 하면서 내생에는 남자로 태어나게 해달라고 염원했다는 기록이 있다.

태국 불교에서 출가하여 수행하는 것이 가장 큰 공덕을 쌓는 방법이다. 그러나 여자의 경우 비구니 수계를 인정하지 않는다. 그래서 남자인 승려에게 보시하고 시주하면서 계율을 지키는 것이 공덕을 쌓는 최선의 방법이다. 불교에서 보면 아난다가 여성들에 대해 붓다에게 물었을 때 "여자들은 쉽게 화내고 걱정에 휩싸이기 쉬우며 질투가 많아 어리석기 때문에 공공의 회합에는 들어올 자리가 없다"고 답했다는 일화가 있다. 여성이 출가하면 보통 "매치แม่ชี"라고 부르

태국의 여성 수도자

는데 금욕적인 생활을 하면서 8계를 지킨다. 주로 하는 일은 밥 짓고 빨래하는 등의 허드렛일이 대부분이며 법회에서 설법하지 못한다. 태국의 남성이 출가 수행을 할 때 수계식 과정에서 출가자에게 남자임을 물어보는 과정이 있다. 이는 여성의 경우 승려가 되는 것을 허락하지 않기 때문이다. 과거에 여성들은 수도 생활하기에 매우 부적절한 존재로 인식 되었는데 그 이유에는 두 가지가 있었다. 첫 번째는 정오 이후에 음식을 먹지 못하는 계율이 있는데 여성들은 조금씩 자주 먹는 식습관이 있어 이 계율을 지키기 어렵다는 것이고, 두 번째 이유는 아침 일찍 탁발을 나가야 하는데 이는 여성에게 매우 위험하다는 인식 때문이었다. 오늘날 태국의 여성 수행자들은 보통 승려들에게 주어지는 대중교통의 무임 승차권이 없어서 속인으로 대접받는데, 선거 때에는 투표권이 없는 종교인으로 분류된다.

태국에서 신교육이 시작되기 이전에 전근대 시기의 교육은 사원에서 승려들을 대상으로 행해졌기 때문에 여성들은 구조적으로 교육의 기회가 봉쇄되었다. 그래서 여성들을 열등한 존재로 여겨 "여자는 물소, 남자는 사람หญิงเป็นควาย ชายเป็นคน"이라는 말이 생겨났다. 역사적으로 힌두교의 영향을 받았던 태국에서 브라만적 정치 문화가 생겨났는데 이에 따르면 일부다처제가 허용되고 여자는 법적으로 남자의 재산으로 귀속되었다. 남자는 아내와 딸을 본인의 동의 없이 매매할 수 있었고 아내가 다른 남자와 간통 시에는 그 아내와 정부를 살해할 수 있었다.

모계 사회와 여성의 지위

태국 사회에서 남녀의 지위는 모계 사회적 요소와도 상관이 있다. 실질적으로 가정에서 큰 역할을 하는 것은 남자이지만 가장의 권위는 여계에 따라 전승된다. 즉, 가장의 권위는 아버지에게서 맏아들로 이어지는 것이 아니라 막내 사위에게 이어진다. 여성 중심의 친족 체계에서 어머니에게서 막내딸로 이어지는 여계에 따라 가장의 지위가 생겨나기 때문이다. 또한 가신 신앙도 모계족 조상신을 섬긴다. 남자가 결혼하면 대개 여자 쪽 집에 들어가 사는 처거제도 있

가신을 모시는 사당

었고, 결혼 시에 남자는 여자 쪽 집안에서 요구하는 양육 사례금คาสินสอด을 지불해야 하는데 이는 여성의 경제적 가치를 반영하는 것으로 볼 수 있다.

한편 15세기 명나라 정화의 4차 원정과 7차 원정에 동행했던 공진의 기록에 보면 "국왕이 형벌을 내리든지, 평민이 장사를 하든지 간에 크고 작은 일은 모두 반드시 그 부인에 의해 결

정된다. 그것은 부인의 재능과 견식이 남자들의 것보다 뛰어나기 때문이다"라고 기록된 바 있다. 또한 16~19세기 동남아를 여행한 유럽인과 아시아인의 기록을 보면 당시 여성들의 지위와 역할을 가늠해 볼 수 있는 내용들이 많다. 이들 견문기에 따르면 여자는 자녀를 출산하고 양육하는 일과 파종하고 수확하는 농사일을 했다. 집안에서 베를 짜고 바구니를 제작하는 것도 여성의 일이었

다. 또한 시장에 나가 장사를 하기도 하고 했다. 그래서 집안의 우두머리는 형식상 남자였으나 가정의 경제를 관리하고 출산과 양육 그리고 결혼 등의 대소사는 주로 여자가 결정했다고 한다.

장사하며 아이를 돌보는 여성

산업화와 여성의 지위

근대 시기에 이르러 산업화가 진행되면서 여성의 역할과 지위에 많은 변화를 가져왔다. 산업화는 수도권으로 인구를 집중시켰다. 제조업이 발달하면서 저렴한 미숙련 노동력에 대한 수요가 늘어났기 때문이다. 이로 인해 대규모의 농촌 인력이 도시로 이동하였는데 대부분이 여성 인력이었다. 농사와 가정 경제 그리고 비공식적 생계 활동을 담당하던 무임의 여성 인력이 수출 시장에서 부가 가치를 창출하는 저임금의 인력으로 탈바꿈하게 되었다. 특히 북부와 북동부의 여성들이 빈곤에 쫓겨 대도시로 나갔는데 전문 지식이나 특별한 기술이 없는 이들은 유흥업소로 취업하는 경우가 많았다. 또한 유럽이나 중동 또는 일본 등지로 진출하여 가정부나 하녀, 또는 매춘 관련 일을 하면서 벌은 돈을 고향에 송금하는 사람도 생겨났다.

여성의 도시 이주에는 여러가지 변화가 뒤따랐다. 유아 사망률이 감소하면서 임신의 빈도가 줄어 들었고, 도시 생활에 따른 주거 비용과 생활비가 증가하

시장의 여인들

면서 자녀를 적게 낳게 되었다. 과거 농촌 사회에서는 자녀들이 부분적으로나마 생산 인력이던 것이 도시 생활에서는 소비 인력으로 바뀌었다. 이렇게 여성들의 재생산 역할이 약화되면서 여성의 지위 기반도 따라서 약화되었다. 자급자족적 생계가 바탕인 농촌 사회에서는 친정의 농토와 주택을 소유했던 여성이 도시로 이주하면서 그에 대한 실질적 소유가 상실되고 따라서 지위가 약화될 수밖에 없었다. 또한 가신 신앙의 형태와 의미도 중단되거나 종식되었다.

모계 사회 속에서도 여성에 대한 차별은 매우 많았다. 여성들은 보통 16세 전후해서 결혼을 했는데 자신이 배우자를 선택할 수 있는 권리는 없었다. 그러나 당시 여성들에게는 남성들을 접촉할 수 있는 기회가 없었으므로 여성들은 당연한 숙명으로 알고 살았다. 또한 주변국과의 전쟁으로 많은 남성들이 사망

6월 26일 쑨턴푸의 날 기념 포스터

하게 되자 일처다부제가 허용되었다. 심지어 거느리고 있는 아내의 수가 남자의 신분을 나타내는 방법이 되기도 했다.

전근대 시기의 여성들에게는 남편에게 대한 존경과 봉사가 중요한 의무였다. 쑨턴푸(1786~1855)는 아내가 남편을 섬기는 10가지 준칙을 시詩 형식으로 적었다. 그 내용을 보면 첫째, 해가 지고 나면 대문 밖 출입을 삼가고 둘째, 집안 분위기를 항상 밝게 해야 하며 셋째, 침대와 베개는 항상 청결하게 관리하고 넷째, 잠자리에 들기 전에 남편에게 절을 해야 한다. 다섯째, 남편이 피곤할 때 안마를 해주어야 하고 여섯째, 아침에 남편이 일어나기 전에 먼저 일어나야 한다. 일곱째, 남편의 세숫물을 준비해야 하고 여덟째, 깨끗한 식기에 음식과 물을 준비해서 식사를 하도록 해야 한다. 아홉째, 남편이 식사하는 동안 옆에 앉아 지켜보고 그리고 열째, 남편의 식사가 끝나면 아내는 남은 음식으로 식사해야 한다는 것이다. 이러한 준칙과 예절은 오랜 시간을 두고 태국의 여성들에게 아녀자의 덕목으로 여겨졌다.

근대사회에서 여성의 지위

8월 1일 여성의 날 포스터

오랜 기간 남성에게 종속되어 있던 태국 여성의 지위는 근대에 들어와 바뀌기 시작했다. 근대화 시기인 라마 4세와 5세가 통치하던 1851~1910년에 서양 문화의 영향을 받아 많은 개혁이 이루어졌다. 라마 4세는 부모가 딸을 임의로 결혼시키는 것을 금지시키고 20세 이상의 여성은 스스로 배우자를 결정할 수 있도록 법을 제정하였다. 그리고 파격적으로 일부다처제제를 폐지하였다. 라마 5세는 남편이 아내를 재산으로 여겨 남편이 독단적으로 사고팔 수 있도록 했던 가족법을 개정하여 아내를 팔 경우 반드시 본인의 동의를 얻도록 하였다. 라마 6세(1910~1925) 시대에 이르러 여성도 교육을 받을 수 있는 기회가 보장되는 기본 교육법이 제정되었다. 이러한 여러 가지 법령이 제정되고 공포되었지만 실제로는 부분적으로만 시행되었다.

이후 1932년 입헌혁명과 1973년 10월혁명 이후 새로 제정된 1974년 헌법에서 남녀 평등권 조항이 삽입되었다. 이를 기점으로 하여 여러 번의 정치 변동 속에서 남녀 성차별 문제가 많이 해소되었다. 1932년 헌법 규정에 여성과 남성의 동등한 참정권을 보장하는 내용이 포함되었다. 이는 선거에 있어서 동등한 투표권은 물론 공직에 출마할 수 있는 권리를 헌법에 명시한 것이다. 그러나 이러한 규정 또한 세부적인 시행 지침이나 규정이 뒤따르지 않아 상징적인 의미에 그쳤다. 1974년 헌법에는 남녀 모두 법 앞에서의 평등권과 동등하게 보호받을 수 있는 남녀평등권 조항을 넣었다. 2년 뒤인 1976년 기존의 가족법이 개정되고 남녀평등권에 위배되는 하위법의 남녀 차별 조항이 개정되었다. 이후 계속된 헌법 개정을 통해 여성의 사회적 지위는 과거보다 현저하게 높아지긴 했지만 아직 관습적인 불평등 요소는 완전히 사라지지 않았다. 이는 오랫동안 태국인들의 의식 구조와 생활 양식을 지배해온 전통적이고 관념적인 가치관이 뿌리 깊게 자리 잡고 있기 때문이다.

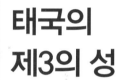

제27장

태국의
제3의 성

남성 속에 갇힌 여성

태국인들 중에는 생물학적으로 남자이지만 여성처럼 꾸미고 여성처럼 행동하는 사람들이 적지 않다. 군복무 여부를 결정하기 위해 모인 청년들이 제비뽑기를 할 때 보면 한쪽 구석에 묘령의 아가씨들의 무리가 보인다. 징집 연령이 되어 소집되어 온 남성인데 행색은 누가 봐도

제3의 성을 상징하는 로고

여성이다. 이들의 미모가 인터넷을 통해 세인의 입에 오르내리기도 한다. 이 사람들이 바로 "끄라터이"라고 부르는 제3의 성을 가진 사람들이다. 전통적으로 사람의 성은 여성과 남성의 양성으로 구분되지만 최근 들어 여성도 아니고 남성도 아닌 또 하나의 성의 대두되었다. 이른 바 제3성의 성이다. 태국에서 가장 논란이 되는 것은 끄라터이로, 선천적으로 호르몬의 영향을 받거나 후천적으로 성장 배경 또는 주변 환경의 영향을 받아 여성화된 사람들이다. 태국에는 10만여 명의 끄라터이가 존재하는 것으로 추정하고 있다.

태국에서 끄라터이는 텔레비전이나 영화, 드라마, 신문 등과 같은 매스미디어에 자주 등장한다. 심지어는 끄라터이들이 서로 미모를 겨루는 미스 티파니 대회가 열리기도 한다. 이는 다른 나라에서는 일어나기 어려운 사회적 현상이다. 그래서 태국은 얼핏 보면 다른 나라보다 광범위하게 인정되는 것 같지만 대개는 우스꽝스럽거나 징그럽게 묘사되는 경우도 많다. 그런 가운데 일부 끄라터이는 자신의 능력을 인정받고 사회적으로 활발이 활동하는 사람도 있다. 끄라터이는 가족 내에서 주로 어머니보다는 아버지와 갈등을 겪는 경우가 많다.

많은 나라에서 끄라터이는 남자로 분류되며 성전환 수술을 하더라도 여성으로 성별을 변경하지 못한다.

여성화 과정

남자 아이가 끄라터이로 여성화되어 가는 과정을 보면 3-4세 때부터 특이한 증상이 나타나기 시작한다. 이때가 기억력이 생성되는 시기이기도 하다. 아이는 점점 자라면서 감성적으로 성격이 바뀌어 간다. 자주 울기도 하고 여자 아이들과 놀이를 즐기면서 서서히 말투나 행동거지가 여성화된다. 이때쯤 어머니로부터 계집아이처럼 행동하지 말라는 지적을 받는다. 아이는 점차로 심리적 압박이나 스트레스를 느낄 수 있다. 그런데 이런 증상이 사회적으로 혐오의 대상이란 사실을 알게 되면 감정을 억제하거나 숨기기도 한다.

어떤 경우에는 반작용이 나타나기도 한다. 그래서 남성성을 과시하기 위해서 의도적으로 여자와 사귀거나 술이나 담배를 하고 공부에 집착하기도 한다. 이때 부모가 이해하고 받아들이지 않으면 그 고통이 커진다. 그래서 일부는 남성 호르몬 주사를 맞기도 하지만 특별한 효과는 없는 것으로 알려졌다. 혼돈기가 지나면 스스로 자신의 정체성을 드러낸다. 이 과정에서 긴장과 위기감이 해소되고 사회에 적응하려고 노력한다. 태국은 그래도 다른 나라에 비해 비교적 동성애자나 끄라터이에 대해 관대하다는 평가를 받는다.

끄라터이의 기원

　태국에는 유독 *끄라터이*가 많아 보인다. 태국의 *끄라터이*의 기원이나 유래에 대한 정확한 기록이나 근거를 찾기는 쉽지 않다. 학자들 중에는 그 기원을 고대 전통 왕국의 종교 의식이나 궁중 생활과 관련이 있을 것으로 보는 사람도 있다. 고대 왕국에서 주술 의식을 담당하던 무당들이 주민들에게 여성스런 옷차림을 하고 주술 행위를 했다고 한다. 그리고 또 한편으로는 태국 왕실의 궁중 무용단에서 여성을 역할을 맡았던 소년 무용수가 성장하면서 여성화된 것으로

라컨나이의 한 장면

추측하기도 한다. 20세기 들어 대중적 무용극이나 무대 공연이 서민들의 오락으로 자리 잡았는데 이때 여장을 한 남성 단원 또는 여성화된 남성 단원들이 흥을 돋우는 역할을 한 것으로 알려졌다.

사실 끄라터이와 유사한 성격의 성 소수자는 고대 동남아 여러 나라에 존재하고 있었다. 버마의 어차욱achauk, 필리핀의 바끌라bakla, 인도네시아의 와리아waria 등이 그것이다. 그러나 태국에 남달리 이런 성 소수자가 많은 이유에 대해서는 여러 가지 견해가 있다.

첫 번째 견해는 잦은 전쟁으로 인한 여초 현상에 기인한다는 것이다. 전쟁 시에 부모들이 자신의 아들을 전쟁터로 내보내지 않기 위해 여장을 시켰고 오랜 기간 이어진 전쟁이 여장 남자를 당연시 여기게 되면서 끄라터이가 늘어나게 되었다는 주장이다. 그러나 태국과 인접한 미얀마와 라오스 그리고 캄보디아에서는 태국과 동일한 현상이 나타나지 않았다. 그리고 여장 풍습이 인간의 근본적인 성 정체성을 변화시키는가 하는 문제에 대해서는 과학적 근거가 부족하다는 비판이 제기 된다.

두 번째 견해는 태국어의 특징과 관련하여 제기된다. 태국어는 음악적으로 들리는 성조에 부드러운 음역대, 그리고 비음이 섞인 음성학적 특징이 있다. 이런 언어적 특징으로 태국인 남성을 여성화시켰다는 것이다. 그러나 태국어와 같이 성조가 있고 말투가 부드럽게 들리는 다른 언어권 국가에서는 끄러터이가 그다지 많지 않는 것을 볼 때 근거가 매우 부족하다고 볼 수 있다.

세 번째 견해는 태국이 모계 중심의 사회이기 때문이라는 것이다. 잦은 전쟁으로 인해 남자가 전쟁터로 나가게 되고 여자가 가족을 돌보게 되면서 모계 중심의 사회로 변화되었는데 그로 인해 여성의 이미지가 강하고 독립적으로 바

꿰었다고 한다. 그러자 여성에 대한 동경이 남성으로 하여금 자신의 성을 포기하게 만들었고 이런 경향은 근대에 산업화가 되면서 여성의 일자리가 더 많아지면서 그대로 이어졌다는 것이다. 그러나 모계 중심의 사회가 남성으로 하여금 성 정체성을 변화시킬 수 있는가에 대한 반론이 제기되고 모계 중심 사회의 성격을 가지고 있는 다른 나라에서는 태국과 같은 현상이 일어나지 않았다는 지적을 피할 수 없다.

네 번째 견해는 자유를 추구하고 간섭 받기 싫어하는 국민성과 불교가 가지고 있는 포용력을 이유로 꼽고 있다. 실제로 태국인들은 타인에게 간섭하거나 간섭 받는 것을 싫어하는 국민성을 가지고 있다. 또한 불교의 가르침에 기반하여 타인에게 관대하고, 살아가면서 부딪치는 모든 문제를 전생의 과업으로 여기는 낙천성을 가지고 있다. 그래서 상대적으로 누구나 스스럼 없이 자신의 성정체성을 드러내 놓고 살 수 있는 사회라는 것이다. 여러 가지 견해 중에서 네번째 견해가 가장 합리적인 근거를 가지고 있는 것으로 여겨진다.

성 소수자의 삶

태국이 아무리 개방적이고 성소수자에게 관대하다 하더라도 이들 성 소수자들이 살아가는 데에는 많은 어려움이 있다. 한 연구 결과에 따르면 100명의 성소수자 중에서 여성과 정상적으로 결혼한 사람은 12명에 불과한데 그중에서 대부분 이혼하고 원만한 결혼 생활을 하는 사람은 5명에 지나지 않았다. 그런데 69명의 혈액 검사자 중에 에이즈 양성 반응을 보인 사람이 5명인데 비율로

성공한 성 소수자의 인터뷰 장면

보면7.6%로 일반인보다 감염률이 매우 높은 편이다. 일반적으로 끄라터이와 같은 성소수자들은 불우한 환경에서 자라고 교육 수준이 매우 낮을 것이라고 생각하기 쉽다. 그러나 또 다른 연구 결과에 따르면 90% 이상이 중산층 이상의 가정에서 자라났고 80% 이상이 양친 부모가 있는 화목한 가정에서 성장한 것으로 나타났다. 그리고 거의 대부분이 중등 교육 이상의 교육 수준을 보여주고 있었다. 이들은 대체로 상점이나 미용실, 의상실 또는 유흥업소 등에서 일하고 일부는 전문직에 종사하거나 드라마나 영화와 같은 연예계에 관련된 일을 하기도 한다.

성전환 수술

끄라터이 중에는 궁극적으로 여성으로서의 삶을 살고 싶어 성전환 수술을 받는 사람도 있다. 태국은 시술 경험이 많은 편이어서 성전환 수술이 세계적 수준으로 알려졌다. 태국인 말고도 캐나다, 미국, 영국, 스웨덴, 브라질 등의 외국 환자들도 많이 찾는데 현대 의학의 발달로 부작용은 그리 많지 않다고 한다. 수술 후 삶의 질도 일반인과 크게 다르지 않다. 수술을 받기 위해서는 엄격한 심사와 절차를 거쳐야 한다. 나이는 30~65세여야 되고 정신과 의사의 상담을 거쳐야 한다. 내분비 계통의 검
사도 병행한다. 성전환 수술의
목적은 성적 욕구보다 여성화가
목적인 경우가 대부분이다. 태
어날 때는 어쩔 수 없이 남자로
태어났지만 죽을 때는 여자로
죽고 싶다는 것이 그들의 소원
이다. 동양인은 남녀가 얼굴이
비슷하여 얼굴 성형이 필요 없

태국의 미스 티파니 대회

는 경우가 많지만 서양인의 경우에는 성전환 수술과 얼굴 성형을 함께 하는 경
우가 많다. 태국에는 여성으로 성전환 수술을 한 사람들의 아름다움을 뽐내는
미스 티파니 대회도 있다.

태국 사회에서 일반인들이 끄라터이에 대해 갖는 이미지는 단지 말이 좀 많
은 사람들이라고 가볍게 흉보는 정도이다. 물론 일부 보수적인 사고 방식을 가
지고 있는 사람들 중에는 끄라터이를 부정적인 시각으로 보고 비난하는 사람
이 없지 않다. 그러나 남성과 여성 사이에 해결할 수 없는 문제를 끄라터이가
매개체 역할을 통해 해결해 줄 수 있다고 생각하는 사람도 많다. 나아가, 끄라
터이가 겪어야 하는 고통과 어려움을 동정심을 가지고 바라보는 사람도 있다.
끄라터이와 같은 성 소수자들에게 갖는 관용적 인식은 성 다원주의를 바탕으
로 그들을 사회 구성원으로 받아들이고자 하는 수용적 태도는 아닌 것 같다. 대
개는 불우한 사람을 가엾고 불쌍하게 여기는 불교적 인식 속에서 갖는 측은지
심 같은 것으로 보인다.

〈뷰티플 복서〉

성 소수자의 삶을 그린 〈뷰티플 복서〉라는 영화가 있다. 주인공 넝뚬은 치앙
마이의 가난한 집안에서 태어났다. 그는 어린 시절부터 여성의 감수성을 지닌
데다가 외모도 예쁘장해서 동네 아이들에게 놀림을 받으며 컸다. 그런 넝뚬은
어느 날 사원 행사에 갔다가 우연히 무에타이에 참가하게 되고 뜻밖에 승리를
거두어 상금을 받게 된다. 이를 계기로 넝뚬은 무에타이 선수가 된다. 넝뚬은
일류 선수로 성장하지만 다른 한편으로 자신의 성 정체성에 대해 고민도 깊어
진다. 넝뚬은 실제로 여자처럼 진한 화장을 하고 경기를 치렀다. 링 위에서 여
자처럼 행동하는 넝뚬의 행동거지와 거칠고 사나운 무에타이 속성이 묘한 대

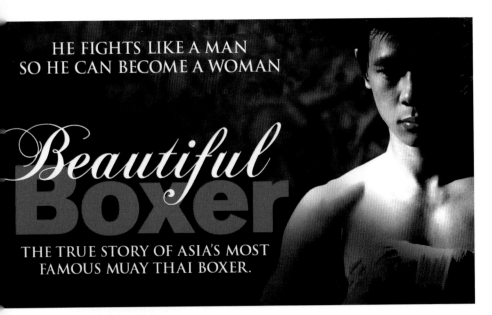

영화 〈뷰티플 복서〉의 포스터

비를 이루면서 화제가 되었다. 그리고 막
상 경기를 시작하게 되면 넝뚬은 여성적인
성향과 정반대로 거칠고 화끈한 승리를 거
두면서 관객들을 열광시키고 이름을 날리
게 되었다. 영화 속에서 넝뚬은 단 한 번도
자신의 성 정체성을 숨기지 않는다. 오히
려 당당하게 자신의 성 정체성을 드러내고

넝뚬이 큰스님과 헤어지는 장면

살아간다. 무에타이로 성공한 넝뚬은 나중에 고향으로 성전환 수술을 받는다.
영화 중에 넝뚬이 어린 사미승으로 출가하여 큰스님과 함께 두타행을 하면서
헤어지기 전에 나누는 대화가 가슴에 닿는다.

스님 물이 어디로 가는지 아느냐

넝뚬 (고개를 젓는다)

스님 물은 그것이 가고 싶은 데로 간다.

(…)

넝뚬 스님 제가 이번 생애에 선덕을 많이 쌓으면 다음 생애에는 제가 원하
      는 삶을 살 수 있을까요?

스님 운명으로 정해졌다면 너는 이번 생애에서도 네가 살고 싶은 삶을 살
      수 있단다.

영화 〈뷰티플 복서〉에서 자신이 원하는 것을 포기하지 않고 끝까지 당당하게
살아가는 주인공의 삶에 대한 애착과 태도가 매우 인상적이다. 아무리 불교적

관용과 포용력이 있는 태국 사회라 하더라도 성 소수자의 삶은 고독과 고통이 따르기 마련이다. 주인공 넝품은 이를 잘 극복하고 불행해질 수도 있는 삶을 행복하게 살아간 사람으로 여러 성 소수자에게 꿈과 희망을 안겨 주었다.

사실 인간은 모두 다르게 태어난다. 그리고 개인이 지닌 욕구도 그만큼 다양하다. 성에 대한 선호도 사람마다 다르다. 사람이 사는 세상에는 다수와 다른 소수가 존재한다. 그런 '다름'을 인정해야 하는 시대에 살고 있다. 우리와 다른 사람이 있을 수 있다는 사회적 이해가 필요하다. 이는 정상과 비정상의 문제가 아니다. 그러므로 제3의 성에 대해서는 동정이 아닌 이해와 인정이 필요하다. 우리는 다름과 다양성이 존재하는 사회에 살고 있다. 이제는 자기에 대한 이해를 바탕으로 타인에 대한 이해가 필요한 시대에서 현실을 있는 그대로 받아들이는 삶의 자세가 그 어느 때보다 절실해 보인다.

제28장

북부의
고산족

높은 지대에 사는 소수 민족

어느 날 한 번은 교환 교수로 와 있던 태국인 교수가 몇 가지를 물어왔다. 한국인들은 왜 지하철에서 남의 신문을 훔쳐보는가? 옆에 앉은 외국인에게 왜 스스럼 없이 사적인 질문을 하는가? 왜 넥타이를 맨 남자들이 출근하면서 하나같이 쓰레기 봉투를 들고 엘리베이터를 타는가? 하는 등의 궁금증에 대해 알려달라는 것이었다. 나름대로 설명을 해주었는데 나중에 생각해보니 그런 행동들은 평소 태국인들이 하지 않는 '이상한 행동'이었다.

처음 치앙마이에 가서 고산족 마을을 둘러보는데 평소 태국인들에게서 보기

어려운 '이상한 행동'이 눈에 들어왔다. 마당에 들어서니 아이를 등에 업고 포대기를 두른 아낙네들이 보였다. 태국에 살면서 나는 그때까지 태국인들이 아이를 등에 업은 모습을 보지 못했다. 대부분 옆구리에 끼고 다니는 모습에 익숙해져 있었다. 그리고 아이들이 마당에서 고무줄 넘기를 하고 사금파리놀이를 하면서 놀고 있었다. 그 옆에서는 제기차기를 하고 자치기 하는 모습도 볼 수 있었다. 이 모두가 일반 태국인들과

북부의 한 고산족 가옥과 고산족 아이들

비교해보면 '이상한 행동'이었다. 그들의 모습은 태국인보다 우리 한국인과 더 닮아 있었다. 그래서인지 갑자기 그들에게 친근감이 생겼다.

태국 북부 지방에는 높은 산악 지대에 여러 소수종족들이 살고 있다. 이들이 흔히 해발 800미터 이상의 산악 지대에 거주하고 있기 때문에 고산족이라고 부른다. 이들은 중국, 티베트, 미얀마, 라오스 등지에서 이주해온 종족으로 제각기 다른 언어와 전통 그리고 신앙과 풍습을 가지고 있다. 주로 사냥을 하거나 가축을 사육하기도 하지만 화전을 일구며 환경 문제를 야기하기도 하고 한때는 마약을 재배하기도 하였다. 통계에 따르면 태국의 고산족 전체 인구는 60여만 명에 이른다. 현재 10여 종족이 주로 북부 지방을 중심으로 분포 되어 있다.

아카족

"아카"는 '문명에서 멀리 떨어져 사는 고산 지대 사람들'이란 뜻이다. 중국의 윈난성에서 살다가 이동하여 80년 전쯤에 치앙라이로 유입해 들어왔다. 현재 딱, 깜팽펫, 프래, 람빵, 펫차분주州에 거주하고 있다. 이들은 조상의 내력이나 전통과 풍습, 통과 의례, 전설과 속담을 보존하고 있다. 아카족의 언어는 버마-티베트어족에 속하며 문자는 없고 구어만 있다. 주거지를 결정하는 방식은 촌장과 대장장이 그리고 마을 유지가 선정하는데 계란 세 개를 던져 깨지는 곳을 선택한다. 이것이 지신地神과 소통하는 수단이라고 한다. 가옥 구조는 지상 1미터 위에 3~5칸의 계단을 만들고 그 위에 집을 짓는다. 화로를 사용하여 취사도 하고 손님을 접대하기 위한 차도 끓인다. 다가구로 이루어진 대가족이 함께 살며 자유 결혼을 하고 부계 사회를 이룬다. 마을 중앙에는 개방된 공터가 있는데 축제 기간에 젊은 청소년들이 노래와 춤을 추며 마음에 맞는 상대를 골

수공예품을 파는 아카족 여인

라 구애와 청혼을 하는 장소이기도 한다. 종교는 "반얏아카"라는 의식이 생활
을 지배한다. 정령 신앙을 믿는데 조상신을 잘 섬기면 그 조상이 후손을 돌보아
준다고 믿는다. 물의 신은 사람을 병들고 아프게 한다고 믿기 때문에 마을에 물
반입을 금한다. 숲에도 신이 있어 숲에 들어가는 사람을 해친다고 믿는다. 이
러한 정령 신앙으로 인해 여러 가지 귀신을 섬기고 달래는 의식이 발달하였다.

몽족

"몽"은 '자유인'이란 뜻이다. 제2차 세계대전 당시에 중국 남부를 거쳐 인도
차이나반도와 태국 북부 지역으로 유입되었다. 매우족이라고 불리기도 하는

몽족의 축제 모습

데 비하의 의미가 담겨 있다고 해서 몽족 자신들은 이를 싫어한다고 한다. 태국의 고산족 중에 까리앙족 다음으로 숫자가 많다. 몽족이 사용하는 언어는 차이나-티베트어족에 속하며 표기 수단은 로마자를 사용한다. 주거 형태는 고산지대에 대나무로 집을 짓는다. 가부장제이며 대가족이 한 집에 모여 산다. 집안에 침실과 부엌이 있다. 전통 설날에는 설빔으로 새 옷을 입고 팽이를 돌리기와 노래 부르기도 한다. 결혼은 근친 결혼을 지양하기 때문에 동성同姓 간이나 친인척 간에는 혼인은 하지 않는다. 일부다처제로 한 남자가 여자를 여럿 거느리고 살 수 있다. 정령 신앙을 가지고 있어 조상신은 물론 하늘, 물, 나무, 산, 논밭을 돌보는 신을 섬긴다. 일 년에 한 번 제사 지내는 풍습도 있다.

다라앙족

 빠렁족이라고도 부르는데 1984년 일부 다라앙족이 치앙마이로 이주해 들어
왔다. 고유의 언어를 가지고 있으며 타이야이어를 구사할 수도 있다. 집은 지
상으로부터 1~3미터 높이로 짓고 침실에 화로를 사용한다. 결혼은 외부인과
하지 않고 동족 내에서 한다. 축제나 제사 기간에 구애와 청혼이 이루어지고 결
혼식은 조상신에게 제사 지내는 형식으로 치러진다. 종교는 대부분 불교를 믿
기 때문에 모든 마을에 절이 있고 중요한 불교 명절에 시주를 하고 공양을 한
다. 불교 의식은 태국의 불교 의식과 별반 다르지 않다. 몸이 병들거나 아플 때
에는 "쌀라"라고 하는 대체 의료의 권위자가 주술과 한방으로 치료를 해준다.
쌀라는 중요한 일에 길흉을 점치고 아이들에게 이름도 지어준다.

다라앙족의 모습

찐유난족

찐허족이라고도 하는데 중국 윈난성에서 이주해 왔다. 성격이 정직하고 지혜로우며 애족심이 강한 것으로 알려졌다. 근면하고 말수가 적으며 도덕적이고 윤리적이다. 언어는 중국의 만다린어를 사용한다. 타종족이 들어와 섞여 사는 것을 좋아하지 않아서 주로 산으로 둘러싸인 곳에 거주한다. 주거 형태는 흙벽돌로 낮은 이층집을 짓고 다시 찰흙과 모래로 외벽을 바른다. 중국인과 마찬가지로 설을 쇠고 조상에 대한 제사와 차례를 지낸다. 설날은 일하지 않고 술과

부채춤을 추는 찐유난족의 모습

음식을 대접하며 선물을 주고받는다. 행사가 있는 날이면 폭죽을 쏘고 즐긴다. 종교는 불교와 기독교 그리고 이슬람교를 믿는다. 불교는 대승불교와 도교가 융합된 형태로 사당과 신전을 지어 놓고 조상신을 섬기기도 한다. 마을에는 기독교인을 위한 교회도 있고 이슬람교도를 위한 모스크도 있다. 이 밖에도 다양한 토속 신앙이 있는데 하늘, 땅, 임금, 부모, 스승을 섬기고 붉은 색을 길한 색으로 여긴다. 집을 지켜주는 신도 있어 잘 섬기면 집안에 행복과 안정을 가져다 준다고 믿는다. 닭의 뼈로 개인의 길흉을 점치기도 한다. 또, 자연신을 섬기고 사후 세계에 대한 믿음을 가지고 있다.

리쑤족

리써족이라고도 한다. '리쑤', 혹은 '리써'는 '삶에 대한 지적 욕구가 있는 사람'이라는 뜻이다. 티베트와 위난성에 거주하다가 정치적 탄압으로 1921년 태국에 유입되었다. 현재 치앙라이, 치앙마이, 매헝썬, 딱, 펫차분, 람빵, 쑤코타이, 파야오, 프래 등지에 분포되어 있다. 자아 의식이 강하고 자유를 사랑하는 민족성을 지니고 있다. 언어는 무써족과 동일 그룹에 속한 언어를 사용하고 문자는 없으나 기독교인들은 로마자를 변용하여 표기 수단으로 사용한다. 주로 800미터 이상의 고지대에 거주하며 물을 사용하기 편한 개울이 있는 곳에 조상신을 모시기 위한 신당이나 사당을 세운다. 난방 효과를 위해 그루터기에 집을 짓는다. 침실과 농기구를 보관하는 헛간이 있고 대나무 시렁을 만들어 주방 기구를 보관한다. 조상신과 기독교를 믿는다. 또한 정령 신앙으로 지신과 언덕신, 물신, 밭신을 믿고 가족이 병들거나 아프게 되면 마음의 평화를 갈구하여 초혼굿을 하기도 한다. 설날이나 추석과 같은 명절이 있고 권농일도 있다. 이

위 : 리쑤족의 여인
아래 : 라후족의 엄마와 아들

런 명절에는 조상에게 제사를 지낸다. 춤과 노래를 즐기는데 추수 때에는 남녀가 서로 주고받으며 부르는 노동요도 있다.

라후족

무써족이라고도 하는데 미얀마어로 '사냥꾼'이라는 뜻이다. 외부 세력의 침입으로 미얀마 남부와 태국 북부로 이주해 들어왔다. 현재 치앙라이, 치앙마이, 매헝썬, 딱주州에 흩어져 살고 있다. 언어는 아카족 언어와 유사한 티베트-버마어족에 속하는 언어를 사용하며 대부분 타이야이어나 라오스어 구사가 가능하다. 해발 1,200미터 이상의 고지대에 거주하면서 낮은 지대에 거주하는 종족에 대한 상대적인 우월감을 가지고 있다. 집은 대나무로 짓고 난방과 취사를 위한 화로를 각각 하나씩 사용한다. 결혼은 자유 결혼을 하는데 이혼 시에는 마을 중앙 공터에서 돼지를 잡아 귀신에게 제사를 지낸다. 마을 공터는 여러 가지 행사나 의식을 거행하는 장소로 사용한다.

전통적으로 조상신을 믿고 정령 신앙이 발달했으나 오늘날 불교와 기독교를 믿는 사람이 늘어나고 있다. 그러나 귀신은 이들의 삶과 밀접한 관계를 맺고 있어 생로병사에 관여한다고 믿는다. 제사장 격인 퍼크루는 마을 사람들에게 영향력을 행사하는데 촌장과 마을 사람들이 중요한 결정을 할 때 퍼크루의 의견을 존중한다. 퍼크루는 길흉을 점치고 민간요법으로 병을 치료해 준다. 때로는 퍼크루가 촌장을 겸하는 경우도 있다.

미얀족

15~16세기경에 12가문이 중국에서 베트남과 라오스 지역으로 이주했다.

미얀족 연인의 모습

이들이 태국에 들어 온 것은 100여 년 전의 일이다. 중국인들은 이들을 야오족
이라고 부르는데 이는 '야만'이라는 뜻이다. 언어는 차이나-티베트어족에 속
하는 언어를 사용하고 문자는 한족 문자를 사용한다. 1,000~1,500미터 고산
지대에 거주하며 그루터기 위에 집을 짓는다. 산꼭대기에는 집을 짓지 않는다.
부계 사회로 대가족을 이루고 살면서 어른을 공경하는 경로 사상을 중요시한
다. 쌀을 주식으로 하는데 주로 익힌 음식에 짜게 조리된 반찬을 먹는다. 일반
태국인들과 달리 밥을 먹는데 젓가락을 사용한다. 천신과 조상신을 섬기는데
집집마다 조상신을 모시는 사당이 있다. 전통 문화를 보존하려는 의식이 강하
다고 알려져 있다.

타이야이족

17세기에 중국 남부에서 이주해 들어와 현재 매형썬, 치앙라이, 치앙마이에 거주한다. 이들은 스스로를 "따이"라고 부르는데 미얀마에서는 "찬"이라고 부른다. 언어는 타이–까다이어 족에 속하는 언어를 사용한다. 대부분 부모나 친척의 이름을 성으로 사용하는데 "룽"으로 시작하는 것이 많다. 강변 고수부지나 언덕에 집을 짓고 사는데 적게는 20가구부터 많게는 700~800가구가 모여 산다. 집을 지을 때 보통 산을 뒤로 하고 들판을 내려다보는 배산임야의 마을 형태를 이룬다. 축제나 잔치에서는 여러 가지 민속춤을 추고 다양한 전통 악기를 연주한다.

타이야이족의 축제 모습

카친족

스스로를 "찡버" 또는 "찡퍼"라고 부른다. 1974년 미얀마에서 이주하여 치앙마이 지역에 거주한다. 티베트-버마어족 언어를 사용하며 타이야이, 리써, 무써, 이꺼족과 유사성이 많다. 땅 위에 조금 높이 올려서 집을 짓고 침실을 여러 개 두는데 앞과 뒤에 문을 낸다. 부계 사회로 남자는 집 밖의 일을 책임지고 여자는 집안일을 도맡아서 한다. 본래는 조상신과 터줏대감을 섬기다가 나중에 기독교를 믿게 되었다. 그래서 여러 의식도 사당에서 거행하던 것을 지금은 교회에서 한다. 종자나 씨앗을 가져와 권농 행사를 치른 다음에 농사를 짓고 추수 감사 의식을 치른다. 이들의 권농 행사는 파종하기 전에 조상에 대해 제사를 지내고 논과 밭에 뿌린 씨앗을 동물이나 곤충이 해치지 않게 해달라고 기원하는 것이다. 이때 돼지와 닭을 잡아 제사를 지내는 권농 행사는 곡식이 자라 익기 전에 한 번 더 거행된다. 추수가 끝나면 각 가구에서 추수한 곡식의 일부를 가져다가 대대적인 추수 감사 의식을 치른다.

병이 들거나 아픈 사람이 생기면 신이 원하는 제물을 바쳐 죄를 씻는 의식을 거행한다. 이 속죄 의식은 주로 동물의 피로 제사를 드리는 방식으로 진행된다. 여자는 결혼할 남자가 아니면 함께 외출하지 않는 풍습이 있다. 결혼은 남자가 여자에게 청혼하여 이루어지는데 결혼식은 남자의 집에서 거행된

카친족의 아이들

다. 결혼 후에도 각자의 성을 사용하며 자녀는 아버지의 성을 따른다. 근친 결혼을 피하기 위해 동성同姓과는 혼인하지 않는다. 남자가 양육 사례금이 없을 경우 처가에 들어가서 7년간 일손을 돕는 노력 봉사를 해야 한다. '마나우'라고 부르는 장소가 있는데 마을 사람들이 교류하는 장소이다. 각종 행사가 있을 때 이곳에 모여 춤추고 노래하며 함께 즐긴다.

까리앙족

보통 카렌족이라고 부르는데 태국 내 가장 인구가 많은 소수종족이다. 모두 네 개의 그룹이 있는데 스스로를 "빠까꺼여"라고 부른다. 이는 '사람'이라는 뜻이다. 본래 몽골에서 거주하다가 중국의 침략으로 티베트로 이주했다. 18세기 말에 이르러 태국으로 유입해 들어왔다. 자신들의 고유한 언어를 가지고 있으

까리앙족의
목이 긴 여인

며 버마 문자와 로마자를 변용한 표기 체계를 사용한다. 땅 위에 높이 집을 지으며 테라스가 있다. 일부는 평야 지대에 집을 짓고 살며 떠돌지 않고 한 군데 영구적인 삶의 터전을 이루고 산다. 귀신을 섬기고 술을 끓이고 닭을 잡아 제사 지내는 의식이 있다. 한 해의 농사를 시작하는 설날이 있는데 촌장이 사전에 마을마다 따로 날을 정하여 설날로 삼는다. 그래서 마을마다 설날이 제각기 다르다. 결혼은 여자가 남자를 선택한다. 결혼식은 신랑과 신부가 돼지와 닭을 잡아 조상신에게 고하는 형식으로 거행되는데 남자는 결혼 후 처가에서 한철 농사를 짓고 난 다음에 분가하여 독립한다. 까리앙족은 본래 엄격하게 귀신을 섬기고 제사를 지내는 토속신앙이 있었으나 나중에 불교와 기독교 신자가 많이 늘어났다. 그러나 아직 영혼을 믿고 터줏대감에게 제사 지내고 조상신의 가호를 비는 의식은 여전히 남아 있다.

태국 정부의 고산족 정책

태국 정부는 1976년부터 통합 정책을 시행하여 고산족이 희망하는 바에 따라 그들 고유의 종교와 관습을 유지하도록 하는 한편 고산족을 태국 사회로 끌어 들여 태국화하고 국가에 충성심을 갖게 하고자 노력을 경주해 왔다. 그러나 고산족들은 태국인과 전혀 다른 문화를 가지고 있으며 자신의 종족이나 부락에 대한 충성심이 강해서 태국인으로 동화시키기는 여러 가지 문제를 안고 있다. 1973년에 공산주의 세력이 고산족에게 침투하기 시작하고 무제한적인 산림 훼손에 의한 경제적 손실과 아편 생산 등의 문제가 대두되었다. 이에 대응하여 태국 정부는 이러한 고산족들을 통합시키기 위해 일련의 정책들을 펴나가기 시작했다. 그러나 이들 중 일부만이 태국 국적을 소유하고 있고 무국적의 고산족들은 일정 지역 내에서 이동만 허락된다.

태국 정부의 고산족 정책을 추진하는 과정에는 어려움이 많았다. 고산족들이 사는 곳이 대부분 오지에 위치해 있어서 학교를 세우거나 교사를 파견하는 일이 쉽지 않았다. 대부분의 고산족들이 문맹이며 교육 수준이 낮은 데다가 언어가 달라 의사소통에도 문제가 많다. 또 고산족들의 잦은 이주 생활과 어린이들을 노동력으로 인식하는 것도 큰 장애물로 작용하고 있다. 고산족들의 독특한 풍습과 문화에 맞는 맞춤형 교육이 필요하지만 아직 그에 따른 교과 과정이나 교과서를 개발하지 못하고 있는 실정이다. 많은 고산족들이 아직도 열악한 환경에서 살고 있다. 비위생적인 환경에서 살다 보니 피부병이나 말라리아 또는 결핵과 같은 질병에 시달리기도 한다.

고산족이 안고 있는 또 다른 문제는 경제적 문제이다. 태국인으로서 국적을 취득하지 못하는 경우에 교육을 받을 수도 없고 자기 사업을 할 수도 없다. 과거에 아편 재배와 화전 경작은 이들의 주수입원이었다. 고산족이 거주하고 있는 태국과 라오스 그리고 미얀마 국경 지대는 해발 900미터 이상의 고지대로 습기가 많고 기온이 낮은 고산 지대라서 아편 재배에 적합한 조건을 갖추고 있다. 1980년대 아편 재배로 인한 수입은 가구당 평균 2만~4만 5천 바트에 달했다. 아편 재배와 화전 농업이 금지되자 수입원이 없다 보니 가난에 못 이겨 젊은 여성들이 매춘을 하기도 한다. 유엔아동기금의 보고서에 따르면 태국 매춘부의 10% 이상이 고산족 출신이며 그들의 80% 이상이 에이즈에 감염되었다고 한다.

고산족들의 문제를 해결하기 위하여 태국 정부가 시행한 정책은 왕실의 후원 아래 그들이 산에서 내려와 정착하도록 하는 것이다. 그래서 가내 수공업, 전통 수공예, 죽세공, 전통 의상 제조 등을 통해 소득을 올리도록 하는 것이었다. 이렇게 해서 생산된 물건을 상품화하여 판매도 주선해 주었다. 오늘날 태국 북부의 치앙라이에 가보면 매퐈루앙이라고 하는 식물원을 볼 수 있다. 이는 라마 9세인 푸미폰 국왕의 어머니 씨나카린트라가 80년대 후반부터 조성한 식물원이다. 이 식물원은 마약 중독자들에게 생활 터전을 마련하기 위해 조성한 것이다. 아편을 재배하며 살아오던 고산족들에게 꽃과 식물을 재배하며 새로운 삶을 살 수 있도록 했다. 오늘날 이 지역은 과거 마약의 온상지라는 긴장감과 독특한 고산족 문화가 어우러져 관광 명소로 각광받고 있다.

교육 정책으로는 태국식 교과 과정에 따른 태국어 교육을 위한 특별 교육 과정을 마련하여 교사들이 마을을 순회하며 가르치도록 했다. 여기서 성적이 우수한 고산족 학생들이 인근의 대도시로 나가 교육을 받게 하고 교육을 마친 고산족 학생을 고산족 학교의 교사로 채용하였다. 태국 왕실과 승단에서도 이를 적극적으로 지원하여 얼마간 성과를 거두게 되었다. 한편 태국의 승단에서는 고산족들에게 불교를 포교하여 불교에 귀의한 사람을 승려로

치앙라이의 매파루앙

훈련시켰다. 그리고 다시 이들을 고향 마을로 돌려보내 마을의 교사나 자문의 역할을 하도록 하고 불교를 포교하도록 했다.

태국 정부의 여러 가지 정책으로 1996년까지 거주지 등록을 한 고산족의 수가 60.2%가 되었으며 태국 국적 심사를 받은 고산족은 전체 고산족 중 55.6%에 이르렀다. 또 거주지 등록을 하지 않았으나 호적 신고를 한 고산족이 13.8%, 그리고 거주지 등록도 하지 않고 호적 등록도 하지 않은 고산족은 17.6%로 나타났다. 설문조사에 의하면 고산족 중에서 태국 국적을 취득하여 태국인으로 살아가게 된 것에 만족하고 있는 사람의 비율이 87.5%에 달했다. 그러나 아직까지 60여만 명의 고산족 중에서 국적이 없는 고산족이 40만 명을 웃돌고 있는 실정이다.

제29장

중국계
태국인

태국으로 건너온 중국인들

　태국인들은 겉모습만 보면 한국인에 비해 체구가 조금 작고 피부색도 약간은 거무스름한 편이다. 그런데 이따금 체구나 피부색이 한국인과 크게 달라 보이지 않는 사람들이 있다. 이런 사람들이 대개 "츠아싸이찐เชื้อสายจีน"이라고 부르는 중국계 태국인이다. 좀 더 자세히 관찰해 보면 제법 규모가 되는 음식점이나 철물점 등 자영업자들이 대개 중국계인 경우가 많다. 상대적으로 상술이 발달하고 근면해서 드러나지 않게 크고 작은 상권을 장악하고 살아간다. 그러나 이들의 정체성은 다른 나라의 화교와 달리 철저하게 태국인이다.

차이나타운의 중국식 건축물

초기 중국계 태국인의 모습

태국에 중국인들이 유입되기 시작한 것은 천여 년 전일 것으로 추측하지만 외교적 관계는 쑤코타이 시대(1238~1438)부터 시작되었다는 명백한 기록이 있다. 아유타야 시대(1350~1767)에 이르러서는 왕도王都 아유타야를 중심으로 화인 사회가 형성되었다. 톤부리 시대에 중국계 이민 및 중국과의 교역 장려 정책에 힘입어 중국인들이 대거 유입되어 태국에 정착하기 시작했다. 그리하여 1825년 23만 명이던 중국계 인구는 1910년경에 79만 명을 넘어서게 되고 1932년에는 태국 전체 인구의 12.2%에 이르게 되었다. 초기 중국 이민자들은 대부분이 남성들이었고, 이들은 태국인 여성들과 혼인하여 자녀를 두게 되는데, 이로써 중국계 2세들이 생겨났다.

중국인의 유입

중국인이 본격적으로 태국에 이주해 오기 시작한 것은 아유타야 시대 때부터이다. 주로 상업을 목적으로 태국으로 건너온 중국인들은 대부분 미혼이었고 이들이 태국인 여자와 결혼하여 낳은 자녀는 "룩찐ลูกจีน"이라 불렸다. 16세기경 수도인 아유타야에는 룩찐이 전체 인구의 1/4을 차지했다고 한다. 중국인들은 그들이 가진 근면성과 뛰어난 적응력으로 빠르게 태국 사회에 정착하였다. 그리하여 나라이왕 시대에 이르러 중국인들은 다른 나라 사람들과 달리 외국인 취급을 받지 않았다. 톤부리 왕조에 이르러서는 차오저우어潮州語를 사용하는 중국계 상인들에게 특권이 주어졌다. 그래서 이들 화교를 "찐루엉จีนหลวง"이라고 불렀다. 톤부리 왕조를 세운 딱신은 아버지가 차오저우 출신의 화교였다. 게다가 아유타야 멸망 후 차오저우 출신 중국인들의 도움을 받아 버마군을 몰아내는 데 성공했다. 딱신은 톤부리 왕조를 개국하고 나서 짜오프라야 강변 일대에 화교들이 모여 살 수 있도록 거주 지역을 따로 마련해 주기도 했다.

중국인들 이주해서 살고 있는 여러 나라에는 대부분 중국인들이 모여 사는 차이나타운이 있다. 방콕에도 야오와랏 거리에 차이나타운이 있다. 야오와랏 거리가 시작되는 후아람퐁역 뒤쪽에 왓뜨라이밋 사원이 있다. 이 사원이 언제 누구에 의해서 건립 되었는지는 정확히 알 수 없다. 본래 이름은 왓쌈찐따이 사

야오와랏 거리 입구

원인데 전해져 내려오는 이야기에 의하면 중국인 형제 세 명이 세웠다고 한다. 이 사원에 중국인들이 태국으로 유입되는 과정과 그들의 애환을 설명하는 영상물과 전시물이 있다. 중국이 청나라 말기에 영국과의 전쟁을 치르고 이에 고초를 겪던 중국의 민초들에게 태국은 한때 기회의 땅이었다.

라마 1세 (1782~1809) 때에 방콕을 수도로 정하면서 대규모 토목 공사가 벌어지자 여기에 참여하기 위해 많은 중국인들이 태국으로 건너오게 되었다. 특히 1860~1930년 사이에 중국인 인력 수출 계획에 따라 대규모의 중국인들이 또다시 태국으로 이주해 왔다. 태국에 들어온 중국인들의 대부분은 차오저우성의 가난한 청년들이었다. 이들은 중국의 장림항에서 홍두선을 타고 태국으로 왔는데 방콕까지 한 달 정도 걸렸다고 한다. 차오저우성의 청년들이 타고 오는 뱃길은 매우 험난했다. 이들은 가진 것이 없어 대부분 담요 한 장에 호박을 하나씩 들고 탔다고 한다. 당시 호박은 다용도 물품이었다. 배가 난파되면 물에

옛날의 쌈펭 부두의 모습

뜰 수 있게 하는 구명 도구로 사용할 수도 있었고 음식물이 떨어졌을 때는 손쉽게 먹을 수 있는 비상식량이기도 했다. 이들이 탄 배가 도착한 곳이 쌈펭 부두였다. 라마 3세 통치 시기에 쌈펭 부두는 무역으로 성황을 이루었다. 이곳에 내린 중국인들은 차이나타운으로 들어가 부두에서 짐을 나르는 노동을 했다. 더러는 국수를 말아 팔고 더러는 긴 막대기 양쪽에 광주리를 달아 매고는 행상을 하기도 했다.

중국인 포용 정책

중국인들은 근면하고 성실하여 자수성가한 사람들이 많은데 라마 3세까지 거치는 동안 50여 가문의 갑부가 생겨났다고 한다. 그리하여 태국 내 중국계 숫자가 빠른 속도로 늘어나게 되었다. 태국의 저명한 문법학자가 저술한 태국어 문법서에 당시 상황을 배경으로 한 듯한 예문이 나온다.

ชาวต่างชาติเข้ามาอยู่เมืองไทย เขาขยันมั่นเพียร ไม่ยอมให้เวลาผ่านไปโดยเปล่าประโยชน์
เขาจึงร่ำรวยจนเกือบจะซื้อแผ่นดินไทยได้ทั้งหมดแล้ว เพราะฉะนั้น ขอให้พี่น้องชาวไทยทั้งหลาย
จงตื่นเถิด จงพากันขยันทำงานทุกชนิด เพื่อจะได้รักษาผืนแผ่นดินของไทยไว้

외국인은 우리의 태국에 들어와 살면서 부지런하고 근면하여 시간을 헛되이 흘려 보내지 않는다. 그리하여 그들은 우리 땅을 모두 살 정도로 부유하게 되었다. 그러므로 태국의 모든 동포여 깨어나라. 모든 일에 부지런히 매진하여 우리의 땅을 지키자.

중국어 간판이 즐비한 차이나타운의 풍경

위의 내용 중에서 외국인이 가리키는 것이 바로 당시 중국에서 이주해와 열심히 일하면서 태국에 뿌리를 내리고 살던 중국인이 아닐까 하는 생각이 든다. 이렇게 중국인들이 본국으로 돌아가지 않고 태국 땅에 정착해 살게 된 것은 태국의 안정과 포용을 지향하는 문화적 정책에 힘입은 바 크다.

태국으로 이주해 오는 중국인들을 동화시키기 여러 가지 정책을 썼다. 일찍이 아유타야 왕조의 나라이왕 시대에 외국인과의 혼인을 금지하는 법에서 중국인은 예외로 하였다. 그러다가 19세기 들어 중국 남부 지방에서 급격하게 인구가 증가하고 천재지변과 기근에 시달리던 수많은 중국인들이 살길을 찾아 태국으로 유입되기 시작했다. 특히 라마 3세 때에는 중국인들이 방콕의 운하 건설에 많이 참여하게 되었다. 라마 5세 때 이르러서는 중국인들은 태국인들과 같은 노동의 기회와 이익을 추구할 기회를 얻게 되었다. 이때부터 중국인들이 대거 유입되고 이주한 중국인들 간에 결집이 시작되었다. 라마 5세는 "태국 말을 하고 태국 이름을 가진 자는 태국인이다"라는 기치 아래 중국인 수용에 힘썼다. 중국인들은 사회적으로는 태국인들과 동등한 대우를 받으면서도 정치적으로는 외국인으로 분류되어 라마 6세 시대 이전까지는 세금을 적게 내는 혜택까지 누렸다. 라마 6세에 이르러 제정된 법령에 따

중국계 태국인의 장례식

라 중국인들은 태국식 성씨를 쓰도록 했다. 그렇지 않으면 외국인으로 분류하여 불이익을 받도록 하였다. 그러자 대부분의 중국인들은 개명을 통해 태국인이 되는 길을 선택했다. 또한 피분쏭크람 내각이 들어서면서 태국 민족의 동질성 확립 정책이 시행되었다. 이에 따라 중국계들에게 태국 시민권을 취득하게 하였다. 그리고 태국식 이름을 사용하고 태국 학교에 다닐 것을 강요하였다. 중국 이름을 쓰는 사람들에게는 군인을 포함한 공무원이 되는 길을 제한시켰다. 이러한 정책들은 큰 저항 없이 순조롭게 이루어졌다. 19세기 중반 이전에 태국으로 이주해온 중국인들은 혼인에 의해 태국화되었고 태국과 중국의 혼합된 생활 양식을 이루며 살았다. 태국정부의 지속적인 동화정책으로 화교 3, 4 세들은 모두 태국인으로 완전히 동화되었다.

중국어 교육 정책

랏따나꼬신 시대부터는 중국어 학교가 설립되었다. 라마 3세 때부터 라마 5세 때까지 태국에 유입되어 정착하는 화교들의 숫자가 급증하면서 중국어 교육에 대한 중요성이 대두되었다. 그 당시 화교 사회에서 자녀들에게 중국어를 가르치는 방법은 본국으로 유학을 보내거나 국내에 학교를 설립하여 가르치는 것이었는데 대부분 사람들이 경제적인 이유로 국내에서 중국어를 가르치는 방법을 선택했다.

랏따나꼬신 시대 초기의 중국어 학교는 정부의 인가를 받지 않은 상태에서 비공식적으로 설립한 학교들이었다. 형편과 상황에 맞추어 차오저우어潮州語, 광둥어粵語, 푸젠어福建話 등을 가르쳤는데 차오저우어로 가르치는 학교가 가장 많았고 중국 표준어로 가르치는 학교는 매우 적었다. 라마 6세 대에 이르러 정식적으로 인가 받은 중국어 학교가 생겨나기 시작했다. 당시 중국에서 혁명이 일어나고 일부 중국인들이 태국에 들어와 정치적인 활동을 하려는 움직임이 있었다.

1921년 중국공산당이 창당되고 1932년 태국이 입헌 군주제로 바뀌게 되었다. 그러나 공산당은 태국의 정부의 정치적 이념과 대립되는 것이어서 태국 내 중국인들의 움직임에 대한 보다 엄격한 통제가 필요하게 되었다. 한편, 1937년 중일 전쟁이 발발하자 태국 내 중국인들 사이에 반일 감정이 고조되었다. 태국 내 중국인 사회에서 정치 활동을 하는 세력들은 대개 중국어 학교를 은거지로 삼았다. 이들 중에는 공산주자들도 있었고 반일운동을 하는 세력도 있었고 두 가지를 병행하는 세력들이 있었다. 그러자 절대 군주제하에 있던 태국 정부는 이에 대해 우려하게 되었고 보다 효율적인 중국인 통제를 위해 모든 중국어 학교를 정부에 등록하도록 조치했다. 이후 태국에서의 중국어 교육은 더욱 강력한 정부의 통제를 받기 시작하였다.

태국에서 중국어 교육이 가장 큰 시련을 겪게 된 것은 중일 전쟁 이후였다.

태국의 중국어 학교

중일 전쟁이 끝난 이듬해에 태국 정부는 중국 공산주의자와 국민당 세력들에 대한 대대적인 소탕을 개시했다. 그 결과 많은 중국어 학교 교사들이 체포되고 200개가 넘는 학교가 폐쇄되었다. 얼마 후에 중국인들의 요청으로 중국어 교육은 재개되었지만 전체 교육 시수의 20%를 초과하지 않는 범위 내에서 하도록 허락되었고 초등학교 4학년까지만 중국어를 배울 수 있게 하였다.

중국 본토에서 중국 공산당이 국민당을 물리치고 승리하자 태국은 더욱 강력한 반공주의 정책을 펴게 되면서 태국 내에서의 중국어 교육은 더욱 침체되었다. 부유층에서는 자녀들을 홍콩이나 대만 또는 말레이시아의 페낭 등에 유학을 시켰다. 그러나 일반 서민들의 자녀는 초등학교 4학년까지 제한적인 중국어를 배우고 방과후 1시간 과외를 받는 것이 전부였다. 그러다가 1975년 태국과 중국의 외교 관계가 재개되자 중국어 교육이 다시 활기를 띠기 시작하였다. 1990년대 들어서면서부터 중국이 개방되고 부분적으로 자본주의를 도입하자 태국 내에서 중국의 이미지가 많이 바뀌었다. 정치와 경제적인 상황이 바뀌면서 중국어의 중요성이 날로 부각되자 태국 정부의 중국어 교육 정책도 큰 변화를 가져왔다. 중국어 교육은 완전히 자율화되고 초등학교 4학년까지만 배우도록 허락되었던 규제가 풀리면서 비공식적인 과외도 불필요하게 되었다. 오늘날 태국에서의 중국어 교육은 완전 정상화되었다. 대부분의 대학교에는 중국어학과가 설립되어 있다.

중국인의 역할

아유타야 시대에 모습을 드러낸 태국의 화교 사회는 수백 년 동안 지속적인 발전을 거듭하는 가운데 이들이 사용하는 중국어는 태국어에 점진적으로 영향을 미쳤다. 중국어가 태국어에 유입되는 현상은 주로 외교와 교역으로 인한 교류에 힘입은 바 크다. 이 과정에서 태국인과 결혼하여 정착한 중국계 태국인의 숫자가 늘어나면서 중국 문화와 풍습이 태국 문화와 섞이게 되고 언어 접촉이 생기면서 태국어의 성조를 비롯한 태국어의 음운 체계에도 얼마간의 변화를 가져오게 되었다. 중국어는 태국어와 언어적 유사성이 많아서 태국어의 음운 체계에 끼친 영향은 그리 많지 않은 편이다. 일부 중국어의 어휘가 태국어에 유입되고 태국어에 유입된 중국어는 대개 그대로 음역하여 사용하는 차용어로 자리 잡았다. 중국어 차용어는 대개 차오저우어로 가재 도구나 음식, 채소, 과일 등의 이름이 많고 가장 많고 그 다음에 상업 관련 용어, 사람의 호칭과 지칭 등에도 많이 나타난다. 중국어 차용어는 일반적으로 구어에서 많이 사용되며 문어에서는 상대적으로 사용 빈도수가 적다.

쑤코타이 왕조부터 현재까지 태국의 국가 건설 과정을 들여다보면 중국계 태국인들이 상당히 중요한 역할을 수행했다. 타이족과 중국계 태국인은 정치, 경제, 사회, 문화 등 제 방면에서 대단히 밀접한 공생 관계를 확립하였다. 오늘날 태국을 구성하고 있는 모든 사람을 일컬을 때 "피넝–차우타이–툭콘"이라고 한다. '모든 태국인 형제'라는 뜻이다. 여기에는 당연히 중국계 태국인이 포함되어 있다. 오늘날 태국 사회에서 중국계 태국인들은 스스로 자신이 태국인이라고 생각한다. 따라서 혼인이나 친교에 있어 타이족과 구분 짓지 않는다. 오늘날 중국인들은 세계 각지에 널리 퍼져 살고 있다. 그들은 어디에 가서 얼마를 살더라도 자신들의 언어와 풍습을 간직하고 살아간다. 그러나 태국에 와서는 여지없이 태국인으로 동화되어 버리는 현상은 매우 주목할 만한 사실이다. 이러한 중국인들의 삶의 행태는 태국 사회의 가장 큰 특징이기도 하다.

제30장

남부의
이슬람교도

태국 속의 다른 풍경

태국 쏭클라대학교에 처음 유학 갔을 때 핫야이에서 기차를 내려 택시를 타고 빳따니로 갔다. 핫야이를 벗어나 빳따니로 가다 보니 점점 창밖의 모습들이 달라져 갔다. "까삐여"라고 부르는 모자를 쓴 남자들과 "히잡"을 쓴 여자들의 모습이 점점 더 많이 눈에 띄었다. 방콕에서 보던 태국과는 전혀 다른 풍경이었다. 어떻게 보면 일반적인 태국과는 또 다른 태국이었는데 그 속에서 8년을 어울려 살다 보니 나중에는 무척 익숙해지고 친근해졌다.

태국 남부에 말레이시아와 인접한 곳이 쏭클라, 빳따리, 얄라, 나라티왓, 싸뚠 지역이다. 이 중에서 빳따니, 얄라, 나라티왓은 서로 연결되어 있으면서 주

태국 남부의 쏭클라대학교

남부의 이슬람 교도

민들의 생활상이나 문화가 다른 지역과 유별나게 차별화되는 지역이다. 그래서 보통은 이 지역을 "남부 국경 지대 3개 주³ จังหวัดชายแดนภาคใต้"로 부른다. 인구와 종교 분포를 보면 인구는 나라티왓이 가장 많고 그 다음이 빳따니와 얄라 순이다. 주민들의 대부분이 이슬람교를 신봉하며 전통적인 무슬림 방식의 삶을 살고 있다. 이 지역에 거주하는 무슬림들은 오래 전부터 중앙 정부와 갈등이 있어왔다. 특히 지난 2004년부터 격화된 소요 사태로 인해 수천 명이 사망하였으며 아직도 진정될 기미가 보이지 않는다.

태국 남부의 무슬림은 원래 이 지역 원주민으로 알려져 있다. 빳따니 지역에는 9세기경부터 이슬람교가 전파되기 시작했다. 당시 빳따니의 지도자가 고질병으로 고생하던 중 무슬림 의사의 도움으로 치유되면서 이슬람으로 개종하였는데 이를 계기로 이슬람교의 전파가 시작되었다고 한다. 태국의 이슬람교도들은 남부 지방 외에도 여러 지역에 흩어져 살고 있다. 그러나 그 수가 많지 않아 눈에 잘 띄지 않는다. 남부 국경 지대 3개 주의 말레이족은 자신들의 언어와 문화를 가지고 있고, 다른 지방의 이슬람교도들과는 달리 서로 밀집해 살면서 그 결속력이 매우 강하다. 이들은 말레이 방언을 사용하면서 의식 구조나 생활 방식이 이슬람 교리에 맞추어져 있는데 외부에서 보면 매우 배타적인 성격을 가지고 있는 것으로 보인다.

의식주 문화

이슬람교에서는 남녀 옷차림에 대해 비교적 엄격하게 규정하고 있다. 남자는 까삐여라는 모자를 쓰고 여자들은 히잡을 착용한다. 특히 여성은 식당에서조차 히잡을 벗지 않는다. 남부 지역에서는 이러한 옷차림으로 인해 이슬람교도와 불교도가 확연히 구분된다. 과거에는 한때 이슬람 학생들에게 히잡 착용을 금하고 교복 착용을 강요함으로써 문제가 발생한 적도 있었다. 최근 갈등 사태가 고조되면서 이들의 복장은 검정색으로 많이 바뀌고 얼굴까지 가리는 등 의복을 통해 자신들의 정체성을 돋보이게 하고자 하는 경향이 있다.

식생활에 있어서 이슬람교도들은 돼지고기를 비롯하여 코란에 적시되어 있는 일부 동물의 고기를 먹지 않는다. 또한, 이슬람교도들은 개를 키우지 않는다. 개가 흘리는 침을 더러운 것으로 여기기 때문이다. 또한 이슬람교도들은 일체의 주류를 섭취하지 않으며 중독성이 있는 마약류 등은 판매하지도 않고

위 : 이슬람교도 마을
아래 : 빳따니에 있는 중앙 이슬람 사원

다. 끼떠어캐나유는 '우리는 말레이인이다'라는 뜻이 된다. 여기서 "끼떠"라는 말은 2인칭 복수를 나타내는 대명사로 태국어의 "라오"와 다르다. 태국어의 라오는 대개 청자를 포함하는 말이지만 끼떠는 오로지 화자만을 가리킨다. 따라서 끼떠어캐나유라는 문장에서 가리키는 끼떠는 말레이족이면서 말레이어를 말하고 이슬람교를 신봉하는 사람만을 가리키는 것이다. 이들이 말하는 "바써 bahsa"는 '언어'라는 뜻이지만 실제로는 '말레이어'만을 의미한다. "아다adat"는 '관습'이라는 뜻이지만 실제로는 말레이 관습만을 의미하며 "우까모Agma:"도 '종교'라는 뜻이지만 실제로는 이슬람교만을 의미한다. 이와 같은 언어사용은 그들이 자신들을 어떻게 규정하고 있는지를 잘 나타내주고 있다.

이처럼 태국의 남부 지역에 거주하고 있는 타이무슬림들은 말레이라는 종족과 이슬람이라는 종교의 복합체라고 할 수 있다. 즉, 어캐나유는 말레이족으로서 이슬람교를 믿는 사람을 의미하며 이들에게 있어서 말레이와 이슬람 이 두 가지는 결코 분리될 수 없는 것이다. 나아가 이 두 가지를 공유했다고 하더라도 사는 지역이 다르면 아다ada가 다르기 때문에 또다시 구분이 된다. 따라서 이들에게 말레이 관습 또한 매우 중요한 것일 수 밖에 없다.

남부 지역의 역사와 갈등의 배경

태국의 땅 모양을 도끼와 같은 모습이라고 하는데 도끼의 손잡이 끝부분에 위치한 빳따니, 얄라, 나라티왓 그리고 쏭클라주에 속한 싸다우, 짜나, 나타위 그리고 테파군郡이 남부 갈등 지역이다. 이 지역의 갈등은 종족 문제와 종교 문제가 혼합된 양상을 띠고 있다. 역사적으로 보면 본래는 힌두교도와 불교도들이 모여 살던 지역인데 이슬람교도들이 유입해 들어와 살게 되었다. 이슬람교도들의 역할이 커지면서 통치 제도가 술탄 체제로 바뀌었는데 나중에 싸얌이 강성하면서 이 지역은 태국의 지배를 받게 되었다. 유럽의 식민지 사냥이 한창일 때 태국이 이 지역을 빼앗기게 되자 연합국 쪽으로 편입되었는데 나중에 일부는 태국에 그리고 또 다른 일부는 말레이시아에 병합되었다.

1903년에 라마 5세는 몬톤텟싸피반มณฑลเทศาภิบาล이라는 새로운 통치 제도를 도입했는데, 이는 빳따니의 각 지역마다 행정 관리가 주재하고 이들은 몬톤省으로부터 통제받도록 하는 것이었다. 그리고 몬톤은 중앙 정부와 나컨씨탐마랏의 통제를 받도록 하였다. 1921년 중앙 정부는 국가 부흥 정책의 일환으로 태국에 거주하는 태국인의 모든 자녀들은 정부의 인가를 받은 초등학교에 들어가서 교육을 받도록 하는 의무 교육에 관한 칙령을 내렸다. 이는 언어를 달리하는 소수종족들에게 태국어 교육을 통해 장차 공무원이 되거나 취업을 하는데 도움을 주기 위한 것이었다. 그러나 일부 이슬람 세력들은 중앙 정부의 이런 언어 정책을 남부 지역의 이슬람교를 신봉하는 말레이족에게서 언어와 종교를 박탈하고자 하는 의도로 받아들이게 되었다. 1932년에 중앙의 정치 제도가 절대 군주제에서 입헌 군주제로 바뀌면서 몬톤제도는 철폐되고 중앙으로부터 직접 통제를 받게 되었다. 이때부터 태국의 중앙 정부와 정치적, 종교적, 문화적 갈등은 끊임없이 계속되었다.

동화 정책

1923년부터 태국 전역에 정부의 교과 과정에 따라 태국어 수업을 진행하지 않는 학교를 모두 폐쇄하였다. 이로 인해 남부의 많은 이슬람 학교가 문을 닫게 되어 반발과 저항을 가져오게 되었다. 게다가 1939년 들어서 피분쏭크람 정권은 태국인들에게 태국식 복장과 풍습을 강요하였다. 만약에 이를 위반할 경우에 벌금을 부과하고 엄격하게 처벌하였다. 이는 태국 남부 지역에 거주하는 이슬람교도들에게도 예외가 아니어서 상황은 더욱 악화되었다. 1944년에 와서는 말레이어를 사용하는 것과 일부 이슬람식 종교 행위도 불

타이 무슬림 학생들

법으로 간주되었다. 1961년 태국 정부는 교육 개혁을 추진하였는데 남부의 말레이 이슬람교도들에게 이슬람식 전통 교육기관인 뻐너ปอเนาะ를 허용하였다. 뻐너를 이슬람 사립학교로 등록하게 하고 새로운 교육 제도에 따라 운영하도록 했는데 말레이 무슬림들의 생활 방식을 포용하고 국가와 종교 그리고 국왕에 대한 올바른 가치관을 심어주기 위한 것이었다.

분리주의 운동

남부 말레이 무슬림들은 중앙 정부의 국가 부흥 정책을 자신들을 중앙 권력에 동화시키고자 하는 의도로 파악하고 이를 이슬람식 삶과 정체성에 대한 도전으로 받아들였다. 따라서 국내외 일부 세력들은 주민을 선동하여 저항하고 나아가 분리주의 운동으로 발전하게 되었다. 제2차 세계대전이 끝나고 동남아 지역에 일기 시작한 독립운동은 태국 남부 지역에도 적지 않은 영향을 미쳤다. 태국 중앙 정부의 통치 방식에 불만을 품은 옛 토착 세력을 중심으로 한 빳따니 말레이연합Gabongan Melayu Patani Raya: GAMPAR이 결성되고 태국 남부 이슬람 지역을 말레이시아에 편입하고자 하였다. 한편, 종교 지도자를 중심으로 자치권을 획득하고자 하는 움직임도 있었는데 빳따니민중운동Patani people's Movement: PPM이 중심이 되었다. 1947년 PPM이 중심이 되어 중앙 정부에 태국 남부 4개 주에 대한 자치권의 필요성을 역설하자 태국 정부는 주동자와 측근 두 명을 반란 혐의로 체포하였다. 그러자 1948년 남부의 말레이 무슬림들과 경찰과의 충돌이 빚어졌다.

남부 이슬람교도들과의 갈등 사태는 1948년 남부 지역 주민들이 반발하여 대규모 시위에 나서면서 최고조에 달했다. 두쏭여 반란으로 명명된 이 사태에서 이슬람교도 400명과 경찰 30명이 사망하였다. 또한 이슬람교도 3,000~6,000명이 말레이시아로 피신하였는데 이 사건을 통해 말라야의 이슬람교도들이 태국 남부 이슬람 지역을 분리하여 말라야 연방과의 통합을 지지하게 되었다. 그러나 영국이 이에 반대하고 태국과 공동으로 말레이시아와의 국경 지대를 관리하는 조항에 합의하였다.

무마 정책

제2차 세계대전 이후에 옛 토착 세력은 자신들의 권력욕을 충족시키기 위해 종교적 이슈를 이용하여 지역 주민들의 지지를 이끌어내고자 하였다. 그러나 중앙 정부는 무마 정책을 펴서 이슬람교리 학교의 숫자가 늘어나고 이슬람 사원도 증가하게 되었다. 이 지역 주민들은 이슬람의 생활 방식과 정체성을 지키는 일이 주된 관심사여서 옛 토착 세력들의 움직임은 주민들의 호응을 받지 못했다. 해외로 유학을 떠나는 청년층의 숫자가 늘어나고 그중의 일부는 중동의 이슬람 교육 기관으로부터 지원을 받았다. 메카로 성지 순례를 가는 인구도 늘었다. 태국 정부의 무마 정책은 상당 부분 효과를 거두었다. 이러한 과정에서도 일부 세력들의 분리주의 운동은 계속되었는데 말라야 연합으로 통합하고자 하는 분리주의 운동은 일시적으로 진행되다가 1950년 이후에는 자치권을 획득하는 방향으로 바뀌게 되었다.

불교도와 이슬람교도의 인식 차이

중앙 정부와 불교도 그리고 남부 분리주의자들과 이슬람교도 간의 갈등은 근본적 인식의 차이에서 온다. 중앙 정부와 불교도들은 이 지역이 씨위차이와 랑까수까의 일부로 본래 힌두교도와 불교도가 살았던 지역이며 현재까지 자신들이 살아온 땅이라고 인식하는 반면에 이슬람교도들은 본래 자신들이 이 땅의 주인이라고 생각한다. 그리고 중앙 정부의 정책을 남부 이슬람의 문화와 관습을 태국 문화로 대체시키려는 동화 정책으로 인식하고 있다. 분리주의자들은 이러한 중앙 정부에 대해 "이슬람교도는 알라신을 위해 재산과 혈육으로 싸워야 한다"고 강변하지만 중앙 정부는 태국 내 어느 소수종족에게도 종교와 문화를 버리도록 강요하고 있지 않다고 누누이 밝히고 있다.

남부의 무슬림들은 대부분이 불교도인 공무원들에 대해 적지 않은 편견을 가지고 있다. 그들의 시각에서 공무원들은 무슬림을 좋아하지 않으며 항상 문제를 일으키는 골치 아픈 집단으로 간주하고 있다고 생각한다. 또한 불교도들은 남부의 무슬림들을 완전히 태국 국민으로 여기지 않고 따라서 자신들은 2등 국민으로 차별받고 있다고 생각한다. 태국 남부에서 발생하는 각종 테러와 폭발 사건은 이와 같은 총체적 원인을 바탕으로 하고 있어 뚜렷한 해결책을 찾기에 어려움이 많다.

분리주의 무장 세력

1940년대 이후부터 태국 남부의 말레이시아 접경 지역에서는 여러 가지 복잡한 요인을 배경으로 분리 독립을 위한 무장 세력들이 성장하기 시작했다. 태국 남부에서 활동해온 중요한 무장 세력에는 여러 단체가 있다. 그중에서 가장 왕성한 활동을 벌인 단체는 PULO^pattani united liberation organisation이다. PULO는 1979년 인도의 대학에서 유학하던 빳따니 출신의 한 이슬람 청년에 의해 결성되었으며 말레이시아로부터의 지원 방안을 모색했다. 여러 투쟁 단체 중 조직 효율성이 가장 높고 빳따니 분리 독립을 위해 많은 연계 조직을 가지고 있었다.

또한 정치, 경제, 군사 부문의 연계가 잘 되어 있어 한때 빳따니 주민들로부터 많은 관심을 받았으나 다수의 지도부 핵심 인사가 체포되면서 그 세력이 많이 쇠퇴한 상태이다.

이슬람 분리 독립 투쟁을 위한 여러 테러 집단은 군사적, 정치적 훈련을 남부 무슬림 거주 지역에서 하지만 이따금 중동의 리비아나 시리아 등지에서도 한다. 이들이 사용하는 자금은 주로 이슬람 부호들의 지원이나 국내 자선기금 모금 형식을 통해 이루어지며 때로는 사람을 납치하여 돈을 요구하기도 하였다. 무장단체들의 극성기였던 1968~1975년 동안 경찰서나 정부 기관을 습격하기도 하고 주요 인물을 납치하여 돈을 요구하기도 하였다. 또한 지방 사업가

테러범 수배 전단지

남부의 검문소

2004년 32명의 테러범들이 사살된 끄르쎄 사원

들에게 보호비 명목으로 돈을 갈취하는 일이 잦았다. 상황이 악화되자 경찰과 군 병력이 증강되고 자위대도 투입되었다. 이런 과정에서 집단이나 종교 구분 없이 무고한 희생자가 증가하게 되었다.

2000년대 들어 다시 시위가 격화되는 가운데 빳따니주에 위치한 끄르쎄 사원에서 테러 용의자들이 군경의 총격전에 모두 목숨을 잃은 사건이 발생했다. 이들 테러 집단은 끄르쎄 사원 인근의 검문소를 공격하여 군경과 총격전을 벌여 군경 3명이 죽고 17명이 부상을 입었다. 그 후 32명의 테러분자들은 끄르쎄 사원으로 후퇴하여 사원 안에 은신하게 되었다. 군과 경찰병력은 끄르쎄 사원을 완전 포위하고 안에 숨어 있던 용의자들에게 전원 투항할 것을 권고했다. 그러나 사원 안의 용의자들은 검문소에서 탈취한 M79 유탄발사기로 2발을 쏘아 군경 1명이 사망하였다. 군경은 사원 내부로 침투하여 전원 사살하고 상황을 완전히 종료하였다. 끄르쎄 사원의 테러용의자 전원 사살 소식이 외부로 보도되면서 과잉진압 논란이 대두되었다. 더욱이 인근의 무슬림 주민들이 모여 사건 현장을 목격하고 있었기 때문에 충격이 컸다. 그리하여 태국의 중앙정부는 끄르쎄 사원 사건 진상 규명을 위한 위원회를 발족하게 되었다. 진상 위원회의 결과 보고에 따르면 끄르쎄 사건은 테러분자들이 자신들의 테러 행위를 홍보하고 이를 바탕으로 자신들의 목적 달성을 위해 외부 세력의 지원과 연계를 이끌어내기 위한 소행으로 결론 내렸다.

군인의 경호 아래
탁발하는 불교 승려

최근의 동향

중앙 정부의 여러 가지 노력에도 불구하고 분리주의자들의 테러 대상 지역
이 확대되고 테러의 강도는 좀처럼 수그러들 기미가 보이지 않고 있다. 남부 지
역 테러분자들은 오히려 중앙 정부의 이슬람교도들에 대한 무차별 체포, 이슬
람교도의 실종, 사전 예고 없이 행해지는 이슬람교도의 주택이나 이슬람교리
학교에 대한 수색 등이 무력 항쟁의 원인을 제공하고 있다고 항변한다. 또한,
계엄령 선포가 남부 지역에 병력 증강을 가져왔고 이로 인해 태국의 불교도, 이
슬람교도, 그리고 중국계 주민들이 목숨을 잃게 된 것이라고 주장하고 있다.

이처럼 끊임없이 자행되는 태국 남부 지역의 테러 사건으로 인해 남부 지역

불교도와 이슬람교도가
어우러져 사는
빳따니 거리의 모습

주민들이 엄청난 고통을 겪고 있다. 남부 이슬람 분리주의자들의 소행으로 단정하고 있는 무장 테러와 같은 사건이 지난 몇 년간 지속적으로 발생하고 있음에도 불구하고 지금까지 취해온 정부의 여러 가지 대책들이 가시적 성과를 거두지 못하고 있다. 그로 인해 이곳 주민들이 겪는 불안과 공포, 그리고 갖가지 어려움은 곳곳에서 발견할 수 있다. 심지어는 태국 불교도의 경우 아침 탁발 때 한 팀의 경찰이나 군 병력이 승려를 경호하는 모습과 학생들이 등교할 때 군인들이 교문 밖에 나와 경호하는 모습을 흔히 볼 수 있다. 또한 오후 시간에는 외출 중인 일반 시민이나 학생들이 일몰 이전 서둘러 귀가하고 잠자리에 들기 전 집 안팎의 문단속을 비롯한 안전에 민감하게 신경 쓰는 것은 이제 일상의 일로 자리 잡고 있다.

해결 방안

태국 남부의 갈등 사태의 성격을 정확히 규명하기는 어렵다. 다종족, 다종교, 다문화 사회의 성격을 띠고 있어서 여러 가지 갈등 요인들이 혼합하여 일어나는 사건들이 많기 때문이다. 얼핏 보면 현지 주민들 사이에 명확하게 드러나는 차이점이 언어와 종교이기 때문에 많은 사람들이 종교적 갈등의 시각으로 보는 경우가 많다. 그러나 현지 무슬림 대학생들을 대상으로 설문 조사를 해보면 종교적 갈등이나 문화적 갈등이라기보다는 정치적 갈등 요소가 더 많은 것으로 파악된다. 이 지역의 언어와 종교가 다르다는 것은 이 지역 주민들에게 크게 문제가 되지 않으며 종교가 다르다는 이유로 서로 멸시하고 배척하는 일은 없다고 한다. 이슬람교도들은 불교도와의 친목 도모 및 상호 교류에 소극적이지도 않다. 그리고 태국에서 태국인으로 태어난 것에 대해 자부심을 가지고 있다. 그러나 정치적으로 보면 아직까지도 중앙 정부의 법 집행과 정책이 공평하지 못하다고 생각하고 있으며 정치 지도자와 지역 공무원들이 이슬람교도를 차별하고 있다는 인식이 강하게 남아있다. 남부 갈등 사태의 해결을 위해서는 다음과 같은 여러 가지 노력이 필요해 보인다.

첫째, 중앙 정부의 관리들과 현지 공무원, 그리고 군경들이 이슬람이라는 종교와 관습에 대한 올바른 이해가 필요하다. 현지 무슬림들의 삶의 방식은 철저히 이슬람 율법과 관습을 따라야 한다. 율법과 관습에 어긋나는 것은 명백히 불허(하람ฮาราม)되며 율법과 관습에 합당한 것은 허락(할랄ฮาลาล)된다. 지역 주민의 87.5%는 무슬림이다. 이들은 중앙 정부와 불교도들이 자신들의 종교와 관습에 대한 이해와 배려가 없는 것에 대해 불만을 가지고 있다. 그리고 대부분의 이슬람교도들은 중앙 정부의 법 제도와 정책이 공평하지 못하며 자신들이 차별받고 있다고 생각하고 있다. 이러한 문제를 해결하기 위해서는 민원을 파악할 수 있는 채널을 다양화하고 그들과의 소통을 통해 이슬람이라고 하는 종교와 관습을 올바로 이해해야 한다. 이를 바탕으로 지역 주민에게 가까이 다가가 존중해주면서 신뢰를 쌓아 가야 한다.

둘째, 중앙 정부에서는 남부 지역의 무슬림들이 온전히 이슬람 율법과 관습에 따라 살 수 있다는 확신을 갖게 해주어야 한다. 남부 지역의 갈등 완화와 평화 공존을 가져왔던 시기는 동화 정책보다는 무마 정책에서 비롯되었다. 이슬람교도들이 두려워하는 것은 자신들의 종교와 관습에 따른 삶의 방식을 박탈당하는 것이다. 자신들의 언어와 문화 그리고 종교와 관습을 지키며 살 수 있다는 확신을 갖게 해주게 되면 일부 분리주의자들의 주장은 주민들과의 공감대를 형성하기 어렵게 된다. 현재 대부분의 남부 지역 무슬림들은 분리독립이 아니라 테러와 방화가 없는 세상에서 마음 편히 살 수 있는 평화를 갈구하고 있다.

셋째, 교육 정책을 통해 태국인으로서의 정체성을 확립하고 이슬람교도들에게 자기 계발의 기회를 확대해 주어야 한다. 상대적으로 남부 지역의 교육 수준은 매우 낮다. 교육 여건을 개선하고 종교의 자유에 따른 이슬람 교리 교육은 충분히 보장하고 지원해주는 한편 일반 교육을 통해 그들이 공무원을 비롯한 다양한 직업을 가질 수 있도록 해야 한다. 교육은 남부 지역 이슬람교도들에게 마음을 열고 문화적 포용력을 통해 좀더 넓은 세상을 품고 살아갈 수 있도록 해주는 좋은 방법이다. 남부 지역 무슬림 학생들을 대상으로 한 설문조사에서 대부분의 학생들이 태국인으로 태어난 것에 대해 자부심을 느낀다고 답한 것에 주목할 필요가 있다.

넷째, 지역 개발 사업에 있어서도 국가적 차원에서의 일반적인 개발보다는 지역 특수성을 감안하여 남부 지역의 실정에 맞는 맞춤형 개발 전략이 필요하다. 공공 서비스와 사회 복지를 늘리고 주민들의 삶의 질을 높여주어야 한다. 1960년대 이후 중앙 정부에서 추진하고 수행해온 경제 사회 개발 계획에서 남부의 무슬림들은 별다른 혜택을 받지 못했다는 인식이 지배적이다. 생활 수준이 높아지면 세상을 긍정적으로 보게 되며 현실에 만족하면서 극단적 분리주의자들의 주장에 동조하지 않게 될 것이다.

다섯째, 중앙 정부의 권력을 지역으로 분산시켜 이곳 주민들이 의사 결정에 참여하고 자신의 운명을 스스로 선택할 수 있도록 해야 한다. 무슬림은 남부 지역 인구의 대부분을 차지하고 있다. 따라서 이들에게 맞는 정책을 수립하고 지역의 무슬림 지도자가 문제 해결에 참여하게 하는 것이 매우 중요하다. 이런 과정을 통해 남부 지역의 이슬람교도들의 소외감을 덜어 주고 불교도와 동일한 태국 국민이라는 자부심을 갖도록 해주어야 한다. 아울러 일부 과격분자들의 테러에 강력히 대응함으로써 지역 안정을 꾀하고 지역 주민 의견을 수렴하여 그들의 욕구를 충족시킬 수 있는 정책을 꾸준히 개발해 나가야 할 것이다.

태국 남부에서 젊은 시절 8년을 보냈다. 단일민족으로 이루어진 단일 문화 속에서 서른 해를 살아온 나에게 다종족으로 이루어진 다문화 사회에서의 경험은 낯설고 때로는 두렵기까지 한 것이었다. 모든 종교는 선을 행하고 악을 경계하도록 가르친다. 그리고 무엇보다 이웃 사랑을 인간이 지녀야할 가장 중요한 덕목으로 꼽는다. 종족이 다르고 종교가 다르다는 것이 문제가 되는 것은 아니다. 문제는 그것을 받아들이고 삶의 원리로 삼는 인간의 문화 수용 자세에 있는 것 같다. 태국 남부의 갈등 사태를 지켜 보면서 최근 다문화 사회로 접어드는 한국 사회를 다시 생각하게 된다.

제31장

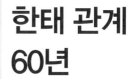

한태 관계
60년

한국과 태국의 첫 만남

한국과 태국의 첫 만남은 언제였을까? 이런 의문을 풀어 줄 정확한 역사 기록은 없는 듯하다. 고려사에 보면 1388년 섬라곡국暹羅斛國에서 나이공이 사신단을 이끌고 왔다는 기록이 있는데 여기서 섬라곡국은 싸얌을 의미한다. 그러나 이때 어떤 교류가 있었는지를 말해주는 추가 기록은 없다. 랏따나꼬신 시대들어와서도 별다른 기록은 없지만 왓포 사원에 보면 라마 3세가 여러 이민족에게 대해 기록해 놓은 정자가 있다. 여기에 보면 조선인에 대한 설명이 있는데 그 내용을 살펴보면 다음과 같다.

조선인은 베트남 사람과 닮았으며 이방인으로 머리는 묶어 올렸다.

수염이 많고 턱 아래까지 길렀다. 천진 가까운 곳에 살며 우아한 옷차림을 하고 있다.

멋진 비단 바지를 입고 잉우인들이 쓰는 모자를 쓰고 있다.

위에 기술된 내용으로 보아 라마 3세 당시에 방콕 인근에 조선인이 있었음을 알 수 있다. 그러나 언제 무슨 목적으로 들어 왔는지에 대한 상세한 기록은 찾아볼 수 없다. 조선인을 잉우인(베트남 사람)과 비슷하다고 기술한 이유는 아마도 베트남과 한국은 오랜 기간에 걸쳐 중국의 영향을 받았기 때문에 두 나라 사람들의 옷차림이나 외모에 유사한 면이 보였던 것 같다.

한국과 태국이 실질적 교류가 이루어진 것은 해방 이후부터이다. 1949년 10월 태국은 대한민국을 공식 승인하였다. 이어 1950년 한국전쟁이 발발하자 태

방콕의 한국대사관

국은 같은 해 11월에 파병을 결정하였는데 이로써 미국에 이어 한국전에 참전하기로 한 두 번째 나라가 되었다. 1958년 한국과 태국은 공식 수교하기로 하고 1960년 3월에 주태 한국대사관이 설립되고 이듬해인 1961년 7월에 주한 태국대사관이 설립되었다. 1960년대 말에 한국과 태국의 1인당 GNP가 역전되고 1970년대 말에는 한국의 1인당 GNP가 태국의 2.79배가 되었다.

한국의 경제 개발 계획과 새마을 운동이 성공을 거두면서 두 나라 간의 경제적 격차는 더 크게 벌어졌다. 1980년대 중반부터 한국의 태국에 대한 투자와 관광 분야에 대한 관심이 크게 높아졌다. 2000년도에 태국에 한류가 상륙하면서 한국어 교육과 한류 열풍이 불기 시작하였다. 현재 태국에는 2만여 명의 교민이 살고 있으며 한국에는 4만여 명의 이주 노동자가 있다. 태국을 찾는 한국인 관광객 수는 180만을 넘어서고 한국을 찾는 관광객 수는 50만이 넘는다.

전국 대학생 한국어 말하기 대회 시상식 모습

태국의 한국전 참전

한국전쟁에 태국은 육해공군을 파견하였는데 육군 1개 대대와 해군 함정 2척 그리고 공군 수송기 3대로 8,693명 규모였다. 1950년 11월 7일부터 1953년 7월 17일까지 연인원 15,708명이 참전하여 136명이 전사하고 469명이 부상을 당하였다. 휴전 이후에도 1972년까지는 육군 1개 중대 병력을 유지하여 연인원 7,015명이 한국에 주둔하였다. 전쟁 중에 태국군은 용감하게 싸워 "리틀 타이거"라는 별명을 얻었다. 경기도 연천군에는 태국군의 38선 돌파 기념비가 세워져 있고 포천군 운천리에는 태국군 참전비가 세워져 있다. 태국 쪽에는 1989년에 촌부리 주에 있는 나와민트라치니 부대의 21연대에 참전 기념비가 건립되고 1991년에 한국전쟁 기념관이 세워졌다. 매년 이곳에서 전몰장병 추모식

영화 〈아리랑〉 포스터

을 거행한다.

한국과 태국이 정식 수교한 지 2년 만에 한국전쟁이 발발하자 태국은 참전을 선언하고 우방 관계를 확립하였다. 이로써 한국과 태국의 실질적 교류가 시작되었다. 전쟁이 끝나고 1956년 〈한국에서의 통곡 소리〉라는 노래가 만들어졌는데 이를 통해 한국적 정서와 한국적 이미지가 태국인에게 전파되었다. 이후 1980년에 한국전에 참전한 태국군 장교와 한국 처녀 간의 사랑을 그린 영화 〈아리당〉이 제작되어 좋은 반응을 얻었다. 1997년에는 다시 TV 드라마로 제작되어 한국에 대한 이미지를 재조명하게 되었다.

빳따니-나라티왓 도로 건설

한태 교류의 역사에 주목할 만한 일은 1965년에 현대건설이 빳따니-나라티왓 도로 건설을 수주한 것이었다. 1965년 9월 현대건설이 선진 16개국 29개 업체와 경쟁해서 따낸 첫 해외 공사로 국내 건설업의 해외진출의 효시가 되었다. 2차선 98km의 도로 공사는 공기 30개월에 공사비 522만 달러였는데 당시 환율로 14억 9천만 원에 해당하는 액수였다. 이 금액은 그때까지 현대건설의 각 회계 연도의 연간 전체 공사 금액보다 많은 액수였고 1965년도 국내외 공사 전체 계약액의 60%가 넘는 금액이었다. 그런데 현대건설은 이 공사에서 계약금의 20%에 달하는 2억 8,800만 원의 적자를 보았다. 그러나 한편으로 거듭되는 시행착오를 재빠르게 시정하는 노하우를 축적할 수 있는 기회가 되었다. 국내 건설사 중에 최초로 고속도로 대규모 도로 공사를 시공한 실적으로 훗날 경부

빳따니와 나라티왓을잇는 타논 까울리

고속도로 건설에서 주도적인 역할을 수행할 수 있었다. 빳따니—나라티왓 간의 국도는 "타논까울리Korea Road"라고 불리며 현재까지 비교적 양호한 상태를 유지하고 있어 지역 주민들로부터 한국의 기술력을 인정받고 있다.

1970년 4월 박정희 대통령의 수해 복구 대책과 아울러 시작된 농촌 재건 운동은 한마을 가꾸기 사업으로 확대되고 나중에는 새마을 가꾸기 사업으로 발전하였다. 농촌 개발 사업에서 공장, 도시, 직장 등 한국 사회 전체의 근대화 운동으로 확산되면서 조국 근대화를 통한 1970년대 경이적인 경제 발전의 정신적 토대를 만들어 주었다. 한편 태국에서는 푸미폰 국왕이 1974년에 제창한 경제 철학으로 "쎗타낏퍼피앙ศรษฐกิจพอเพียง"이라고 부르는 경제 철학이 있었다. 흔히 자족 경제라고 번역하는데 중용과 절제 그리고 합리성을 바탕으로 한 내부 위기 관리를 목표로 삼았다. 지혜와 근면으로 행복한 삶을 추구하고자 하는 이 운동은 별다른 성과를 거두지 못하고 있다가 1997년 경제 위기를 겪으면서 지속적 국가 개발 운동으로 발전하게 되었다. 이러한 과정에서 한국의 새마을 운동은 태국의 지역 개발 사업의 모델이 되었다.

정치 외교 관계

태국은 한국전에 참전한 이후 한국과 우방 관계가 확립되어 한반도 평화와 북핵 문제 증 주요 사안에 대해 줄곧 한국 정부의 입장을 지지해 왔다. 태국은 1975년 5월에 북한과 수교하면서 남북한 동시 수교국이 되었지만 ASEAN, ASEM, APEC 등 다자 관계에서도 우리와 밀접한 우

한태 정상회담 모습

호 협력 관계를 유지해 오고 있다. 국빈 방문을 통한 정상 외교를 살펴 보면 박정희 대통령(66.2), 전두환 대통령(81.7), 김영삼 대통령 ASEM(96.3), 노무현 대통령 APEC(03.10) 이명박 대통령(2012)이 태국을 방문했고 태국 쪽에서는 타놈 (67.4), 타닌(77.9), 쁘렘(81.11), 추안(94.6, 99.4, 2000.10), 탁신(2005.5, 2005.10) 잉락(2012.3), 쁘라윳 총리(2014.11, 2019.12)가 한국을 방문하였다.

동포 사회

2016년 12월 기준으로 태국에 거주 및 체류하
는 재외 동포 수는 약 20,500여 명으로 추정하고
있다. 지역별로 보면 방콕 및 인근 지역에 15,700
명이 살고 푸켓에 1,300명, 그리고 치앙마이
3,500명이 살고 있다. 대부분의 동포가 여행업
이나 요식업 등 관광 관련 분야에 종사하고 있다.
많은 사람들이 자영업을 운영하거나 한국계 투자
업체에서 근무하고 있어, 본국과도 사업상 긴밀
한 유대 관계를 유지하고 있다. 자영업을 하고 있
는 일부 동포는 사업상 목적으로 태국 국적을 취
득하기도 하지만 그 숫자는 지극히 적다. 동포 사
회의 역사는 제2차 세계대전으로 거슬러 올라 간
다. 제1세대로 불리는 동포 사회 원로들은 제2차
세계대전 중 일본군에 징용되어 태국 혹은 동남
아 지역에 진출했다가 종전 후 태국에 정착하여
주로 무역이나 제조업에 종사한 사람들이다. 세
월이 많이 흐르다 보니 현재 생존자가 거의 없다.
제2세대는 월남전 종전 후 태국에 이주하여 정착
한 동포들과 중동 건설 붐과 함께 태국 인력 송출
등에 종사하면서 정착한 인사들로서 주로 무역,

쑤쿰윗 19번가의 코리아 타운

여행업, 요식업에 종사하고 있다. 제3세대는 80년대 후반 이래 한국의 해외여행 개방에 따라 태국을 찾는 한국인 관광객이 급증하면서 관광 산업으로 진출한 경우와 한국 기업의 태국 투자 증가에 따라 파견된 상사 주재원 및 투자 업체 직원 등으로 구성되어 있는데 이들이 현재 체류 교민의 대다수를 차지하고 있다.

한국에 있는 태국인들은 대부분이 근로자들이다. 2004년 고용허가제 MOU를 체결하여 국내로 유입되기 시작하였는데 태국 근로자들이 국내 기업체에서 좋은 평가를 받음에 따라 입국 인원이 지속적으로 증가하였다. 이와 별도로 1995년부터 산업 연수생 제도를 통해 태국 근로자를 유입되어 왔으나, 2007년부터는 산업 연수생 제도가 폐지되고, 고용허가제로 일원화되었다. 최근 들어 태국 근로자의 불법체류자 비율이 증가하고 있는 것은 양국 간 노동 협력 증진에 문제점으로 작용하고 있다. 현재 국내 태국인 근로자는 4만 명 안팎인데 불법체류자는 2020년에 14만 명을 넘어섰다. 결혼 이민자의 경우는 한국인과 결혼한 태국인이 해마다 2,500명을 웃돈다.

한태 국가 이미지

지난 2008년 한태 수교 50주년을 맞이하여 한태 양국 대학생들의 상호 국가 이미지 조사를 한 바 있다. 한국에서 태국어를 전공하는 학생들이 태국에 대해 갖는 이미지와 태국에서 한국어를 전공하는 학생들의 한국에 대한 이미지를 조사하여 비교 분석했는데 매우 의미 있는 결과가 나왔다. 한국어를 전공하는 태국 학생들에게 '한국' 하면 떠오르는 이미지가 무엇인가 하는 물음에 김치와 영화, 인삼, 연예인, 한복 순으로 답했다. 인삼은 워낙 오래 전부터 한국을 상징하는 이미지로 굳어져서 태국에서 한국을 지칭할 때 남한을 "쏨카우โสมขาว"라고 하고 북한을 "쏨댕โสมแดง"이라고 한다. 북한이 공산주의 국가여서 홍삼이라 부르고 상대적으로 남한은 백삼이라고 부른 것이다. 그런 인삼이 한류의 영향으로 김치와 영화에 밀려났다.

쏭클라대학교의 한국어과 학생들

좀 더 구체적으로 한국과 한국인에 대해 어떻게 생각하느냐는 질문에 대해서는 한국은 매우 역동적이고 빠르게 변화하는 나라이면서 반면에 긴장되고 제약이 많은 나라라

치앙마이대학교에서 공부하는
한국외국어대학교 태국어과 학생들

고 답했다. 그리고 한국인은 능동적이고 열정적이며 똑똑한 반면에 시끄럽고 감정적이며 거칠고 복잡한 사람이라고 답했다. 태국 학생들이 한국과 한국인에 대해 갖는 긍정적인 이미지는 한국이 이룩한 놀라운 경제 성장과 효율성 등에 기인한 것으로 보인다. 그리고 부정적인 이미지는 태국에 진출한 한국 기업에서 일하는 태국인이나 한국에서 일하는 태국인 이주 노동자들이 경험한 한

국인의 성격 등에서 나온 것이 아닐까 생각된다. 두 나라의 관계 발전을 위해서 태국 학생들은 한국은 태국으로부터 친절과 인정, 겸손과 배려, 여유와 융통성 등을 배워야 한다고 생각하고 반면에 태국은 한국으로부터 열정과 의욕, 근면과 기술, 애국심 등을 배워야 한다고 생각하고 있는 것으로 나타났다.

한 나라의 젊은이들이 특정한 국가에 대해 가지고 있는 이미지는 매우 중요하다. 양국의 대학생들은 두 나라의 관계 발전을 위해 무시와 편견을 버리고 문화적 이해와 교류를 통해 경제 협력을 다져 나가야 한다고 생각하고 있다. 현 시점에서 한국어를 전공하는 태국 학생들과 태국어를 전공하는 한국 학생들이 상대방 국가에 대해 가지고 있는 상호 이미지는 앞으로 두 나라의 관계 발전을 꾀하는 데 있어서 중요한 열쇠가 될 수 있을 것이다.

한태 관계의 미래

한국과 태국은 60년 지기의 우방이다. 서로 함께 공유한 공통점도 많지만 차이점도 적지 않다. 한국 사람들은 일제 식민지 통치를 겪고 분단의 시련과 동족상잔의 아픔을 이겨내면서 짧은 시간에 국가 재건에 성공하면서 경제 발전과 민주화를 이루어냈다. 이런 과정에서 생겨난 한국인의 국민성은 매우 조급하고 쉽게 화를 내는 반면에 공동체와 국가에 대한 강한 충성심과 단결력을 지니고 있다. 태국인의 경우에는 동남아에서 1, 2차 세계대전을 겪으면서도 식민지를 경험하지 않은 유일한 국가로 자존심이 강하고 서두를 줄 모르는 느긋한 성격을 지니고 있다. 또한 공동체보다 개인을 우선하고 간섭받기 싫어하는 국민성을 지니고 있다.

　서로 상이한 역사적, 문화적 그리고 지리적 조건과 환경에서 살아온 한국인과 태국인은 21세기 들어 서로 교류하고 협력해야 하는 지구촌 시대를 살아가고 있다. 한국은 태국을 관광과 투자, 자원, 소비 시장, 생산 기지 등의 키워드를 가지고 접근하고 있으며 태국은 한국을 이주 노

한태 수교 60주년 행사 포스터

동자를 통한 코리안 드림, 한류를 바탕으로 한 동방 정책, 따라하기 또는 따라잡기 등의 키워드를 가지고 다가오고 있다. 21세기 한국과 태국이 가까운 이웃으로 살아가면서 상호 발전을 도모하기 위해서는 상대국의 구성원과 그 구성원들의 가치관, 사회 구조, 문화적 특성에 대한 보다 진지하고 깊이 있는 탐구가 그 어느 때보다 중요해 보인다.

참고문헌

강응천 외 (2013). 『타임라인 한국사』. 다산에듀.

곽만연 (2005). 『한국인의 죽음과 생명윤리』. 한국연구재단(NRF)연구성과물. 세종출
　　　판사.

김영애 (2001). 『태국사』. 한국외국어대학교 출판부.

김태곤 (1998). 『한국의 무속』. 대원사.

남기탁 외 (2001). 『국어와 민족문화』. 도서출판 북스힐.

남민이 (2002). 『상장례 민속학』. 시그마프레스.

송인서 (2009). 『태국의 이해』. 제3장. 한국외국어대학교 출판부.

이미향 (2003). 『한국의 언어문화』(제2단원 43-82). 경북대학교 출판부.

전정례 (1999). 『언어와 문화』. 도서출판 박이정.

정정덕 (2001). 『말, 사람, 삶』. 중문출판사.

정환승 (2007). 『현대 태국어문법론』. 삼지사.

정환승 (2009). 『태국의 이해』. 제6장. 한국외국어대학교 출판부.

정환승 · 빠릿인센 (2015). 『한국-태국 관계사』. 폴리테이아.

정환승 · 박경은 (2016). 『태국 다이어리, 여유와 미소를 적다』. 눌민.

정환승 (2019). 『태국역사문화기행: 황톳길 위에서 미소를 만나다』. 한국외국어대학
　　　교 지식출판콘텐츠원.

조흥국 (2010). 『태국-불교와 국왕의 나라』. 소나무.

조흥국 (2015). 『근대 태국의 형성』. 소나무.

차재국 (2002). 『세계언어탐방과 문화산책』. 한국문화사.

최길성 (1991). 『한국의 조상숭배』. 예전.

최병욱 (2015). 『동남아시아사-전통시대』. 도서출판 산인.

황병순 (1996). 『말을 알면 문화가 보인다』. 태학사.

민중서림 편집국 (2002). 『민중국어사전』. 민중서림.

아시아문화산업교류재단 (2005). 『한류실태 파악을 통한 활성화 방안 연구보고서』.

한국콘텐츠진흥원 (2019). 『태국콘텐츠산업동향』. 2019년 9호.

한국국제문화교류진흥원 (2020). 『2020 해외한류실태조사보고서』.

김영미 (1999). "불교의 죽음관" 『종교와 한국인의 죽음관』. 학술대회 발표요지,
    p.92-99 : 전주대학교 인문과학종합연구소.

김영애 (1993). "태국내 소수종족에 관한 연구". 『지역연구』 Vol.02 No.4, 서울대학교
    지역종합연구소.

김영애 (1995). "남태무슬림의 분리주의 운동: 변화와 연속". 『동남아연구』 4권. 한국
    외국어대학교 동남아연구소.

김홍구 (1998). "입헌군주제하에서의 태국국왕의 카리스마와 정치적 역할-푸미폰
    (Bhumibol Adulyadej) 국왕을 중심으로". 『국제지역연구』 Vol.07 No.1. 서울대학
    교 국제지역원.

김홍구 (2005). "태국의 한류 현상: 분석과 평가". 『한국태국학회논총』 제12호. 한국
    태국학회.

박은홍 (2007). "타이 남부문제와 시민사회의 대응: 인권의 관점". 『동남아시아연구』
    12권 2호. 한국동남아학회.

박춘태 (2007). "태국에서의 한류의 위상과 역할". 한국아시아학회 학술대회 발표논
    문집.

배긍찬 (2003). "동남아 테러와 역내 전략환경의 변화". 『정책연구시리즈 2002』. 외교
    안보연구원.

빠릿 웡타나센 (2007). "태국에서의 한류 현상". 국제언어문화학회 발표논문집.

이교충 (1988). "타이어와 중국어의 비교". 『한국태국학회논총』 창간호. 한국태국학
    회.

이교충 (1995). "타이어 수사 어원에 관한 연구". 『동남아 연구』 5권. 한국외국어대학
    교 동남아연구소.

정유진 (2002). "중국어와 한국 한자어의 비교분석". 동국대학교 대학원 석사학위 논
    문.

정환승 (2007). "한국과 태국의 언어문화 비교연구: 의식주를 중심으로". 『한국태국
    학회논총』 Vol. 14. 79-122. 한국태국학회.

정환승 (1998). "태국 속담에 나타나 있는 물의 문화". 『외국어교육 연구논집』 Vol. − No.12. 한국외국어대학교 외국어교육연구소.

정환승 (2007). "한국과 태국의 언어문화 비교연구: 의식주를 중심으로". 『한국태국학회논총』 Vol. 14. 한국태국학회.

정환승 (2007). "태국에서의 한류와 한국어교육". 『동남아연구』 17(1)호. 한국외국어대학교 동남아연구소.

정환승 (2008). "동남아 이슬람세력의 테러 위협과 앞으로의 전망: 태국 남부지역을 중심으로". 『대테러연구정책 연구논총』 제5호. 국가정보원.

정환승 (2008). "팔리어와 산스크리트어가 태국어에 끼친 영향". 『남아시아 연구』 제13권. 한국외국어대학교 남아시아 연구소.

정환승 (2010). "태국 남부 지역 갈등과 이슬람 문화". 『국제지역연구』 Vol.14 No.2. 한국외국어대학교.

조흥국 (2000). "태국 음식문화에 대한 고찰". 『민족학 연구』 Vol. 4.

조흥국 (2006). "태국의 지역 및 종족갈등에 대한 시론적 연구". 『동아연구』 51권. 서강대학교 동아연구소.

최창성 (1994). "태국의 통과의례에 대한 소고". 『동남아 연구』 3권. 한국외국어대학교 동남아연구소.

최창성 (1996). "태국인의 식관습과 문화". 『한국태국학회논총』 Vol. 6. 한국태국학회.

황규희 (2011). "전지구화와 태국음식: 한국의 태국음식점들 사례". 『한국태국학회논총』 Vol. 17. No.2. 한국태국학회.

กำชัย ทองหล่อ (2540). หลักภาษาไทย. กรุงเทพมหานคร : รวมสาส์น.

ขุนวิจิตรมาตรา (2522). สำนวนไทย. รวมสาส์น. กทม.

เขมิกา หวังสุข (2551). ภาคใต้ : ประวัติศาสตร์และโบราณคดี. สถาบันทักษิณคดีศึกษา มหาวิทยาลัยทักษิณ.

คลองชัย หัตถา (2549). มัสยิดกรือเซะมรดกอารยธรรมปัตตานี. ฝ่ายเทคโนโลยีทางการศึกษา สำนักวิทยบริการ มหาวิทยาลัยสงขลานครินทร์.

จรัญ มะลูลีม, กิติมา อมรทัต และ พรพิมล ตรีโชติ (2539). ไทยกับโลก มุสลิม : ศึกษาเฉพาะกรณีชาวไทยมุสลิม. กรุงเทพ : จุฬาลงกรณ์ มหาวิทยาลัย.

จรัลวิไล จรูญโรจน์ (2552). ภาษาและภาพสะท้อนของวัฒนธรรมจากชื่อเล่นของคนไทย. รายงานวิจัย คณะมนุษยศาสตร์ มหาวิทยาลัยเกษตรศาสตร์.

จี. วิลเลียม สกินเนอร์(2548). สังคมจีนในไทย. แปลโดยพรรณี ฉัตรพลลักษ์ และคณะ. มูลนิธิโตโยต้า.

ธนพล จาดใจดี (2549). ASSAYS ON THAILAND. บริษัท ธนพลวิทยาการ จำกัด.

นววรรณ พันธุเมธา (2547). คลังคำ. สำนักพิมพ์อมรินทร์.

พระยาอุปกิจศิลปสาร (2511). หลักภาษาไทย. กรุงเทพมหานคร : ไทยวัฒนพานิช.

นันทนา รณเกียรติ (2012). ทัศนคติการตั้งชื่อเล่นสองพยางค์ของคนไทย. ภาษาและภาษาศาสตร์. Vol
31 No .1 July–December.

ปรัชญา ปานเกตุ (2558). ศัพทานุกรมวัฒนธรรมไทย. สถาพรบุ๊กส์.

พวงผกา คุโรวาท (2535). คู่มือประวัติเครื่องแต่งกาย. กรุงเทพฯ : รวมสาส์น

พวงผกา คุโรวาท (2536). ศิลปะ และ วัฒนธรรมไทย. กรุงเทพฯ : รวมสาส์น

ภาษิต คำพังเพย. (2529). เอกสารเผยแพร่เนื่องในวันสถาปนาราชบัณฑิตยสถาน. กทม.

รำไพ อุดมไฟจิตกูล (2532). ประวัติศาสตร์เอเชียใต้. วิทยาลัยครูมหาสารคาม. มหาสารคาม.

รุ่งโรจน์ ธรรมรุ่งเรือง (2551). ประวัติ แนวความคิด และวิธีค้นคว้า วิชาประวัติศาสตร์ ศิลปะไทย.
ทวีวัฒน์การพิมพ์.

เรืองยศ จันทรคีรี (2523). สถานการณ์ของสามจังหวัดภาคใต้. แพร่พิทยา. กรุงทพฯ.

วินัย ครุวรรณพัฒน์ (2533). ทัศนคติของคนไทยในสี่จังหวัดภาคใต้ที่มีต่อมาเลเซีย. สถาบันเอเชียศึกษา
มหาวิทยาลัย จุฬลงณ์มหาวิทยาลัย. กรุงเทพฯ.

วิยะดา วรธนานันท์ (2557). ค่านิยมที่ปรากฏในการตั้งชื่อบทวิทยุกระจายเสียง. สำนักการศึกษาต่อ
เนื่องมหาวิทยาลัยสุโขทัยธรรมาธิราช.

ส. พลายน้อย (2553). สารานุกรมประวัติศาสตร์ไทย. สถาพรบุ๊กส์.

ส. พลายน้อย (2553). สารานุกรมวัฒนธรรมไทย. สถาพรบุ๊กส์.

สงคราม ชุณหภิบาล (2518). ปัญหาทางการเมือง การปกครอง และ ความมั่นคงในปัตตานี ยะลา นราธิวาส
การวิจัยเพื่อหารูปแบบการศึกษาเพื่อชีวิตที่ดีกว่าสำหรับประชาชนในสามจังหวัดใต้.
มหาวิทยาลัยมหิดล.กรุงเทพฯ

สมเกียรติ สุพรรณชนะบุรี (2530). ความสัมพันธ์ระหว่างไทยกับมาเลเซีย พ.ศ.2519–2526.สถาบันเอ
เชียศึกษา จุฬลงกรมมหาวิทยาลัย.กรุงเทพฯ

สมชัย ใจดี (2528). ประเพณีและวัฒนธรรมไทย. ไทยวัฒนพานิช. กทม.

สมชาย สำเนียงงาม (2545). ลักษณะภาษาที่แสดงการเปลี่ยนแปลงของความเชื่อเกี่ยวกับสิริมงคลและ
กาลกิณีในชื่อของคนไทย. วิทยานิพนธ์อักษรศาสตรดุษฎีบัณฑิต. คณะอักษรศาสตร์.
จุฬาลงกรณ์มหาวิทยาลัย

สันติ มิ่งมงคล (2523). คอมมินิสต์กับปัญหาเรื่องของชาวมุสลิมของประเทศไทย :
วารสารตะวันออกเฉียงใต้. ฉบับที่ 7, ตุลาคม

สุภาคย์ จันทวานิช และคณะ (2549). ประวัติศาสตร์ชุมชนชาวจีนในกรุงเทพฯ. เลค แอนด์ ฟาวด์เท่น พริ้นท์ติ้ง.

สุภาพรรณ ณ บางช้าง (2529). การใช้ภาษาในการตั้งชื่อของคนไทย. กรุงเทพฯ: โครงการเผยแพร่งาน วิจัย.

สุเมธ ชุมสาย ณ อยุธยา (2529). น้ำบ่อเกิดแห่งวัฒนธรรมไทย. ไทยวัฒนพานิช. กทม.

สรัสวดี อ๋องกุล (2558). ประวัติศาสตร์ล้านนา. อมรินทร์พริ้นติ้งแอนด์พับลิชชิ่ง.

สุรพล ดำริห์กุล (2561). ประวัติศาสตร์และศิลปะล้านนา. สำนักพิมพ์เมืองโบราณ.

สุรินทร์ พิศสุวรรณ (2525). นโยบายประสมประสานชาวมาเลย์มุสลิมในประเทศไทยสมัย   รัตนโกสินทร์. สถาบันไทยคดีศึกษา มหาวิทยาลัยธรรมศาสตร์. กรุงเทพฯ.

สุรินทร์ พิศสุวรรณ (2529). การเมืองการปกครองภาคใต้. จุฬาสรแลไต้. ปัตตานี.

เสฐียรโกเศศ (2553). ประเพณีเกี่ยวกับชีวิตของเสฐียรโกเศศ. สำนักพิมพ์สยามปริทัศน์.

อัฮหมัดสมบูรณ์ บัวหลวง (2544). ข้อมูลพื้นฐานการพัฒนาการศึกษาของสามจังหวัดชายแดนภาคใต้. สำนักวิจัยและพัฒนา มหาวิทยาลัยสงขลานครินทร์ วิทยาเขตปัตตานี.

อารี เพชรผุด (2520). อิทธิพลของสถาบัลสังคมที่มีต่อการเลี้ยงดูเด็กไทยพุทธและไทยมุสลิมใน จังหวัดศรีธรรมราช. คณะสังคมศาสตร์ มหาวิทยาลัย เกษตรศาสตร์. กรุงเทพฯ

อิมรอน มะลูลีม (2524). การศึกษาของชาวทายมุสลิม: ค่านิยมที่ไม่เปลี่ยนแปลง.วารสารการศึกษา แห่งชาติ. กรุงเทพฯ.

อุดมพร อมรธรรม (2556). โบราญห้าม, กรุงเทพฯ.

อุทัย หิรัญโต (2513). มุสลิมในประเทศไทย.กรมการปกครองกระทรวงมหาดไทย.กรุงเทพฯ.

อัจฉรา สโรบล (2543). ประวัติเครื่องแต่งกาย. เชียงใหม่: มหาวิทยาลัยเชียงใหม่
(http://www.human.cmu.ac.th/home/hc/ebook/006216/006216-03.pdf)

กรมศิลปากร (2511). สมุดภาพแสดงเครื่องแต่งกายตามสมัยประวัติศาสตร์และโบราณคดี

มสธ (2531) เอกสารการสอนชุดวิชาไทยศึกษา หน่วยที่ 1-5 (อารยธรรม).

มสธ (2531) เอกสารการสอนชุดวิชาไทยศึกษา. หน่วยที่ 6-15 (อารยธรรม).

Narater 2009: นี่คือความจริงของลังกาสุกะ-ปาตานี (narater2010.blogspot.com)

ความเชื่อของคนโบราณ...ที่เราไม่ควรลบหลู่ http://pantip.com/topic/30484437. (검색일 2018년 4월20일)

ความเชื่อของคนโบราณและข้อห้าม http://www.horolive.com/astrology-hot/ 627.html.

(검색일 2018년5월29일)

ความเชื่อของคนโบราณ แฝงด้วยกุศโลบาย https://www.gotoknow.org/posts/ 396000. (검색
일 2018년 4월20일)

ความเชื่อในลางบอกเหตุร้ายของคนสมัยก่อน http://www.tpa.or.th/writer/read_this_book_
topic.php?bookID=2 947&read=true. (검색일 2018년 5월29일)

ชวน 'ออเจ้า' ขบคิด อีกแง่มุมของ 'บุพเพสันนิวาส' สะท้อนภาพ 'พหุวัฒนธรรม' ในสังคมไทยอย่างไร?
https://www.matichon.co.th/prachachuen/prachachuen−scoop/
news_922006 (검색일: 2019년 1월 5일)

ตามรอย "บุพเพสันนิวาส" รู้จักวัฒนธรรมและประเพณีสมัยกรุงศรีอยุธยาhttp://horoscope.
sanook.com/134009/ (검색일: 2019년 1월 5일)

บุพเพสันนิวาส"แฝงเบื้องลึกการเมืองยุคพระนารายณ์ https://www.posttoday.com/politic/
report/ 546175 (검색일: 2019년 1월 5일)

เปิดประวัติ 3 พระมหากษัตริย์ไทยที่ปรากฏในละคร บุพเพสันนิวาส https://www.posttoday.
com/ ent/news/545276 (검색일: 2019년 1월 5일)

รวมคำศัพท์ ละครบุพเพสันนิวาส ที่หลายคนเพิ่งเคยได้ยิน!https://teen.mthai.com/variety/
144895.html (검색일: 2019년 1월 5일)

ลางบอกเหตุต่างๆ ตามความเชื่อโบราณ http://www.bkps.ac.th/a06_Education/
07Education.htm. (검색일 2018년 4월20일)

22 ข้อห้ามทางไสยศาสตร์ http://www.dek−d.com/board/view/2676651/ (검색일 2018년
3월29일)

도판 출처

1장   타이족의 이동경로 : Narater 2009

3장   뜨라이룩까낫왕의 모습 : http://th.wikipedia.org/wiki/
      프라펫라차왕의 모습 : https://www.thairath.co.th/news/society/1235532
      제1차 세계대전에 참전 중인 태국군 : https://www.posttoday.com/world/328462

4장   입헌혁명을 주도한 군인들 : https://www.silpa-mag.com/history/article_49539
      지방에 있던 쎄리타이 운동 기지 : https://www.silpa-mag.com/history/article_49108

5장   옐로우 셔츠의 모습 : https://siamrath.co.th/n/191332
      쿠데타에 동원된 탱크 : https://www.tnews.co.th/headshot/360572/
      레드 셔츠의 모습 : https://www.thairath.co.th/content/415896
      쁘라윳 짠오차 총리 : https://www.thaipost.net/main/detail/16097

6장   푸미폰 국왕 : https://today.line.me/th/v2/article/pKLRWl

12장 쑤코타이 시대 남성 복장 : กรมศิลปากร (2511: 79, 81)
      쑤코타이 시대 여성 복장 : กรมศิลปากร (2511: 70, 72, 75)
      아유타야 제1기 시대의 복장 : พวงผกา คุโรวาท (2535: 55)
      아유타야 제2기 시대의 복장 : พวงผกา คุโรวาท (2535: 56)
      아유타야 제3기 시대의 복장 : พวงผกา คุโรวาท (2535: 58, 60)
      아유타야 제4기 시대의 복장 : พวงผกา คุโรวาท (2535: 62)
      랏따나꼬신 시대 초기 복장 : อัจฉรา สโรบล (2543: 26)
      라마 4세 시대 남성 복장 : อัจฉรา สโรบล (2543: 28)
      라마 4세 시대 여성 복장 : อัจฉรา สโรบล (2543: 27)
      라마 5세 시대 초기 복장 : อัจฉรา สโรบล (2543: 29)
      라마 5세 시대 중기 복장 : อัจฉรา สโรบล (2543: 30)
      라마 5세 시대 말기 복장 : อัจฉรา สโรบล (2543: 31)
      라마 6세 시대 복장 : อัจฉรา สโรบล (2543: 31)
      라마 7세 시대 복장 : อัจฉรา สโรบล (2543: 34)

라마 8세 시대 복장 : อัจฉรา สโรบล (2543: 35)

라마 9세 시대의 복장 : อัจฉรา สโรบล (2543: 37)

14장   북부 지방의 가옥 : https://www.muangboranmuseum.com/landmark/the-northern-thai-village/

중부 지방의 가옥 : http://www.nasatta.com/th/attractions-sattatinthai/centralhouse/

북동부 지방의 가옥 : https://www.siamcultural.wordpress.com

남부 지방의 가옥 : https://www.homenayoo.com/plan-home-6253/

19장   왓치라롱껀 국왕 : https://oer.learn.in.th/

아팃 깜랑엑—전직 육군대장 : https://www.komchadluek.net/

유명 여류작가 덕마이쏫 : https://www.sarakadeelite.com/faces/author-dokmaisod/

25장   무에타이 선수 : สารคดี ฉบับบที่ 33 ปีที่ 3 2530

29장   초기 중국계 태국인의 모습 : 왓뜨라이밋 사원(พิพิธภัณฑ์วัดไตรมิตร) 박물관

옛날의 쌈펭 부두의 모습 : 왓뜨라이밋 사원(พิพิธภัณฑ์วัดไตรมิตร) 박물관

차이나타운의 중국어간판 : https://www.eastinhotelsresidences.com/th/eastinmakkasanbangkok/attractions/chinatown

태국 들여다보기

초판 인쇄	2021년 2월 15일
초판 발행	2021년 2월 25일

지은이	정환승
발행인	윤성우 Director, University Knowledge Press
편집장	신선호 Executive Knowledge Contents Creator
도서편집	장혜정 Contents Creator
	이근영 Contents Creator
디자인	우승민 Designer
	고승현 Designer
재무관리	조아라 Managing Creator
전자책·사전	장혜린 Contents Creator
발행처	한국외국어대학교 지식출판콘텐츠원
	02450 서울특별시 동대문구 이문로 107
	전화 02)2173-2493~7
	FAX 02)2173-3363
	홈페이지 http://press.hufs.ac.kr
	전자우편 press@hufs.ac.kr
	출판등록 제6-6호(1969. 4. 30)
인쇄·제본	(주)케이프린텍 053)313-3673

ISBN 979-11-5901-850-3 [03910]   정가: 19,000원

* 잘못된 책은 교환하여 드립니다.

HUINE 은 한국외국어대학교출판부의 어학도서, 사회과학도서, 지역학 도서 Sub Brand이
다. 한국외대의 영문명인 HUFS, 현명한 국제전문가 양성(International+Intelligent)의
의미를 담고 있으며, 휴인(携引)의 뜻인 '이끌다, 끌고 나가다'라는 의미처럼 출판계를 이끄
는 리더로서, 혁신의 이미지를 담고 있다.